LIMENGHUATIYUZHILU

李梦华体育之路

《李梦华体育之路》编写组 编

人民体育出版社

毛主席接见各界代表(李梦华 前排左一)

周恩来总理、邓颖超、贺龙、罗瑞卿在中南海西花厅接见以李梦华(后排右一)为团长的中国乒乓球代表团

1954年1月，中央人民政府体育运动委员会第二次全体会议留念。朱德（前排左五）、贺龙（前排右四）、李梦华（后排左六）

邓小平谈体育工作（左起：荣高棠、李梦华）

胡耀邦总书记为日本太极拳代表团题字（右一为李梦华）

1986年，国家主席李先念会见国际奥委会主席萨马兰奇，李梦华主任（左三）、何振梁、路金栋陪同会见

李梦华（左二）陪同李鹏总理接见外国代表团

李梦华主任向万里委员长
介绍老女排队员陈亚琼

李梦华主任参加“九九重阳节”活动（右起：李达、杨得志、李梦华、陈昊苏、徐才）

1986年3月，李梦华（右三）参加贺龙同志塑像的揭幕仪式

李梦华同志（左二）陪同王猛主任（右一）会见新疆体育界人士

1990年，李梦华、伍绍祖接见为北京亚运会采集火种的藏族女孩达娃央宗

李梦华主任85岁寿辰，国家体育总局局长刘鹏向老主任敬酒

第六届全运会期间，李梦华（前排左四）与张万年（前排左三）、袁伟民（前排右三）等合影留念

李李梦华主任代表中国奥委会向国际奥委会主席萨马兰奇赠送中国工艺品挂毯《唐人马球图》

李梦华（左一）率领中国体育代表团访问日本（中为中曾根康弘首相）

李梦华主任（左二）、陈镜开获国际奥委会银质奖章。霍英东、马万祺两位政协副主席前来祝贺并合影留念

李梦华主任（左二）陪同吴清源夫妇游览八达岭长城

1984年8月，国家体委的领导人在洛杉矶迪士尼乐园合影（左二为李梦华）

李梦华主任、荣高棠同志接见获得中国第一枚奥运金牌的许海峰

1984年8月，李梦华主任在洛杉矶奥运会开幕式上

李梦华主任（右二）、原群体司司长董念黎（右一）与冰球运动员亲切交谈

李梦华主任看望湖北省女子举重运动员周培丽

李梦华主任（左）到中国射箭队考察，与少年运动员交

李梦华（前右）在樟州基地与云南体委运动员食堂的炊事员亲切交谈

李梦华体育之路

《李梦华体育之路》编写组　编

人民体育出版社

图书在版编目(CIP)数据

李梦华体育之路 /《李梦华体育之路》编写组编. –北京：人民体育出版社，2011

ISBN 978-7-5009-4157-6

Ⅰ.①李… Ⅱ.①李… Ⅲ.①李梦华（1922~2010）–生平事迹 Ⅳ.①K825.47

中国版本图书馆 CIP 数据核字(2011)第 198641 号

*

人民体育出版社出版发行
中国铁道出版社印刷厂印刷
新 华 书 店 经 销

*

787 × 1092 16 开本 22.25 印张 400 千字
2011 年 11 月第 1 版 2011 年 11 月第 1 次印刷
印数：1—4,000 册

*

ISBN 978-7-5009-4157-6
定价：48.00 元

社址：北京市东城区体育馆路 8 号（天坛公园东门）
电话：67151482（发行部） 邮编：100061
传真：67151483 邮购：67118491
网址：www.sportspublish.com
（购买本社图书，如遇有缺损页可与发行部联系）

《李梦华体育之路》编写组

顾　问：张彩珍

组　员：王鼎华　周铭共　郭　敏

齐大征　李美放　吴永芳　赵　军

目 录

CONTENTS

体育强国不是梦
——李梦华传略

深切缅怀梦华同志

李梦华体育文稿

体育强国不是梦

——李梦华传略

周铭共

引 言

一人没有梦想的人，无疑是一个没有目标、缺乏动力的人。

一个没有梦想的民族，无疑是一个没有精神、失去希望的民族。

李梦华，这个出生在太行山下，吃滹沱河水长大的北方汉子，时逢日倭逞强，山河破碎。年幼的他一直做着强国强种的梦。为实现这个梦，他 15 岁就参加了中国共产党并积极投身到反帝反封建的革命斗争中。在抗日战争和解放战争中，他一直从事着晋察冀农村青年工作。新中国成立初期，26 岁的李梦华被调到邓小平部下，在西南区做青年和体育工作。几年后，在贺龙领导下专职新中国的体育事业。从此，他转而做起了体育强国梦。

经过 30 多个春秋的风风雨雨，在 20 世纪 80 年代第四个秋天，他率领着中国体育健儿，在太平洋彼岸打破了中国奥运零的纪录，为炎黄子孙书写下辉煌灿烂的一页。进而他提出了“体育强国”的奋斗目标。4 年后，在他那美丽的梦幻将要一步一步变成现实的时刻，汉城奥运风云却将他坠入了谷底。

然而，历史仿佛跟人们开了个玩笑。4 年后的亚特兰大，同样黄皮肤、黑眼睛的中国健儿又创造了新的奇迹。进入 21 世纪后，随着中国经济的腾飞，新中国体育稳步节节上升，中国军团在悉尼和雅典奥运会连续取得举世注目的成绩，跃入世界前列。与此同时，靠着中国举国的实力，靠着中国政府和全国人民的不懈努力，北京终夺 2008 年奥运会的举办权。至此，李梦华的体育强国梦，不，是千千万万个中华儿女的体育强国梦正在变为现实。

从梦想到现实，在历史的长河中，这只不过是一个短暂的过程，然而，对于李梦华及众多像李梦华一样的体育人来讲，则是一个漫长而艰难的历程。其中，欢乐与痛苦、成功与失败、泪水与汗水、光荣与梦想将会让每个人刻骨铭记，更让李梦华终生难忘……

人们不怀疑美梦变成了现实，更关注梦想成真的过程。因为结果固然重要，过程却更为精彩。

第一章　战斗在滹沱河畔

平山是个位于中国北部北岳太行山脚下的县城，面积不大，人口不多。威武的太行山从南向北再向东，高高耸立，像巨人的胸膛，呵护着整个平山；蜿蜒清冽的滹沱河从西向东横贯全县，日夜奔流不息，哺育出几代雄才俊杰。

平山有个西柏坡，是驰名中外的革命圣地。在这个中国共产党的最后一个红色根据地，以毛泽东为首的中共中央召开了著名的七届二中全会；在这里，中共中央指挥了震惊中外的三大战役；在这里，毛泽东曾发表和撰写了多篇关系到中国革命和命运的重要讲话及著作。

平山还有个“平山团”却是鲜为人知的。每当人们唱起《南泥湾》时，都会想到八路军有个著名的模范旅——三五九旅。该旅有 3 个主力团，其中 718 团是 1931 年 11 月在冀中平山成立的。当时王震、刘道生在平山扩军，有着良好革命传统的平山人，一下子竟站出来一千五百多名子弟，于是，八路军总部决定建立起这个完全由平山人组成的“平山团”。该团在司令聂荣臻和师长贺龙的领导下，参加大大小小几十次战斗，作战勇敢、屡建奇功。曾受到八路军总部的嘉奖，被誉为“太行山上铁的子弟兵”。

就在“平山团”在平山组建的 6 年之后，即 1937 年秋的一天，三五九旅再次来到平山扩军招兵。旅部驻地是一所不大的院子，院墙上贴着几个菱形红纸书写的标语“参军抗日，保家卫国”。院子门口的白杨树下摆放着一张旧的课桌，桌子的周围围着一群十五六岁半大的青年，争相往桌子前面挤着。

此时，只见一个头不高，却十分墩实的青年，黑黑的脸堂，虎背熊腰，拱进人群，然后大声叫到：“把我写上，把我写上！”

“叫什么？”

“李梦华！”“十八子李、做梦的梦、中华的华！”末了，他又大声地补充着。看到登记的八路军干部把他的名子写上了才又使劲地钻出人群，深深地透了一口气。此时，黑红的脸膛上淌着汗水，两道卧蚕眉伴着他的微笑变成一对弯月。

这个叫李梦华的青年人正是45年后担任中华人民共和国体育运动委员会主任的李梦华。时隔60多年的李梦华，回忆起当时报名参军的情景，兴奋不已："当时年少气盛，革命热情极高，特别是知道将要成为平山团的一名战士，别提那个高兴劲了！可惜命运的安排让我与平山团擦肩而过!"

原来当时部队召兵并没有多少军需品可发，衣服、被褥全要自备。李梦华认为已经报上名就没问题了。于是他就近跑了好几家亲戚，包括伯伯、叔叔家，向他们传递喜讯，然后才跑回自己的家，可巧爸爸不在，家里只有母亲一人。当他把参军的消息告诉母亲后，她又惊喜又担心。母亲是个善良忠厚、知情达理的农村妇女，她知道，在国家需要儿子的时刻，理应全力支持，但毕竟从小拉扯大的孩子一直没出过远门，更不要说上前线打仗，自然免不了担惊受怕。只见她一边默默地流泪，一边慌乱地给儿子整理着衣被行装，兴奋的李梦华一边安抚着妈妈一边等着爸爸回家。就这样等到把东西准备好，和爸爸做了最后的告别，天已经快黑了。

李梦华风风火火地背着行李赶到旅部报名的地方。此时他傻了。"参军抗日，保家卫国"的标语依然还在墙上贴着，但上午报名时熙熙攘攘的人群早已没了踪影，剩下的只有阵阵秋风和被吹落在地上的一片片发黄的树叶，李梦华傻呆呆地站着不知所措。过了一会儿才从院里老乡嘴里得知，部队因紧急命令已经开拔了。

李梦华后悔不迭。他首先悔恨不该因等爸爸耽误了报到时间。但是远走他乡能不向亲人告别吗？于是他想起了自己的童年，自己的父亲。

李梦华是1922年12月出生在平山。平山是北岳太行山下衔接华北平原的一个小县，滹沱河从中流过，虽说不像大平原那么水肥土沃，但也比北面的山区要好得多，因此，人们有"平山不贫"之说。祖父、父亲都是农民，父亲有一个哥哥两个弟弟，老少三代共21口人，家里人口多生活自然不宽裕。为了生活，父亲拼命地干活，让李梦华将来能有出息，全家省吃俭用供他上了村里的小学校。年幼的李梦华聪明憨厚，凡事都爱琢磨，他学习很用心，成绩总能在班里排前几名。也许是太老实憨厚，从小就不爱动，有些像女孩，村里人送给了他一个绰号"肉妞"。而喜欢武术的父亲常常拉着李梦华来练拳术。当时的李家在村里可谓是武术世家。从祖父起，父亲、伯伯、叔叔都喜欢武术，且都能练上几套。李梦华家有个院儿，每天晚上村里爱武术的一帮年轻人总要聚到他们的小院，同他的伯伯、叔叔们练上一通，特别是在农闲冬日，在暖洋洋的太阳下，大家只穿单裤单褂练得十分尽兴。李梦华的父亲有许多器械都是真刀真枪，有几个年轻人要起来“呼呼生风”，煞是好看，当四周的人大声喝彩时，表演的人满脸兴奋十分神气。有一次，三叔拿起一件铁叉熟练地耍着，让周围的人眼花缭乱，也许是太大意，在人们不住地喝彩声中，三叔一高兴，手里停顿了一下，铁叉忽然改变了方向，斜刺里划到了胳膊上，顿时，只见胳膊被划出半尺长的口子，血流如注，当时把小梦华吓得背过脸不敢看了，周围的人也都有些手忙脚乱，但三叔却没事一样，用一块布包扎了一下，又照旧舞起来。本来就不爱活动的李梦华看到这种场面，就更加不爱学了，而且心思全都用在学习和读书上了。

少年的李梦华

1936年秋，14岁的李梦华小学毕业了，接着以优异的学绩考上了县城里著名的重点中学——平山简易师范。此时，李梦华更加喜欢读书了。然而好景不长，1937年7月7日，卢沟桥的枪声打断了他求学的梦。日本鬼子很快占领了北平，不久，向华北地区推近，接着就打到了平山县，学校被迫停课了，李梦华同其他同学一样，背起行李回到自己的村里。当时，父亲在镇上开了个小粮铺，没事儿，李梦华便帮着家里干点活儿。有时，帮着过过秤；有时，帮着算算账。

一天，他正在帮着父亲在粮店搬粮食，忽听外面枪声大作，这时只听从外面跑进的小伙计讲，有土匪来了，让他们快跑。这时，门外的大路上响起阵阵枪声和脚步声，正面已经出不去了，于是，父亲带着他翻过墙头，从邻居家的后窗户跳墙跑了出去，之后，急忙躲进路边一个麦垛子里面。

在麦垛子里他和父亲紧挨着，一动也不敢动。只听外面跑过去的大队人马，嘴里叽哩哇啦地乱叫着，从麦秸缝隙中他看到是一支打着太阳旗穿着黄军装的部队，原来，并不是土匪，而是鬼子进村了。后来才知道，国民党当局怕人心恐慌，故意把日本兵说成是土匪以封锁消息，掩人耳目。他们爷儿俩在麦垛里屏着呼吸，一动也不敢动。等日本兵过完后，他们一口气跑出村的东头，在坟地边的一个土洞里躲藏了起来。

北方的深秋，冷雨、凄风，寒气袭人。夜幕降临后，空旷的乱坟岗子寂静地让人毛骨悚然，远处的水塘闪着暗淡的灰光，偶尔几只乌鸦飞过，留下一串凄泣的哀鸣。又冻又饿的李梦华第一次感到了恐惧。

整整两天，他们没敢动窝，直到第三天傍晚，看着确实没有什么动静了，才慢慢挨进了村。

西北风卷着滚滚黄沙，凶猛地吼叫着，村口高大的白杨树被吹得瑟瑟发抖，黄色的树叶四处飘落，往日美丽的夕阳被蒙在沙尘后面变得昏黄暗淡，村口一片狼藉，被焚烧后的残污冒着呛人的黑烟，地上满是遗弃的衣物。

突然，他们看到村口横卧着几个死人，有的面向地上趴着，有的仰面朝天，横七竖八，倒在血泊之中。李梦华小心翼翼地走上前一看，发现竟是他从小在一块的伙伴，一数竟有 6 人。看着那一张张熟悉的血肉模糊的面孔，那一双双充满遗恨、目眦欲裂的眼睛，李梦华悲痛欲绝，想起他们几天前还在一起快活地玩耍，此刻却在两个世界了！好好的大活人，转眼就永远地离开了人世，李梦华心如刀绞，奔涌的热血在脉管里沸腾。仇恨的种子在年少的李梦华内心开始植根，随之慢慢地发芽……

那次他们虽然逃脱了日本鬼子的魔爪，但不久，李梦华的父亲还是因躲跑不及，被鬼子抓到炮楼。在那里他被关了十几天，受尽了折磨，脖子生了一个脓疮。当鬼子把他扔出炮楼后，已经奄奄一息。不久，便含恨离开人间。

年少的李梦华，趴在父亲的身上大哭了一场。他紧握着双拳，口里骂着：“狗日的，总有一天要向你们算账！”

李梦华虽然没有加入“平山团”跟三五九旅走，但令他欣慰的是，此前他报名参加了部队的宣传队，那时他帮助八路军把乡亲们集合在一起，听八路军宣传员讲革命道理，有时，他带着八路军宣传队走家串户，挨个做发动群众工作，渐渐地，他懂得了一些革命道理，慢慢地他也开始能向群众做起了宣传鼓动。

不久，中共中央在陕北洛川召开中央政治局扩大会议，会议通过了《关于目前形势与党的任务的决定》，并发出了《抗日救国十大纲领》，制定了党的全面抗战的路线和方针、政策。很快，《十大纲领》的宣传材料传到村里，李梦华凭着自己的文化底子，凭着在部队宣传队的一些经验，迅速自觉地担当起了抗日宣传员。《十大纲领》是实现全面抗战路线、反对国民党片面抗战路线的指针。《十大纲领》主要包括：坚决打倒日本帝国主义，反对任何的动摇、妥协；实行全国军事总动员、武装人民抗日；给人民以抗日救国的各项自由；改革政治机构；改善人民生活，等等。

李梦华对这些内容不仅能背得滚瓜烂熟，而且把每条都讲得清清楚楚，他常常会结合发生在当地乡亲们中的事例，深入浅出地去讲解，使乡亲们听得明白无误。很快，李梦华成为村里小有名气的抗日宣传员。人们不知道这个口齿伶俐的宣传员大名叫什么，也记不住李梦华这个名字，但因李梦华的爷爷在村头开了一个粉房，所以，大伙都管他叫粉房李家的孙子。而且，称赞“粉房李家的孙子革命道理讲得真好，让人听得明明白白，很在理儿”。

每当听到这些议论，李梦华心里总是美滋滋的，而家人更是喜出望外，认为这个孩子将来肯定会有出息。

早在大革命时期平山县就有了共产党员。从 30 年代起，平山就组建了中共的各级党组织。平山的对敌斗争在党组织的领导下开展得轰轰烈烈。1937 年底，时任平山区区委书记的李耀祖来到上三汲乡河渠村一带开展建党工作。当时已作为村自卫会积极分子的李梦华，在当地十分活跃，工作很有成绩，很快被李耀祖发现。于是，他通过一个姓张的党员找到了李梦华。见到这位既是同乡又是同学的张某，李梦华很是兴奋。其实，在此前，李梦华已经读过《共产党宣言》，加入中国共产党组织正是他的迫切愿望。1938 年 1 月的一天，在李耀祖和张某的介绍下，李梦华面对镰刀、斧头的党旗，庄严地举起了右手。

入党后的李梦华最主要的工作就是发展壮大党的组织。他靠着出色的宣传口才和组织能力，通过老乡和同学，短短的几个月就在附近的几个村里发展了几十名党员。很快，15 岁的李梦华被任命为党支部书记。被称为“滹沱河畔的少年支书”，他虽然年纪轻轻，工作却有声有色。1938 年 7 月，《新华日报》曾以《一个不平凡的县》为标题，专门报道了平山县的抗日组织工作。平山县以抗日模范之名享誉解放区，而李梦华所在地区的工作又常常是受到表扬和通报的单位之一。

此后不久，李梦华被调到区里，先后担任了组织委员和宣传委员。后来，又在县委书记王昭的领导下组织起了青年抗日先锋队，并开展了一系列的革命军事训练，与自卫队结合，搞起了地方武装组织。

在武装斗争的日子里，年纪不大的李梦华经常带着小分队打游击。一次，他们刚赶到忻县的一个村里，正准备休息，忽然，哨兵报告说日伪军正向村里开来，准备包围游击队。于是，李梦华披着准备睡觉用的毯子，提着一支左轮手枪，同大伙迅速跑出村庄，向村外小山头跑去。摸黑里，李梦华一边跑着，一边紧紧地握着枪，右手紧紧地抠着枪的扳机。跑到小山坡上，已经把敌人甩在了身后。

突然，听见夜空中“叭”、“叭”两声枪响，枪声好似就在他们周围，小分队的人都惊讶了，以为中了敌人的埋伏。于是，便飞快地往山上跑去。等爬上山顶，却并未见到敌人，折腾了半夜的人们在黎明熹微的光亮中坐了下来。在乱石嶙峋的山坡上，李梦华也找到一块平地，把身上的披毯铺下，准备休息。忽然，他感到左手指有点痛，一看像被什么擦破了，再一看，左手下方的毛毯处有两个枪眼，一查子弹正好少了两发。李梦华乐了，原来在撤退时，由于太紧张，握着手枪的手不知什么时候扣动了扳机，射出了两粒子弹，子弹刚好从左手边擦过，穿过毯子而出，旁边的同志听他一说才解开了刚才两声枪响之谜。从此，这件事也当做笑话在小分队传笑了许久……

在战火的熏陶下，李梦华迅速地成长着。1939—1941 年，他先后担任中共晋察冀平山县委青年部部长、中共北岳区委青委干事、区委党校青年班党支部书记。

随着抗日战争的持续，日本侵略者对抗日根据地开始了更加疯狂地大规模地扫荡，特别是在 1941 年对岳北区、平原区的“铁壁合围大扫荡”和 1942 年对冀中的“五一”大扫荡中，疯狂地实施了“烬灭作战”方针，推行了烧尽灭绝，抢光、烧光、杀光的“三光”政策，使李梦华所在的二分区五台地区 400 平方公里 148 个村庄遭受了残酷的杀戮。然而，根据地的人们丝毫没有屈服，而是以更加顽强的斗志与敌人展开艰苦卓绝的斗争。

从 1941 年至 1944 年，李梦华先后任晋察冀晋东北专区地委青委副书记、青救会主任，晋东北专区山代崞办事处主任、晋东北专区抗联副主任。在上级的指挥下，他同他的战友历尽千难万险，积极勇敢地发动群众，与敌周旋。

据时任晋察冀二分区青救会宣传部长王进仁（新中国成立后任教育部基建局局长）回忆：“1942 年前后，我和李梦华同在晋察冀二分区青年抗日救国会工作，他任青救会主任。我们共同战斗在晋东北的五台、盂县、崞县、代县、山阴、定襄等地。那时的敌我斗争异常残酷，是黎明前的黑暗时期。当时盂县有一个叫‘红缨会’的封建迷信组织，大多数成员被敌人蒙蔽，梦华同志派我参加专属工作团，到该县城关区做那里群众的工作。我们正在村里开会时被敌人包围了，在区小队的掩护下，我们冲出了第一道封锁线，正要在马煜大山山口歇脚时，敌人再次封锁了山口。在敌人猛烈的机枪扫射中，我钻进羊群，就势滚下山去，幸好被山腰的一个树杈拦住才死里逃生。但盂县四区的儿童团长、年仅十八岁的小李却因大腿中弹失血过多，不幸遇难，梦华同志知道后，十分悲痛，专门对我和一些受伤的同志进行慰问，号召大家加倍努力工作，为牺牲的同志报仇雪恨。”

日军为了阻止根据地的抗日，疯狂地制造“无人区”，建立了长长的封锁线，妄图使八路军和地方武装过封锁区无人领路，进村无人掩护，吃不上、喝不上、待不住。但是，由于边区人民的支持和根据地出色的工作，在无人区边沿的村庄很快建立起了有效的联络网。只要李梦华他们下山，就有人领他们通过封锁线；只要他们一进村，就早有地方的干部给他们安排好吃、住，并带领他们深入各家各户做发动工作。为了躲避敌人，他们有时还住在山上的寺庙里。因为日本人为了表示对中国佛教的尊重，是不随便闯寺庙的。有时，在内线同志的帮助下，他们化装成老乡，头戴瓜皮帽，身穿大马褂，再提几个篮子、包袱什么的，大摇大摆地从日伪的碉堡前通过，有时甚至住进敌人的据点。

当然，他们也常常会遇到敌人突然袭击。他们常常是中午进村，刚煮好小米粥，敌人突然上来了，只好扔下冒着热气的米锅撤上山，等天黑后敌人走了，再下山去吃米粥。

有一次，李梦华所在的机关从阜平、易县往涞源转移，长长的队伍、一车车辎重，加上雨天路滑，队伍行进很慢，随时都有被敌人追上来的危险。这时，只见一队八路军战士在一位首长的指挥下，从后面赶上来，那位首长中等个儿，一双刀眉使人感到一种军人的威武。李梦华一打听，才知道此人正是红军长征时指挥飞夺卢定桥的英雄杨成武。此时，他是晋察冀一分区司令员。当他问清了原因后，立即召集李梦华等人商量，并决定化整为零，分成几股，分别由分区的战士带领，各自为战。很快，前进速度大大加快，半天时间整个机关转移到了涞源，躲过了敌人的疯狂扫荡。

晋察冀边区，是自平型关战役后，由 115 师聂荣臻开辟的敌后第一个抗日根

游击队里的李梦华（左一）

据地。根据地在组织对敌斗争的同时，建立了农民抗日救国会、工人抗日救国会、青年抗日救国会、妇女抗日救国会等群众团体，组织群众、武装群众，配合武装斗争，积极开展地道战、地雷战、游击战，同时开展支前、参战、减租减息、发动大生产运动等，在抗战中作出了重要贡献，中共中央曾在《致晋察冀边区电》中赞誉晋察冀边区为“敌后模范抗日根据地”。

据曾与李梦华共同战斗工作过的晋察冀边区战友王真（新中国成立后任中共成都市委书记）、李开信（新中国成立后任国家物资局局长）回忆：“梦华同志从1939年到南下之前，都在晋察冀从事青年工作。新中国成立后又在共青团西南团委和团中央青工部工作，对我国的青年工作作出了重要贡献……毛主席在为《解放日报》写的《游击区也能够进行生产》的社论中指出：‘晋察冀边区的许多游击区内，例如晋中的六分区、岳北二分区第四区队、四分区第八区队……以及山西的代县和崞县的部队，都进行了大规模的生产，并且取得极好的成绩。’文中提到的二分区就是李梦华同志担任地委副书记、青救会主任和青抗先区队长的地方。”

王真在其回忆文中记述：“由于青救会、青抗先、儿童团的扎实工作，涌现了许多可歌可泣的英雄模范。例如传遍全国的《歌唱二小放牛郎》，就是发生在晋察冀边区的一个真人真事。王二小，本名闫福华，排行老二，母亲姓王。河北平山县南滚龙沟人，儿童团员。1941年9月16日，他出来放牛，被一小队敌人抓住，要他带路找八路，他却把敌人引向另一条山沟，到了悬崖边想抱住鬼子一起跳崖时，被鬼子发觉，用刺刀刺伤又开枪把他打死。枪声惊动了埋伏在附近的五团侦察连，全连迅速出击将这股敌人全部消灭。由音乐家李劫夫和诗人方冰创作了《歌唱二小放牛郎》，刊登在 1942 年 1 月 1 日的《晋察冀日报》副刊《老百姓》上，迅速在广大群众中传播开来。”

1946 年冬，时任晋察冀边区青联会组织部长的李梦华，到平山搞建团试点。是年，李梦华和蒲德超、胡锡江等人率领阳城县民兵多次远征豫北，镇守黄河渡口，围困孟县之敌。在王屋山一带剿匪时，歼击中王庄残敌，取得显著战果。

战斗是残酷的，然而，却充满了革命乐观主义。在战斗和工作的间隙，人们常常会看到战斗宣传队的宣传演出。1947 年初夏，身为晋察冀二分区青委会干事的李梦华，忽然看见一群活跃的年轻人拿着谱子在唱一首新歌，仔细一听，曲子好像是当时流行的民歌曲调《霸王鞭》，歌词铿锵有力：

“没有共产党就没有中国，没有共产党就没有中国，
共产党他辛劳为民族，共产党他一心救中国，
他指给人民解放的道路，他领导中国走向光明……”

李梦华一打听，才知是从平西根据地——霞云岭上一个叫堂上村的地方传唱过来的。

“是谁写的歌呢？”李梦华不由自主地问。

“是群众剧社的，听说是咱们平山一个叫曹火星的人写的。”有人回答说。

“曹火星？”李梦华脑子里立刻闪现出那个长像俊俏的小伙子。那是 3 年前，李梦华时任平山县青委副书记，在青委领导下的平山青年救国会成立了一个“铁血剧团”，团长叫齐一丁，团长、团员多是些活跃的青年学生，当时“铁血剧团”排练了许多边区的秧歌剧《夫妻识字》《小二黑结婚》等，因为李梦华分管，所以，齐一丁经常叫他去审查节目。时间一长，李梦华与团里的人都很熟悉，其中有个叫曹峙的年轻小伙儿，中等身材，瓜子儿脸，五官清秀，皮肤白皙，很精干，经常男扮女角儿，观众常为他叫好，给李梦华印象极深。那时根据地的许多年轻人为了表示抗战到底、不怕牺牲的决心，纷纷根据“铁血”改名。李梦华听说曹峙就改名为曹火星。

“莫非就是他？这个曹火星可真有出息了！”李梦华自言自语。他知道前

不久，也就是在抗日最艰苦的时期国民党发动了第三次反共高潮，蒋介石发表《中国之命运》，声称中国“今后的命运则全在内政”，攻击共产党是“封建军阀”，狂言“没有国民党就没有中国”。延安《解放日报》针锋相对地以《没有共产党就没有中国》为题发表社论予以驳斥，明确指出：只有共产党八路军才是抗日的中流砥柱，才是中国的希望。想不到这么快火星就创作出这首铿锵有力、脍炙人口的歌曲，真是鼓舞人心啊！

想到这儿，李梦华一方面为自己熟悉的年轻朋友高兴，另一方面对这首歌曲更加备感亲切。后来，毛泽东进北平，亲自将“没有共产党就没有中国”一句改成了“没有共产党就没有新中国”。使李梦华预料不到的是这支歌后来从巍巍太行，越过了崇山峻岭，跨过了江河湖海，飞向了中华大地。它从抗日的烽火唱到埋葬蒋家王朝；从新中国红日东升，又唱到了21世纪的新时代……

历史就像一条绵绵的长河，昨天与今天，过去与现在是不能分割的。李梦华相信，这个时代的强音，也会像历史的长河一样，奔流不息，绵延不断，会被祖祖辈辈的中国人传唱着，延续到永远……

第二章 在青年团的摇篮里

1945 年，是世界爱好和平的人们永远不会忘记的一年。这一年 5 月 8 日，德国法西斯在苏联红军和盟军打击下宣布无条件投降。7 月 26 日，中、美、英联合发表促使日本军国主义投降的《波茨坦公告》；8 月 8 日，苏联对日正式宣战；8 月 9 日，中共中央号召对日全面大反攻；8 月 15 日，日本宣布，无条件投降。至此，从 1937 年七七事变开始的抗日战争历经 8 年之久，终于以中国人民的胜利、日本帝国主义的失败而告终。

但是，一直想消灭共产党、独裁统治中国的蒋介石，在美帝国主义的支持下，先后撕毁《双十协定》和《政协决议》，从 1946 年 6 月 26 日起，以 30 万的大军围攻中原解放区，开始了对解放区的全面进攻，发动了全面内战。针对蒋介石的反动行径，中共中央及时发出了“以自卫战争粉碎蒋介石的进攻”“集中优势兵力、全面歼灭敌人”的号召，中国人民解放军和解放区人民奋起反抗，内战爆发仅一年时间，就粉碎了国民党的疯狂进攻，改变了整个战局。

1947 年 3 月 19 日，中共中央实行战略转移，主动撤出了历经 13 年的红色根据地——延安。之后，毛泽东、周恩来、任弼时等率中央机关和解放军总部继续在陕甘边区指挥全国各战场的解放战争；而刘少奇、朱德等率领中央工作委员会穿越太行，来到了曾为晋察冀抗日首府的河北阜平城南庄执行中央委托的任务。7 月，经过考察，中央工委数十个部门正式搬迁到西柏坡。

此时的李梦华，已调到晋察冀北岳区党委青委会，在党校负责培训青年干部工作。他前几年就听说过，原来的平山县委书记曹慕尧在延安当中央值班警卫队长时，毛泽东就向他了解过平山的情况。从曹慕尧那里，毛泽东知道平山县是个驰名全国的“抗日模范县”。出自平山天柱山“白毛女”的故事就说明平山有着很好的群众基础。而且，平山处于战略要地，是一个理想的中央指挥部所在地。那时的李梦华就闪过这个念头，“要是中央指挥部能搬到平山就好了！”果然，听说刘少奇等领导已把中央工委搬至西柏坡后，李梦华兴奋不已。

不久，即1947年9月，全国土地会议在西柏坡召开。会议在刘少奇的主持下，总结了解放区土地改革的经验，制定了《中国土地法大纲》。11月的一天，李梦华刚给青年干部学习班开完会就接到一个通知："明天去西柏坡参加一个座谈会。"李梦华喜出望外。心想，是中央领导召集的会，一定会见到中央首长的。

第二天一早，李梦华同县上的几位领导同志兴致勃勃地赶到西柏坡。没想到，会议是在西柏坡村边的一个山坡上开的，山坡遍地绿草，在太阳光的照射下，发出阵阵清香。背面是清晰可见的太行山，威武雄壮，坡对面是潺潺的滹沱河，沽沽地、缓慢地向东流去。山坡上两棵大槐树像两把遮阴的大伞，在树荫下，李梦华和二十几个与会的同志坐在草地上，这时，只见一个身材偏瘦、中等个头儿的领导同志走过来，他微笑着和大家一一握手，李梦华仔细一看，猜出了是刘少奇。一起来的还有聂荣臻、薄一波、刘澜涛等。只见少奇身穿八路军军装，脚蹬一双黑布底鞋，一边握手一边操着一口湖南口音的普通话说："大家好！同志们好！"

接着，少奇等同志席地坐在大家中间。这次会议一方面是为落实土地会议精神，另一方面是为更多地了解晋察冀的情况。会上，刘少奇很认真地听取了大家的意见。很多同志发了言，其中，冯文彬讲了许多土地会议后出现的一些问题，引起了少奇同志的关注。听完了大家的意见，少奇同志作了最后发言。他充分肯定了晋察冀工作的成绩，特别指出聂荣臻同志为把晋察冀建成"抗日模范基地"作出了很大成绩，向大家强调要努力工作，团结奋斗。最后，讲了全国解放战争的大好形势，表达了中共中央将革命进行到底的决心，李梦华和与会的同志深受鼓舞。

团校生活（后左二：牟淑贞）

半年后，即1948年5月3日，中共中央开始搬迁到西柏坡，毛泽东于5月6日来到这个中国最后一个农村根据地。在这里，毛泽东和中央指挥了著名的辽沈、淮海、平津三大战役，发表和撰写了几十篇具有重大历史意义的讲话和著作。1949 年 3 月，中共中央在这里召开了著名的“七届二中全会”，会上，毛泽东作了两个“务必”的报告，提出了迅速夺取全国胜利、党的工作重心转移以及胜利后的任务和政策等重大问题，在中国共产党历史上写下了重要的一笔。

无产阶级革命导师列宁曾说：“共青团是一座大学校。”李梦华就是在这座大学校里，迅速成长为一名坚强的共产主义战士。

抗日战争胜利后，抗日救国的青年统一战线组织完成了自己的历史使命，新的形势要求建立与之相适应的青年组织。在这种背景下，负责中共中央青年工作的任弼时同志，于 1946 年 5 月在延安时就向中央提出了重建青年团的建议。这年 5 月 25 日中央青委草拟了《关于成立新民主主义青年团的建议（草案）》，5 月 26 日任弼时在枣园的窑洞里又专门召开了中共中央座谈会，他解释和介绍了草案中青年团的性质任务之后说道：“今天迫切需要解决的问题是在农村如何建立青年团。”“在农村建立团组织一定要根据农村的需要，因此先做典型实验是很必要的，以便取得经验。”

这一年的 8 月，中央决定在延安召开全国青年代表大会，时任晋察冀边区“抗日救国联合会”青年部副部长的李梦华专门赶到已经解放的张家口准备与边区领导会合去延安。后因时局变化会议延期，李梦华就在张家口参加了一段《边区青年》的编辑工作。不久，中央青委的同志要考察北岳地区，李梦华便陪同他们离开张家口回到了晋察冀边区。

1946 年 11 月 5 日中央正式发出了《关于建立民主青年团的提议》指示各中央局各区总结过去经验“择地实验”。中央青委在延安附近的冯庄丰足火柴厂和行知中学建立了三个试点。李梦华奉命也在平山郭苏区上庄建立起晋察冀边区的第一个实验小组。他带领工作组认真学习中央《提议》的同时，积极提出实验团组织的章程，包括团员的条件、权利和义务等。关于名称问题，他们突发奇想：苏联青年团叫列宁青年团，中国为什么不可以叫毛泽东青年团呢，有人也主张叫共产主义青年团。他们严格地按照章程广泛接触和动员农村进步青年，一方面认真考查、发展团员，一方面组织他们开展各种业余文化活动，在活动中开展共产主义思想教育。在他们的努力下，这个地区的青年组织工作做得红红火火。实验取得了满意的效果，向上级汇报后得到了充分肯定并很快在边区全面推广起来。

1948 年 5 月中央工委和任弼时到西柏坡后，中国青年团筹备工作又有了一个大的发展，在任弼时亲自领导下《中国青年》杂志正式创刊，毛泽东写的刊名并题词："军队向前进，生产长一寸，加强纪律性，革命无不胜"；朱德、董必武中央领导同志亲自撰写了重要文章。建团的各项工作也全面开展起来。

此前为了给筹建青年团培养干部，中央青委在任弼时同志领导下专门在华北局党校附设青年干部训练班，由于出色的工作，李梦华被任命为训练班的班主任，班里 190 名学员多数都是做过群众工作的区级干部，还有一部分是来自平津的学生运动骨干。1948 年秋天，中央决定把这个训练班从党校分离出来，命名为中国共产主义青年团团校，校址设在平山县两河村和东岗上村。冯文彬为校长，荣高棠为教育长，下设校务处、教务处等若干机构，李梦华被任命为校教务处处长，同时任团校党总支副书记。

不久，即 1949 年 1 月 1 日中央正式公布了《关于建立中国新民民主主义青年团的决议》。这一年的春天，中央团校分别从陕甘宁、晋绥、太行、太岳、冀鲁豫、晋察冀、山东、苏北等解放区和北平、天津国民党统治区的青年干部和学生运动骨干中，招收 530 名学员，作为第一期正式开班。

1949 年 4 月青年团全国代表大会在北京召开。来自全国各地 340 名代表欢聚一堂，代表着全国各条战线的近 20 万青年团员。毛泽东为大会题词："同各界青年一起，领导他们加强学习，发展生产。"朱德出席了大会开幕式。长期负责青年团工作的任弼时被选为全国青年团名誉主席，并抱病作了由他亲自起草的政治报告。当时任弼时因积劳成疾，身体状况很不好，报告作了一半便讲不下去了，在大家的要求下由时任中央青委秘书长的荣高棠代他宣读报告稿，而任弼时一直坚持到会议结束。李梦华同与会的人员一样看到这些极为感动。

不久，传来中央团校要在中南海怀仁堂举行第一届学员毕业典礼的消息，朱总司令要出席，毛主席还要接见，大家都急切地盼望着这个难忘时刻的到来。此前，党中央于 1949 年 3 月 25 日从西柏坡转移北平。原定中央团校随中央进城，但由于北平刚刚解放，一时没有房子，团校只好临时迁到河北的良乡。7 月 3 日，在校长冯文彬、教育长荣高棠及李梦华的组织下，500 多名学员就从河北良乡坐火车到达北平。

7 月 4 日，晴空万里。上午 10 点，大家就从驻地整队出发。一路高唱《解放区的天是明朗的天》等革命歌曲，向中南海行进，到达怀仁堂。下午2时，毕业典礼开始。只见主席台中间放着一张桌子和硬椅，右边放了几把椅子，布置得庄严简朴。首先，由朱德总司令代表中央向中央团校第一届毕业的学员表示祝贺，他刚讲完，会场忽然一阵骚动，原来是毛主席在团中央书记冯文彬陪同下进入会场。顿时全场哗然，群情鼎沸，“毛主席万岁”的喊声此起彼伏，震耳欲聋。在喊声中坐在前几排的青年代表忽然拥到了台上，争先恐后地抢着与毛主席握手，李梦华就坐在主席台口，离毛主席几步之遥，也想拥上去，但毕竟他是干部，克制住自己的激动。很快在工作人员的指挥下恢复了会场秩序。

身材魁梧高大的毛泽东在热烈的掌声中发表了热情洋溢的讲话：

“同志们：你们今天毕业了！我来讲几句话。我们共产党已有了二十八年历史了。党的第一次代表大会时，只有十二三个人参加，代表五十几个党员。第二年（1922年），党员也不过一二百人。今天，你们团校毕业就有五百人，而且还是干部。这说明我们党和团的工作都在发展。你们不是学了唯物史观吗？这就是唯物史观上说的发展！同志们，苏联共产党开始也只是列宁等几个人，今天成为联邦的大党。我们今天也是全国范围内的大党，但还有农村、工厂没有支部，再过几年之后，将成为全国的党、执政的党。

“同志们，你们务必记住：无论做什么要有个目的、前途，乱来是不行的，中国历史上革命有很多次，拿洪秀全来说，他们就要搞个‘太平天国’。他们的‘太平’意思就是没有人剥削人、人压迫人、不打仗的天国。但是他们不会做成功，只有我们共产党领导广大群众在一起共同斗争才行。

“有人说共产党好，为什么不早一百年出来，不是就可早点实现共产主义吗？你们知道中国历史上是找不到共产党的。道理是那时中国还没有资本主义工商业，没有资产阶级就没有无产阶级，也就没有工人阶级政党——共产党。

“你们学了唯物史观之后，就要懂得一步一步前进。有了条件，准备好力量，经过人民共和国稳步地走向社会主义——共产主义，达到阶级的消灭和世界的大同。那时不要人民解放军，不要共产党。有人说不要共产党那还了得。就是因为阶级消灭了，作为阶级斗争工具的一切东西，军队、政党和国家机器，将因其丧失作用，没有需要，才不要的，才取消的。今天的警察有两种性质：国民党的警察是为了统治镇压人民的反抗，所谓维持秩序是维持反动的秩序。而解放后我们人民警察有两种任务：一是镇压反革命；二是维持秩序。到共产主义，那时警察的任务则只有一个，就是维持秩序，而不要镇压反动派了。有人害怕，反动派不镇压还行？就是因为没有反动派了你们镇压它干什么嘛！

“同志们，将来我们人民共和国建立了，工业又发展到了一定程度，根据当时具体情况即可转入社会主义。”

毛主席一直站着讲了二十多分钟。讲话结束后，会场沸腾了。在欢呼声中，大家欢送毛主席，望着他远去的身影，李梦华的心情仍久久不能平静。伟大领袖那热情奔放、震撼心灵的情景，让他记忆终身；那语重心长、富有哲理的教诲，一直激励着他奋勇前进。

1949 年 7 月 17 日，根据中央决定，中央团校党委会成立。冯文彬、张凡、宋养初、李梦华、贾立俊、赵克明、杨诚、冯铭组成团校党委，由冯文彬任书记，张凡任第一副书记，宋养初任第二副书记。李梦华兼任校总支副书记，负责分总支的日常工作。

就在良乡等待进城的时期，李梦华认识了从天津铁路医院来团校学习的学员牟淑贞。

牟淑贞是唐山人，父亲是唐山铁路工厂的工人。那时女孩很少有上学的，身为独生女的牟淑贞十分受父亲疼爱，被送往唐山的扶轮铁路子弟学校上学。牟淑贞从小懂事，一心想学好本事，将来挣钱补贴家里的生活，所以学习非常用功，成绩优秀。她毕业时，天津铁路医院护士学校到唐山招生，她以第二名的成绩考中。后被留在天津铁路医院当护士。

当时天津快要解放，牟淑贞思想进步，一直对国民党黑暗统治不满。她积极参加护厂、护院的工作，受到医院军代表肖真的注意。肖真此前是中央团校的班主任，3 个月后，他奉命撤离医院，返回中央团校，征得牟淑贞的同意，把她带到京西良乡的中央团校。在中央团校学习的日子里，她在老乡的介绍下认识了李梦华，他们在同一个党小组，李梦华在会上的发言，让她很佩服，于是很快地喜欢上了这位年轻的团校干部。李梦华虽正值青春年华，但繁忙的工作使他无暇顾忌个人问题。看到牟淑贞人品端正工作踏实便产生了爱慕之心。不久两人从相识到相知，从相知到相爱，这年的阴历八月十五，在校党委副书记张凡的主持下，在院子里摆了 3 桌糖果举行了简单的仪式便算是正式结婚了。

60 年后的这一天，李梦华和牟淑贞请人为他们拍了一张“钻石”婚照。在这张照片旁，牟淑贞写道：

“49 年（农历）八月十五晚，是我和梦华结婚的日子。晚六点，下过一阵雨后，明月如洗，非常漂亮。在中央团校由副书记主持（了）一个革命化的婚礼。在老乡的院子里，同志们把我们扰（绕）起来坐飞机，笑声满堂，非常快乐。新房是派的老乡的房子，满屋都是同志们的祝贺，用毛笔写的条幅、画的画……

“第二天，我们就上班了。从那时起，到今天六十年。六十年的革命夫妻，六十年的革命家庭，我们相敬如宾，相知不相疑。现在已是子孙满堂，我们已是白发苍苍。”

从中央团校的那天起，李梦华与牟淑贞相濡以沫，风雨同舟。李梦华为新中国的青年和体育工作奋斗了一辈子，而牟淑贞却为李梦华和这个家庭奉献了一辈子，其中自然有为李梦华所经受的各种不平和委屈，这都是后话。

随着工作的需要，中央团校决定从良乡迁至北京。作为主管后勤时任校教务处主任的李梦华被校长冯文彬派到北京，去向北京市长彭真申请中央团校搬迁北京的房子。

北京的初夏天气开始热起来，然而李梦华的心似乎更热，一直在农村生长的李梦华第一次踏进了北京这个历史古都，他对这里的一切都感到很新鲜，但这里没有他所想象的高楼大厦，青灰的瓦房透着强烈的文化气息，路面整洁，汽车、有轨电车还有自行车、洋车，在有条不紊地穿梭着。人们的穿着很朴素，特别是青年学生，男的青布长衫，女的白布小褂和蓝布裙子，但每个人的脸上都喜气洋洋，从心底里洋溢着一种当家做主人的快意。

结婚第二天留念

北京早在商周时期就已是人口密集交易频繁的都驿。以后一直是各国诸侯君王相争的战略要地，特别是在辽、金两代，北京是维系北国雄视南方的名城。而到了元、明、清三代更是君临全国，首善四方的名都。这里有金碧辉煌的紫金宫殿、风景秀丽的皇家园林，还有琳琅满目的世界级文化遗产及令人赞叹的人文景致。

对此李梦华早有耳闻，但因公务在身无暇顾及。他进城后径直来到南河沿的市政府。经过一番周折，终于来到了彭真办公室。只见这里不停地有人进进出出，彭真席不暇暖，李梦华只好坐在外面等着。过了一会儿彭真让秘书把李梦华叫了进去。李梦华急忙向彭真递上了冯文彬的信并进一步说明了情况，只见彭真率直地说："现在向北京要房子的单位太多了，我们真没有办法给你批出一整块地，这样吧，你们自己先去选，选中了用钱买下来，然后再报销……"末了他又补充了一句："你们不是急用吗？这样效率快。"

李梦华从彭真办公室出来接着就向冯文彬作了电话请示，得到批准后，李梦华便在北京满大街找起了房子。当时团中央已在东单王府井口买下了房子开始办公，为了工作联系方便，李梦华便圈定了东四一带的大方向，随后，看了圆恩寺和东四三条、灯市口勤劳胡同及前门一带的房子，经过反复比较和数次交涉，最终买下了圆恩寺等几处房子。

圆恩寺最早是一个寺院，后来外国人又修建起一个教堂，周围除了几十间平房外还有一个小广场，蛮有活动的余地。不久，团校全部搬迁进城，学校的主要机构便设在这里，上小课时学员们在屋子里，上大课或开大会就只有在这个小广场。在这里，先后有朱德、邓小平、叶剑英、彭真等中央领导给团校学生作露天报告，还有一些著名的学者王明、于光远、郭沫若等在这里进行演讲……

学校的条件十分简陋，学员住在民宅，没有教室，就在外面树林之间学习讨论；没有餐厅，就在空地上围坐就餐，吃住极为简单朴素。虽然物质条件艰苦，但团结紧张活泼严肃的半军事化生活却令这些年轻人兴奋不已。

李梦华在这个青年干部的摇篮里默默无闻地工作着。在这期间，中央团校培养出 1800 多名学员。那时辽沈、淮海、平津三大战役正在紧张进行。随着解放战争的进展，大部分学员从 1948 年 12 月到 1949 年 5 月，参加了接管平津的工作。看着这一批批满载而去的青年骨干，在中国革命中发挥了重要作用，并将为新中国的建设进一步发挥作用，李梦华的心里像吃了蜜一样的甜。

第三章　转向大西南

世界上的事物很奇怪，有时一句话、一个机遇，就会改变一个人的命运。哲人曾说："机遇常常留给有准备的人。"李梦华面对人生的机遇似乎没有充分的准备，但他还是抓住了这个机遇，从此走上风风雨雨的体育之路。

正当李梦华在团校干得起劲的时候，有一天校长冯文彬找到了他，郑重地对他说："邓小平同志要调你去西南局，怎么样？到西南去吧！"

"小平同志怎么知道我，再说为什么要我去呢？"乡土观念很强的李梦华有点不愿意，其时他夫人已被批准上朝鲜，他本人也准备参加志愿军赴朝抗美。

冯文彬接着说："小平同志来北京开会特意打电话告诉我说，西南缺少青年干部，一定要从团校推荐一个优秀的，你想你是团校务长，工作这样出色，不让你去让谁去？"说完又补充一句："说心里话我还舍不得让你去呢。可是要人的是西南大军区政治委员邓大人哪！他还要求你同他坐飞机一起走呢。"冯文彬说话的声音不大而且有些调侃，但却说得很重，听完这番话，李梦华也就不说什么了。

随即，李梦华匆匆地做了准备，临行前团中央书记处书记蒋南翔又专门找他谈了话。可惜时间太紧，李梦华还是没赶上邓小平返西南的专机。几天后，他坐火车到武汉从水路赶到了重庆，不久牟淑贞也随之到了西南。

李梦华到西南报到后，才知道自己是在西南团工委负责青年和体育工作。在这里，他见到了陈锡联、杨勇、胡耀邦等，尤其让他兴奋的是直接能在赫赫有名的邓小平和贺龙手下工作，他感到莫大的荣幸。李梦华和于江震、李新、康乃尔等担任青年团西南工委常委，李梦华先后担任西南工委青工部长、军体部长、副书记、全国青联西南办事处主任、西南行政委员会体育运动委员会副主任等职。

战争年代，对于驰名中外的邓小平和贺龙，李梦华如雷贯耳。由于从事青年工作的关系，他也听说过不少关于他们喜欢体育的故事，比如贺龙组织的 120 师篮球“战斗队”曾打遍边区无敌手，小平同志青年时代为看足球当掉行李的一些传说。然而李梦华这回到西南，在邓、贺二人的领导下，耳濡目染，对他们才有了真实的感受。他根本没想到身为西南军政主席的贺龙和政治委员的邓小平，在如此繁忙的军政工作中，竟能如此关心重视体育的发展，在1950年、1951年的五一节，连续召开了“西南军区直属部队运动大会”，两人同时签发召开运动大会的命令，同时出席大会的开、闭幕式，并多次观看比赛。

1951年4月在北京举行了第一届全国足、篮、排球比赛大会，有解放军、东北、华北、华南、中南、西北、西南和铁路系统的“火车头”等8单位参加，当时代表西南区参赛的选手都是由各大学的学生临时凑起来的。比赛结果，西南队除女排获第四、女篮获第六名外，男子篮球、排球均为倒数第二，足球为倒数第一。

比赛刚刚结束，代表队还没有离开北京，李梦华就接到贺龙和邓小平从重庆打来的长途电话：“我们西南地区打成这个样子不成，球队回来以后要集中起来搞训练……”

一个月之后，即1951年6月，邓小平和贺龙组建了中华全国体育总会西南分会，贺龙任名誉主任，康乃尔兼分会主任。任命李梦华为秘书长，具体负责组织工作。此前，1949年10月26—27日在北京召开了中华全国体育总会筹备会，而真正意义上的中华全国体育总会是1952年6月20—24日成立的，所以西南区体育分会实际上比全国体总成立得还要早。体总西南分会成立的同时，贺龙、邓小平就决定成立了西南区体育分会篮、排球队。

李梦华接到任务异常兴奋，他开始对从北京返回的大学选手逐个了解情况，并逐个与他们所在的学校进行联系。在具体工作中，却遇到了种种阻力。首先来自学生本人和家长，因为这些被调的大学生都是在校生，有的已经读了两三年的大学，当时国务院明文规定无特殊情况，在校大学生不能转业。这些学生只是业余爱好体育，无非是玩一玩，练练身体。如果放弃学业专门从事体育训练，无论是学生本人还是家长都没有这个思想准备。其次，社会上沿袭下来的旧习，认为搞体育是“吃球饭”的，低人一等没出息。而从事理、工、医、文才是“正业”。还有，就是在西南区机关对有无必要建立专业球队也莫衷一是。李梦华深感头痛，无奈通过康乃尔向上面反映了这些问题。

很快，李梦华得到贺龙和邓小平的支持，他们要求一方面要做好宣传说服工作，一方面正式下命令进行选调。有了尚方宝剑，李梦华等人信心大增，经过两个月的紧张工作，终于调入了 11 名队员，10 月 12 日由这 11 名队员组成的西南篮球队宣布正式成立，应该说这是新中国成立后的第一支优秀运动队。在成立大会上，贺龙和邓小平亲自给他们作了动员报告，队员深受鼓舞，不久队伍进一步扩大，包括有一手漂亮的左手投篮后来成为国家著名选手、女篮教练的杨伯镛，也被贺老总点名进队。

人调来了，队也成立了，但问题并没有完全解决。在调来的少数大学生中，有的人心思并不在训练上，有的人怕被运动队长期留下，就好几个月不领津贴，不穿队服，而有的还闹点小情绪暗暗抹眼泪。李梦华一方面耐心地做他们的工作，一方面争取贺老总的支持。当听了李梦华的汇报后，贺龙立即拉着李梦华一起来到运动队的驻地，见到大伙都直挺挺地站着，贺老总连忙打趣地说："我不是教练，不是来给你们训练的，今天我们来一起摆摆龙门阵，坐下，大家都坐下！"说着自己先两腿一盘席地而坐，随手拿起了烟斗。

大伙围坐在这位亲切的老首长身边。贺龙心平气和地说："听说有人虽然进队，但还有些想法，这没有关系，慢慢想，脑子转过弯就好了嘛！有些人看不起体育工作，我不这么看。体育工作也是革命工作，是社会主义建设的重要组成部分，现在不光西南体育落后，全国的体育都很落后，我希望我国的体育很快赶上世界水平，摘掉'东亚病夫'的帽子。有人认为大学生人才难得，这话也对，但是像你们这样的大学生，每年都能培养许多，但像你们这样的体育人才却很难找，过去把运动员叫做'四肢发达，头脑简单'，我们要改变这种情况，你们应该成为新一代有科学知识的体育工作者。"

贺龙（前右一）、邓小平（右二）在西南运动会上

看到大伙听得很有兴趣，贺老总有意识地停顿了一下然后提高嗓门说："你们可以放心，在毛主席、共产党领导下，以后的体育主任，体校校长就要从你们当中

产生。到那时候你们现在在学校学的科学文化知识还不够用呢，所以我希望你们不要只想目前的比赛打球，要看得更远些，把体育工作当成革命事业来完成。像你们这样半心半意地干是搞不好体育事业的，要全心全意安心干一辈子。”末了又加了一句：“我贺龙说话从来是算数的哟!”

面对着这位赫赫有名的开国元勋，听着这些拨人心弦的亲情话语，这些年轻人的情绪一下子被调动起来，他们纷纷站起来握住贺龙的手说：“首长！我们干！我们一定会好好地干!”

后来根据贺老总的指示，李梦华等人又很快筹备成立了西南排球队、足球队和田径队等，同时也组建了以“战斗”命名的各项目运动队。在调集这些人员进队的过程中，贺老总是求贤若渴，逢珠必采。只要是体育人才，只要让他知道，他都会千方百计地把人弄来，并以刘备“三顾茅庐”的精神去动员他们。李梦华耳闻目睹了许许多多的动人故事。

林绍洲，曾连续获得旧中国第四、五、六届全运会110米高栏冠军，被誉为“高栏王”。因其曾在国民党军队担任过体育教官，新中国成立后在成都靠拉架子车度日。贺老总知道后，一方面给成都市委书记和成都军区的领导打电话，让他们协助；一方面专门派干部寻找，经过多次地说服终于感动了这位“高栏王”，出任了“战斗”队的田径总教练，而这位总教头没有辜负贺龙的重望，先后培养出了跳高李大培、短跑时加权、中长跑陈正绣、掷铁饼石宝珠、三级跳远李潜德等，这些选手都曾多次获得全国冠军。

谭福祯，曾被称为华北第一中锋足球宿将，听到推荐后贺老总便说：“立即通知体工队，以我贺龙的名义请他到重庆来，赶快去找。”谭福祯当时在华东第一针织厂任总务科长，月薪250万元（旧人民币），在上海新闸路有一所别墅式的小楼，此前南京军区请他，他未动心，听到贺老总请他并亲自给上海潘汉年打电报，一定要解决其爱人工作等问题，十分感动。到了重庆后贺龙亲自接待，月薪定为250万元，是西南教练员中最高者，谭福祯夫妇受宠若惊感慨地说：“贺老总礼贤下士，我谭福祯只能士为知己者死!”果然他以自己的勤奋工作使西南“战斗”足球队大大地提升，而且培养出了冼迪雄、潘培根、曾雪麟等著名足球人才。

最让李梦华感到有意思的是，调飞行员去打排球。“战斗”男排看上了一个队员叫吴子丹，一了解，才知道他是一名优秀飞行员。要知道，新中国成立初期，培养一名飞行员是何等不易呀，因此，军区政治部调人时就有些犹豫。贺老总知道后说：“飞行员哪儿都能培养，都能找到，但是好的运动员就不容易找到，我看还是要调。”就这样，吴子丹成为解放军史上第一名改当运动员的飞行员，这在新中国是破天荒的第一次。

还有一个人才也值得一提，就是从日本归国的华侨梁扶。此人在日本组织棒球队多次战胜美国等强队，被誉为日本“野球”名将。而回国后，因他以前曾在上海某区当过一段国民党侦缉处长而没有人敢用。贺老总知道后派人员反复调查，确认“是挂名的侦缉处长”便决定把他请到“战斗”队。

这一阶段经贺老总亲自点名调来的先后有铁道部第二设计院的马全仁、重庆地质学院的包德庸、云南陆军医学院的黄韵侉以及纺织工人徐秀英、会计李雪祖等人。

最让李梦华难忘的是调上海“回力”队到西南队。由于贺老总的关心，西南军区“战斗”队的组建要比西南区体育分会进行的快得多，尤其是从上海等地调来的人才让李梦华羡慕不已，“战斗”队一次竟从拥有多名旧中国国手的上海正泰橡胶厂“回力”队调进了6名教练员和队员。西南区的篮球急需人才，李梦华想从中分一杯羹，但是他知道为了调“回力”这6个人，贺老总先后派西南公安厅的处长去“侦察”，去“说服”，然后贺老总亲自邀请他们到山城重庆表演，进而又几次到他们住地做工作，是贺老总的真诚求贤和平易近人的作风让魏启昆等人产生了“良禽择木而栖”之感，才下了决心愿为“战斗”队效“犬马之劳”。费如此大的周折才调来的人贺老总舍得吗？想到这儿李梦华有些犹豫。但他不甘心，便小心翼翼地向贺老总打迂回战：“老总，‘战斗’篮球队人才济济，光‘回力’就有6人之多，要是用不了是不是……”

“是不是想调到你们那儿几个？”

“想是想，可是……”李梦华欲言又止。

“哎，想要就直接说，别这么吞吞吐吐。”老总有些埋怨。

“能调一两个也就够了。”李梦华还是小心翼翼地说。

“部队支持地方是应该的，这样吧！地方、部队各一半，一家3个！”说着，贺老总拍了一下大腿。

想不到老总这样干脆！李梦华听了欣喜若狂，他没顾上和老总道谢，便扭头跑回篮球队报喜去了。

有贺老总的支持，李梦华干劲十足，不久为了落实贺龙和邓小平关于大力宣传体育工作的意义的指示，西南区体育分会和西南政治部先后组织了多路人马，进行宣传鼓动，李梦华带领大家背着行李，爬山涉水深入到工厂、部队，一方面进行体育表演、比赛，一方面进行开展体育活动的宣讲，吸引更多的青年投身到体育锻炼之中。

1952 年，李梦华在《西南青年》杂志上发表了《和青年朋友们谈谈体育运动》的文章。文中说：

“我们生长在毛泽东时代的青年的道路是十分广阔、十分光明的。每一个青年必须毫不懈怠地锻炼自己，充分准备为建设美好社会尽自己最大的力量，这是人民赋予我们不容推诿的重任！而要很好的准备，就必须学习文化科学知识，学习马列主义毛泽东思想，提高思想觉悟，并且还必须锻炼坚韧的体力，就是说要具有强壮的体格。……”

李梦华从革命的高度介绍了体育锻炼的重要意义，同时又从个人生活的角度让青年们看到体育锻炼的积极作用。他接着写道：

“没有健康的身体，便不可能很好地为祖国服务！同时，我还要告诉青年朋友：没有健康的身体也不能建立幸福美好的家庭生活……”

“‘流水不腐，户枢不蠹’、‘人之血脉似长江，一处不到一处伤’，都是很有道理的话。运动使我们的呼吸更急、更深，血液循环加快，这样就促进了人体细胞的新陈代谢，使各器官健全地发育和成长。使我们的肌肉强壮有力，动作协调。运动也锻炼了神经。

“体育运动不仅是‘健强体格的方法’，也是以共产主义、爱国主义精神教育青年、培养青年的革命品质的一种重要方式。通过体育运动，可以培养青年的组织性、纪律性与集体主义的精神，勇敢、机智的品质，乐观、自信的性格和坚毅的耐劳的习惯。”

李梦华的文章和观点给人留下深刻的印象，受到了大家的好评。

为了改变西南地区体育落后状况，迅速赶上全国先进水平，1952 年初，贺龙和邓小平提议召开西南区首届人民体育运动大会。据谢武申、王鼎华的《共和国体育元勋》一书记载，3月22日，西南军政委员会文教部、中国新民主主义青年团西南工委、西南区体育分会邀请西南及重庆市各有关单位举行了第一次筹备会议。贺龙以西南区体委分会名誉会长身份主持了这次筹备会。会议通过了以于江震、孙志远、楚图南、王新亭、曹荻秋、王维纲、廖苏华、康乃尔、罗士高、李长路、刘卓甫、许志奋、沙汀、李梦华等19人为筹委会会员。李梦华、许志奋为正、副秘书长。下设秘书、总务、竞赛、宣传等4个处和1个评审委员会。贺龙对筹委会的成员说："人民体育运动关系国防建设与经济建设，至为密切，因此大家应该了解这个大会召开的政治意义。"他指示："大会的筹备应在节约的原则下积极进行，并必须有计划地、精确地做好大会的一切准备工作。"

身负重任的李梦华全身心地投入到大会的筹备中，从运动队的选拔到赛会的组织安排，从设计拟定大会的宣传口号、会歌到开、闭幕式的编排、演练，他不仅亲自安排，并监督有关部门一一落实。就在大会即将开幕前不久，一切工作都在有条不紊地进行时，他觉得似乎还有什么大事未做。什么事儿呢？他忽然想起，这个大会，贺龙、邓小平二位首长如此重视，如果能让他们专门为大会题个词，岂不是最具宣传鼓动性吗？于是，他匆匆通过两位首长的秘书表达了他的心愿。听到这个消息，贺老总当即就把他找去，满面笑容地说："我也是大会的工作人员，你是秘书长，你分配我做什么工作，我就做什么工作，不就是写几个字吗？回去就办！"

第二天，李梦华刚到办公室，贺老总办公室的任秘书已经拿着题词来了。打开一看，只见二尺的宣纸上写着："开展人民体育运动，为祖国的国防建设与经济建设服务。"字里行间透露着贺老总那股气吞山河的魂魄和英勇无前的精神。仅隔一天，筹委会又收到邓小平的贺词："把体育运动普及到广大群众中去！"当李梦华让人把两个题词装裱好挂在办公楼的大厅时，大家都受到极大的鼓舞，决心要把运动会办得精彩、成功，创造更好的成绩，感谢领导的关怀和支持。

1952年5月4日上午9时，西南区第1届人民体育运动会在重庆大田湾广场开幕了。据1952年5月5日的《新华日报》报道：

"贺龙、邓小平和熊克武、刘文洋、李达、王新亭、孙志远、蔡树藩、楚图南、张霖之、曹荻秋等都出席了开幕式，观众达25000余人。

"贺龙调来战斗队文工团乐队为开幕式演奏军乐。1184名运动员，以身着红衣白裤的西南区篮排球队为先导，在军乐声中步入会场，接受贺龙、邓小平等西南区首长的检阅。贺龙代表大会接受了少年儿童的献花。

“于江震致开幕词后，贺龙、楚图南、曹荻秋相继讲话。贺龙在讲话中对新体育的方向、意义和如何发展西南区体育运动作了阐述：‘我们的国家即将出现一个经济建设的高潮，在这种情况下，广泛发展为国防建设服务与为经济建设服务的人民体育事业就有特别重大的意义。在目前大力提倡与发展人民的体育事业，以提高人民的健康水平，发挥人民的劳动能力，培养新的道德作风，把我们的人民，特别是青年一代都锻炼成身体强壮、精力充沛、勤劳勇敢、刚毅而机智的新人民，成为建设祖国的优秀工作者，保卫祖国的英雄战士，这一工作也就成为整个国家健康建设事业中不可缺少的一部分了。希望各级人民政府、人民解放军、各人民团体，特别是文教部门的青年团组织，更要把开展人民体育运动作为自己重要工作之一……一切体育工作者要安心工作，把为人民服务的体育工作看做是自己的光荣任务。我们一定要把体育运动普及到广大人民，特别是劳动人民中间去，成为他们生活中不可缺少的一部分，这样的体育运动才有生命、有力量，才能发挥它应有的作用。’”

开幕式后，由重庆市学联3000人表演了团体操，然后是足球表演赛，只见魁伟而略胖的贺龙在两位足球运动员的邀请下步入球场中央，举脚开球，顿时，全场响起雷鸣般的掌声……

在后来的11天运动会上，除了各项正式体育项目激烈竞争之外，还穿插了西南军区表演的“五大军事技术联合演习”、康藏族歌舞队的歌舞、川剧院的翻红旗、武术对练、“伏虎”、拔河等表演项目，使观众大开眼界。

盛会圆满结束了。李梦华也终于松了一口气。这次运动会是西南有史以来最大的体育盛会，打破多项全国田径纪录，涌现了一批优秀的运动员，提升了西南区的运动水平，这对宣传和普及体育起到了巨大的推动作用。

这次运动会对于李梦华个人来说，也是他生平第一次直接组织的一次大型活动。由于贺老总的关心，使他通过运动会，培养、锻炼了自己的组织才能，增强和提高了知识才干。尤其是贺老总对新体育工作的深刻理解，让他刻骨铭心。

白驹过隙，岁月如梭。半个世纪过去了，李梦华回想起贺老总当年对新中国体育方向和方针的精辟论述，与毛泽东及中国第二、三代领导核心的领导方针是如此地相似、如此地合拍，让李梦华更加佩服贺龙那超前的思想和英明的预见……

第四章　踏进中央体委的大门

在贺龙、邓小平关心、领导下，西南区的体育如火如荼，李梦华也干得得心应手。1952年12月，北京传来中央决定成立中央体委的消息，据说是当时中华体总正、副秘书长荣高棠和黄中，从中国体育代表团参加第15届奥运会归来后向中央打的报告。而且中央任命贺龙为中央体委主任。

李梦华再次来到人生的十字路口。1954年初，中央决定撤销行政大区，机关解散，机关干部纷纷各奔东西，贺龙也要回北京了。此前，西南体育专科学校已扩大为西南体育学院，由于工作的关系，李梦华兼该院院长，一直好静不好动的李梦华想索性就留在学院里。

打定了主意的李梦华正想向上级汇报，忽然贺龙的秘书任思治找到了他。由于比较熟，任秘书就单刀直入地说："贺老总就要上北京了，他说要你也去！"

李梦华一听，对不上点儿，便说："任秘书，你给约个时间，我正想和老总好好谈谈。"

"怎么？难道你不想去北京？"任思治有点儿意外地反问道。

李梦华含含糊糊地说："嗯……有关……"

"你算了吧！"任思治没等他说完，便一把把他拉住，接着说道："难道你还不知道贺老总的脾气？你要说不去，骂你一顿还得去！张之槐不就是个例子吗？"

李梦华一听到"张之槐"三个字，立即想起那个山东大个儿挨批的事：

那是前几个月，曾为"战斗"篮球队队长的张之槐被贺老总调到西南后任军区司令部干部处处长，兼西南军区体工队大队长。1953年4月，中央正式任命贺龙为中央体委党组书记，贺龙即决定调张之槐到北京，谁知张竟然不想去，一了解才知道他是因为部队正在酝酿评定军衔，不想转业。贺老总有些不高兴，便说："原来你是光想当官，是找牌牌，不考虑事业。给你几天时间考虑考虑，想通了来找我！"

几天过去了，张之槐没有回音。

这天，贺老总召开西南区和军区体工队干部会，李梦华和其他干部早早地来到会场。张之槐悄悄地坐在会场的角落里。按常规，贺老总与大家很随和，经常是人未来笑声先到。今天却不同往日，只见他一脸严肃，上来就说：“张之槐来了没有？”

“到……”坐在角落的张之槐慌忙站了起来。

贺老总看了他一眼，便用手指着他说：“你想好了没有？光想当官，不愿意当老百姓，那怎么行？你再想想，想不通开支部大会，咱们辩论辩论，你可以讲你不去的理由，如果把大家说服了可以不去，如果你说不服大家，就得到体委报到！”说到这儿，贺龙“啪”地一下，磕了一下手中的烟斗，嘴唇有些哆嗦，上面那撮儿黑胡须也在颤抖。末了，他又补了一句：“三天以后，听你的回音……”

面对这个情景，在座的人都为之愕然。因为人们从未见到贺老总发这样大的脾气！而且是面对跟随他多年的老部下。惊愕之余，人们深深感到贺老总对体育是如此地重视！

事后，李梦华听说，张之槐当晚一夜未眠。他很快领悟到贺老总对他的信任和期望，于是，第二天一早就跑到贺老总家认错，并表示坚决服从命令……

李梦华正想着，任秘书又甩出了一句：“你还记得去年贺老总赴朝鲜慰问，途经北京讲的那番话吗？你要忘了我就再给你说一遍。”接着，任秘书学着贺龙的湖南口音拿着腔调说了起来：“以前，天安门前有三个牌楼，是国庆游行的大障碍，每次游行时坦克、大炮都不容易通过，现在体育运动也有些障碍，虽然多数人对体育是热心的，但也有个别人不热心，甚至有些过去做体育工作的人现在也不愿意做体育工作。我们要像搬掉三座牌楼一样把体育工作的障碍除掉！我这儿是老铁门儿，进来就别想出去……”

说到这儿，任秘书停了下来，对李梦华又笑呵呵地说了一句：“我看你也是进了老总的铁门儿了，既然进来就甭想出去喽！”

李梦华听了任秘书的一番话，觉得确有道理，也根本不可能再与贺老总去讨价还价了，他只有默认了。

因为有些收尾工作，李梦华晚走了几天。此前，贺老总已经先期带着他点名的一批西南干部进了北京。包括张非垢、张彩珍、武岳松、王凌等，其中张非垢、张彩珍、王凌都已有去向，是中途被贺老总截下来的。此外，著名将军蔡树藩、西南行政委员会副主席卢汉也先后被贺龙邀请来到中央体委。

李梦华报到后，听说要安排他到国际联络司当司长，这回他说什么也不干，因为他知道自己缺乏外联的经验，想干些比较实际的体育业务工作。贺老总这次很痛快地答应了他的要求，让他就任了中央体委竞赛司司长，主管运动队的竞赛和训练工作。

此时的中央体委已改名为国家体委。在贺龙亲自率领下，经荣高棠、黄中等同志前期卓越有成效地工作，体委机构、人员逐步落实到位，各项业务工作也全面有序地开展起来。竞赛是整个体育工作的杠杆，同时，也是各项体育活动的龙头。然而，新中国成立伊始，百废待兴，体育竞赛不仅很少，而且缺乏统一的管理，李梦华到体委后的第一件工作是从调查入手，开始研究、起草竞赛计划和规章。在大量调查研究的基础上，他和他的助手们很快便制定出并于1956年4月28日公布了《中华人民共和国运动竞赛制度的暂行规定（草案）》，对全国各类运动会、各级别的体育竞赛项目、时间、办法、性质都作出了具体规定，同时还公布了田径、自行车等16个项目的运动员等级标准，使体育比赛有章可循。这也是国家体委出台的第一个运动竞赛方面的法规文件。1957年3月13日，又制定并颁布了《国家体委关于各级运动会给奖办法的暂行规定》，以后又陆续制定了其他项目运动员、裁判员和教练员等级制度条例草案等。从此，零散的、无序的体育比赛开始纳入了有计划的统一管理。

为了更好地贯彻落实各项竞赛制度，李梦华不遗余力地进行宣传。他在1956年2月《新体育》杂志上发表的《把运动竞赛工作提高一步》文章中指出："运动竞赛是推动体育运动发展的重要手段"，"我们必须抓紧抓住竞赛活动这一环节来推动工作。"在该文中他对开展竞赛的意义进行了阐述："运动竞赛确实具有具体生动的宣传体育运动，推动群众性体育活动开展，交流经验、提高技术水平，创造新的纪录，培养训练积极分子，检验工作发展情况的重大作用。"接着，他就实行运动员、裁判员等级制度，加强技术研究、运动竞赛和奖励等问题，提出了自己的看法。他认为："奖励是体育运动的一项重要工作。正确地实行奖励政策，不仅可以鼓励优秀运动员不断提高技术水平，创造更高的新纪录，而且能吸引广大人民群众积极参加体育运动……至于对优胜队的指导人员是否应当给予奖励，也并不是不可考虑的。"这是首次提出对教练员及相关人员

随同贺老总调查研究（前右起：李梦华、荣高棠、贺龙）

的奖励问题。不久，于 1957 年 3 月国家体委正式颁布了《关于各级运动会给奖办法的暂行规定》，从而开始了我国最初的运动员奖励制度。

在抓竞赛制度建设的同时，李梦华率领部门的同志紧锣密鼓地展开了各项组织工作。1955—1956 年，他们先后在天津和北京召开了全国运动队训练工作会议、全国体育竞赛工作会议。据不完全统计，仅从 1955—1956 年，先后举办了全国篮球、乒乓球、体操、水上运动会和全国摔跤、射击、棒垒球、武术、拳击、击剑、技巧等表演赛，截至 1959 年，举办的全国大型综合性运动会有十多项，其中包括 1955 年 10 月的第 1 届全国工人运动会、1956 年 8 月全国少年运动大会、1959 年的第 1 届全国运动会。

1956 年 11 月，第 16 届奥林匹克运动会将在澳大利亚墨尔本举行，中国为此做了认真的准备。8 月，国家体委副主任黄中赴澳进行了考察，9 月 1 日，中国奥委会向台湾、香港、澳门运动员发出选拔赛的邀请，10 月 21 日，在北京举行了包括港、澳、台在内的全国选拔赛。从 1400 人中选出举重、游泳、体操、田径、射击、足球、篮球 7 个项目共 92 名运动员组成了中国体育代表团。

随后，担任代表团副团长的李梦华奉命带领全部人马进驻广州二沙头进行最后的封闭训练，迎接大赛。二沙头是位于广州珠江沿岸的一个小岛，风景秀丽，气候宜人，加上红色的塑胶跑道和绿色的草地足球场，显得更加美丽。这是国家体委一年前专门为体育健儿拨款修建的南方最大的训练基地。李梦华按照贺老总“战斗”队的管理办法实行军事化管理，从宿舍到训练场，从训练场到食堂都是列队行进，步伐整齐，歌声嘹亮。队伍的训练、作息都有各种规定。据原国家体操队领队陈风平回忆：“当时为避免队员拉肚子，不准队员在外就餐，吃冰棒不得超过 3 个，纪律是很严格的。”然而，队员更是自觉，不要说违规，出门儿的人都没有。整个二沙头像一艘油足弹满的战舰，昂首挺胸，待命起锚。而运动员则个个儿像求战心切的勇士，只待一声令下，冲锋陷阵。

然而，就在这一时刻，突然从北京传来了中央决定不参加奥运会的消息。原来，国际奥委会在邀请中国参加奥运会的同时，也邀请台湾以所谓“中华民国”的名义参加，在第 16 届奥运会组委会的文件上也不断出现“北京中国”“福摩萨中国”的字样。中国人民忠于奥林匹克伟大理想，积极参与奥林匹克大家庭的活动，但中国人民决不拿原则做交易。为了新中国的尊严，在忍无可忍之下，中国奥委会于 11 月 6 日在北京发表声明：由于 IOC 违反了奥林匹克宪章，制造两个中国，坚持邀请台湾单独派运动员参加第 16 届奥运会，中国运动员在这一问题没有得到解决之前，不能参加本届奥运会。

消息传来，二沙头大本营一片哗然。李梦华一方面为国际奥委会中少数反华分子制造两个中国、侮辱中国人民的行为感到极大愤怒，一方面又为作了极大努力而不能参赛的运动员感到惋惜。

李梦华清楚地知道，新中国成立后，曾有 40 人的中国体育代表团参加了第 15 届奥运会，但那次由于反华分子的阻挠，到达赫尔辛基后，运动会已近尾声。这次应是新中国派出的规模最大的一次，也是正式参加的第一次，为了这次奥运会，中国政府和中国运动员做了大量准备工作，同时，对新中国运动员能在奥运会上取得好成绩充满了信心。李梦华在此前曾撰文《对我国运动员参加奥运会的展望》，对中国运动员的表现进行了认真的分析：“根据目前我国运动成绩的提高情况来看，我们完全可以相信：年轻的中国运动员将在第 16 届奥运会上有空前未有的景象。在奥运会上获得良好成绩的决定因素是运动员的现有成绩已经达到一定的高度。”

随后，李梦华列举出若干项目运动员当时的成绩，如女子铁饼石宝珠为49.04米（该成绩高于上届奥运会第2名）；男子跳远张启山为7.23米（平上届第4名）；女子跳高傅雪雁1.61米（高于上届第4名）；男子举重最轻量级陈镜开总成绩305公斤（高于上届第3名，挺举133公斤，已破世界纪录）；轻量级黄强辉总成绩350公斤（平上届第2名）；男子200米蛙泳穆祥雄、戚烈云成绩均超过世界水平；男女自选小口径手枪人像靶25米的项目张钛在1955年举行的国际射击竞赛大会中以590环的成绩，超过世界纪录，比上届奥运会冠军多11环……

李梦华的分析依据确凿，鞭辟入里，令人信服。毋庸置疑，如果这次中国运动员成行，那么，新中国在奥运会奖牌“零”的突破绝不会是在近30年后的美国洛杉矶，而应是30年前大洋洲上的墨尔本。

对此，李梦华同所有中国体育界人士一样，是深深地遗憾。但在遗憾的同时，又深知中国政府决定的正确和必须贯彻这一决定的深远意义。

如同战士上不了战场，英雄失去用武之地，一些教练员、运动员感到不解，为什么台湾去了我们就不能去呢？如果去了不正好和美蒋去作斗争嘛！为什么准备了那么长时间而放弃呢？如果不去岂不太可惜……针对这些问题，李梦华立即召开全体会议，向大家晓以大义，明之以理：“有这些想法的同志本意是好的。但是，我们必须站在全局的、更高的民族利益、国家利益上去考虑这些问题。

“首先，国际奥委会有明确规定，一个国家只能有一个奥委会组织，他们这样做本身就是违背章程的。其次，他们不仅制造两个中国，而且肆无忌惮地更改我国的国名，这是对我国的侮辱，是决不能容忍的。第三，这次不参加，丝毫不影响我们的国际地位和友谊工作。”说到这里，他引用了前几个月周恩来总理在一届全国人大二次全体会议上曾说的一句话：“就中国来说，不管美国承认不承认，中国同其他国家的接触还会扩大，中国的国际地位还会继续提高。”

接着，李梦华又深情地对大家说：“我们是尊重国际体育组织的章程和规则，国际体育组织也必须尊重我国体育组织的尊严，如果国际体育组织做不到，反而排斥我们，我们决不能委曲求全。国际体育舞台是广阔的，我们训练的汗水不会白流，只要我们更加刻苦地训练，破更多的纪录，创造更好的成绩，在世界强国之林就会有中国一席之地，就会有中国运动员的用武之地……”

此后，近三年时间，一些随国际奥委会少数反华分子的国际单项组织也在承认中国唯一合法的全国体育组织——中华全国体育总会的同时，又以“中华台北”名义接纳了台湾的体育组织，而国际奥委会主席布伦戴奇更加变本加厉地搞“两个中国”，并指责“中国把政治带到国际体育中来”。在当时的国际政治大气候下，中国无法改变国际这些不合理的状况。为了抵制“两个中国”的阴谋，维护国家主权，中国奥委会于1958年8月19日发表与IOC中断关系的声明，同时，退出了国际游泳、田径、篮球、举重、射击、摔跤、自行车及亚洲乒联等8个国际体育组织。当时中国大陆唯一的国际奥委会委员董守义同时宣布辞去国际奥委会委员之职。

从此，中国和IOC正常联系被迫中断21年。由于缺少了占世界人口1/4的中国参与，给国际奥林匹克运动带来无法弥补的损失，当然，中国体育事业的发展也受到了一定的影响。

在被迫脱离国际体育主体组织活动的困难日子里，中国体育界的领导并没有灰心。

1958年9月5日，贺龙就此慷慨激昂地说：“我们为了彻底粉碎掉帝国主义利用国际体育组织制造‘两个中国’的阴谋，退出了有蒋帮代表参加的国际奥林匹克等10个组织。今后，我们更要发奋图强，自力更生，拿出成绩给那些帝国主义分子看看！”针对一些人担心这样做会使中国处于孤立的地位，贺龙十分自信地说：“原则、立场必须坚持。我们绝对不能做有损祖国荣誉的事。我们是伟大的社会主义国家，谁也孤立不了我们！我们的朋友遍天下！帝国主义封锁我们快10年了，我们的国家不是照样发达起来吗？总有一天他们会请我们回去的。占人类1/4的中国，谁能永远闭着眼睛说不存在呢？关键是我们要坚持不懈，在体育上搞出成绩来。”

十分热爱体育并支持体育事业的陈毅元帅也专门来到国家体委向大家说：“不参加奥林匹克运动会，我完全赞成，参加十几个项目，没几项第一，没意思。十年不参加，准备十年，运动员要有越王勾践卧薪尝胆的精神。不鸣则已，一鸣惊人！”

与此同时，中国体育界的广大干部、教练员、运动员一刻也没有停止努力训练、勇攀高峰的脚步。

为了打破国际体育组织的垄断，迅速提高我国运动技术水平，根据邓小平和贺龙指示，国家体委加大了体育交流，采用了走出去、请进来的措施。从 1954 年起，先后将足球、排球、游泳、举重、体操等项目的多名运动员派到匈牙利、苏联等东欧社会主义国家。同时，先后请了这些国家的上百名优秀教练员对我国年轻运动员进行培训。

在这一时期，中国运动员参加了亚洲及东欧国家和地区的友谊运动会。在兄弟国家优秀教练的帮助下，中国年轻运动员不畏艰难、刻苦训练，不仅创造出了一批令人鼓舞的好成绩，而且，向世界纪录发起一次次冲击：1956 年陈镜开以 133 公斤打破最轻量级挺举世界纪录；1957 年郑凤荣以 1.77 米打破女子跳高世界纪录；戚烈云以 1 分 11.4 秒的成绩打破男子 100 米蛙泳世界纪录；1958 年，耿桂芳、赫建华、崔秀英以 9.81 米的成绩打破女子日间 1000 米集体定点跳伞世界纪录……

特别是在 1959 年 10 月北京举办的第 1 届全国运动会上，中国体育健儿有 7 人 4 次打破 4 项世界纪录，664 人 844 次打破 106 项全国纪录。全运会期间，中国队与应邀来访的苏联、捷克斯洛伐克、匈牙利、保加利亚等国的足球队、篮球队进行了友谊比赛，其中，中国男篮以 82 比 64 取胜欧洲冠军捷克斯洛伐克队；以 86 比 77 战胜曾获世界锦标赛第 4 名的保加利亚队，标志着中国篮球进入到一个高的水平。在中、苏、匈三国足球邀请赛中，中国队以 0 比 1 负于苏联队；以 1 比 0 战胜匈牙利二队，也打出了新中国足球运动的历史最高水平……

1960 年，中国登山健儿首次成功地从北坡登上了地球之巅——珠穆朗玛峰，极大地鼓舞了困难时期的中国人民。1961 年 4 月，中国乒乓健儿在第 26 届世界锦标赛上连夺男团、男女单打冠军，震惊了世界……

所有这一切，都说明新中国体育没有在国际体育组织的压制下萎缩，所有这一切都在印证，新中国体育健儿有能力、有志气攀登世界体育高峰!

在贺龙领导下，在荣高棠、黄中等体委领导的指挥下，李梦华同他的同事们筚路蓝缕，开拓前进，为新中国体育走出了一条自力更生、顽强不息的体育之路，并迎来了新中国体育的第一个高潮……

第五章　运动队建设的总工程师

汉代哲学家王充在《论衡·状留篇》中说："河冰结合，非一日之寒；积土成山，非斯须之作。"新中国体育的辉煌大厦正是李梦华等一代新体育开拓者，历尽艰难，用智慧和汗水一砖一瓦修砌而成。

1960年12月14日，国务院全体会议第106次会议通过了任命李梦华为国家体委副主任的任命。此时，他刚刚过完他的第38个生日，成为当时国务院最年轻的部长之一。

1984年由荣高棠主编的《当代中国体育》一书中对李梦华作了这样的评价："李梦华从事体育工作30多年，参与了社会主义体育事业的创建，是新中国体育界的组织者和领导人之一。他在制定并组织实施体育工作方针政策和体育事业发展规划，加强体育队伍尤其是优秀运动队伍的建设，提高运动技术水平，发展体育科学研究和体育理论建设，促进国际体育交往等方面，作出了积极贡献。"

在新中国体育工程建设中，如果贺龙是统帅，荣高棠是总指挥，那么李梦华则是体育队伍建设的总工程师。

20世纪50年代，中苏之间的友谊和亲善，举世无出其右。苏联的经验无疑为新中国体育的发展提供了不少可借鉴的东西。但是中国的国情和中国运动员的情况毕竟不等同于苏联。何况在50年代末，中苏关系破裂，苏联专家的撤离，迫使我们必须摸索出一套自己的运动队管理和训练的方法。为此，李梦华和他的同事们经过大量的调查研究，围绕运动队伍的训练方针、训练原则、训练体系等问题，在实践中进行反复的探索，终于总结出了一套自己的东西。尽管最初的一些思考、个中的一些细节已淡忘，但从现存的体育史料中，人们还是能够看出这些东西产生、发展及形成的轨迹。

关于训练方针的问题。50年代，国家体委尚未提出具体的内容，只是原则强调“大抓训练工作，迅速提高体育运动水平”；“认真总结训练工作经验，积极开展群众性的科学研究工作和技术革新运动，并根据我国实际情况，吸收外国先进经验，创造出一套适合我国运动员的训练方法。”1959年3月，在《国家体委党组关于1959年体育工作几个问题的报告》中指出：“对于优秀运动队伍的训练和提高工作，必须实行政治挂帅，并提出严格的要求。（一）认真贯彻政治训练、身体训练、技术训练和战术训练全面发展的要求。……”在这个报告中，国家体委首次提出全面发展的要求。

1961年2月，在李梦华的建议下，国家体委对优秀运动队的训练方针概括为“优秀运动队是提高运动技术的主要力量，应大力加强领导，大抓训练工作……贯彻以政治为统帅、思想教育、技术训练、身体训练、战术训练全面结合的原则”。不过，此概括并未被确定为训练方针，而是作为训练原则提出的。

直至1962年3月的体工会上，国家体委提出了优秀运动队全面的训练方针。即在优秀运动队的管理方面，根据李梦华的建议，国家体委提出了“在当前的形势下，体育工作的重点，应当放在运动训练工作上。运动队必须贯彻以政治为统帅，以训练为中心，思想教育和技术训练、战术训练、身体训练相结合的全面训练方针。科学安排运动量，严格要求，提高运动水平。”

1963年3月，在李梦华等的组织下，国家体委制定并下发了《关于试行运动队伍工作条例（草案）》。《条例》再次明确了优秀运动队的这一训练方针。

23年后，在李梦华的主持下，国家体委于1986年11月颁布了新的《优秀运动员工作条例（试行）》，其中第一章明确规定：“贯彻以训练为中心，思想教育、文化教育、行政管理相结合的方针。”

那一时期，作为中国权威的体育杂志——《新体育》，经常收到许多读者的来信，提出不少关于训练、比赛以及它们之间关系的问题。为此，受编辑部的委托，李梦华于1962年以“木子”为笔名，在《新体育》1962年9—10期上发表了《比赛和训练相结合》的文章。在此文章中，他就训练与比赛的目的、训练与比赛的关系、怎样搞好训练与比赛的结合等问题谈了自己的看法。他明确提出：“运动比赛和运动训练是互相作用、互为目的的。运动训练最直接的目的，就是要在预定的比赛（比如全年的主要比赛）中表现出良好的技术水平，创造出最好的成绩，争取比赛的胜利。训练的一切成果通过这些预定的比赛集中地表现出来。”应该说，这是后来形成的“从实战出发”这条重要训练原则的雏形。

1964年，在全国人民大学解放军的热潮中，体育战线认真学习、借鉴郭兴福军事训练经验，在运动队训练中正式提出了“三从”即“从难、从严、从实战出发”的原则。不久，时任国家体委副主任兼中国足协主席的黄中，在调研足球训练工作中，提出“应在学习解放军‘三从’的同时加上体育的东西，就是大运动量训练”，并在足球训练工作会议上要求足球训练“三从一大”。

1964年12月，根据贺老总的指示，李梦华在上海主持了全国训练工作会议。会上明确提出训练工作中要贯彻“三从一大”的原则和“三不怕”“五过硬”的训练作风。至此，一个完整的训练原则——“三从一大”已经形成。1965年5月的全国体工会上，荣高棠代表国家体委党组作主报告，再次确认了这一训练原则。

应该说，“三从一大”的训练原则，既是大学解放军和借鉴吸收外来先进经验的结果，也是我国体育战线多年来结合训练实践，进行摸索和总结的结果。“三从一大”，是我国运动员克敌制胜的法宝，是中国竞技体育走向世界体育强国的重要基石。直至今天，虽然事隔半个多世纪，但“三从一大”的原则仍然被沿用，在世界体育激烈竞争中发挥着重要的作用。

关于运动训练体系问题。主管优秀运动队的李梦华深知此问题的重要性，他认为，体育人才的训练网，应该是一个自下而上、由大到小的宝塔式的网络。而宝塔的第一级，无疑应是大众体育中的青少年体育。少年儿童是国家和民族的希望，是各行各业未来人才的宝库。无论是从根本上改善中华民族的健康情况还是迅速提高我国运动技术水平，都应十分重视青少年的体育活动。

如果把运动队的训练和管理比作一座大厦，那么建立有序的规章制度和法则，则是建立这座大厦的钢筋支柱和框架。

早在1958年，遵照贺老总的指示，李梦华牵头起草并以国家体委名义颁发了《中华人民共和国运动员、裁判员等级制度条例（修订草案)》。1963年根据新形势的需要，他们在此基础上经过修改和补充，重新以国家体委名义公布了《中华人民共和国运动员等级制度》和《中华人民共和国裁判员等级制度》。与此同时他们还组织审批了《各项运动全国最高纪录审查及奖励制度》，并经国务院批准后以国家体委名义正式颁发。1963年3月制定的《关于优秀运动队工作条例》中明确规定了优秀运动队的基本任务，运动队的培养目标、全面训练方针及根本原则等。《条例》还对运动队组织领导、医务监督、运动员工资待遇和出路等作了明确规范。

技术津贴，在今天几乎是贯穿于各行各业的普遍做法，而当时却无先例。在只讲“精神万能”的年代，如果提起物质鼓励，立即会认为这就是搞物质刺激。李梦华对此有自己的看法。他认为，运动员的职业是一个风险大、很特殊的职业。他们承担的训练量大，体力消耗多，而创造成绩一般都在年轻的时候。运动员不是终身职业，因此，当他们付出很大、取得成绩时，应该根据按劳分配的原则，给予物质奖励。也只有这样，才能鼓励更多的人参与竞争，才能使更多的人努力提高运动成绩，这有利于鼓励先进，有利于提高运动技术水平。

十几年后，李梦华向分管体育工作的邓小平汇报工作，小平同志在谈到运动员待遇问题时说：“运动员工资不要太高，要与社会上各行各业大体相等。工资太高了，以后转业到其他单位就比较困难。但奖金可以高一些，可以给一次性的高额奖励，因为运动员吃青春饭，他经过努力，创造了世界纪录，破了全国纪录，说明他对体育事业作出了特殊贡献。但他们到工厂劳动，不一定马上会成为一个优秀的工人。所以，宁愿奖金高一些，但工资不要提得太快。这样既对运动员取得好成绩起了鼓励作用，又能照顾到左邻右舍。”李梦华虽然没有伟人的思想和预见，但他的思路和想法却与小平同志不谋而合。

在60年代，这些运动队的条例和规章制定无疑为运动队的建设打下一个良好的基础，为运动员提高运动水平提供了思想和身体保证。对《条例》中的一

深入训练场（左一：李梦华，左二：牟作云）

些敏感问题的处理，一方面反映了李梦华善于思考，辩证地看待和处理问题的能力；另一方面，也反映了他不唯书、不唯上，一切从实际出发，一切坚持实事求是的思想作风和工作作风。

运动队伍是一个培养和造就体育人才的大工厂。如果把运动队伍的规章制度和训练竞赛工作看做是这个工厂的硬件工程，那么运动队的思想作风建设则是这个工厂的软件工程，有时后者往往比前者更重要。

李梦华的这种认识，首先来自在贺老总身边的耳濡目染。

1952 年全军篮球比赛正酣。“八一”运动会上，“战斗”男篮在与南京军事学院队争夺小组第一名时出现了不愉快的事。原来，“战斗”男篮个别队员看不起对手，在加赛中为争抢一个球，他们的一名队员将对手绊倒，并踢了对方。终场，“战斗”队虽然获胜，但贺龙却非常生气，先是狠狠地批评了领队和教练，又让当时的大队长张之槐带着那个犯规队员，拿着慰问品向对方赔理道歉。接着，又让他们分别写了“检讨公告”，并公开刊登在《八一全军运动会会刊》上。之后，贺老总并没有完，他严厉地批评了“战斗”男篮的骄傲自满情绪及个别人的不正球风，宣布全队停止到外省表演，以一个月时间关门整风，要求全队检查，写“反省书”，直到他认为满意才批准队伍参加比赛。

对此，李梦华都一一看在眼里，记在心上。后来当他调到国家体委，在与贺老总相处的十几年中，他更加感受到贺老总那种善抓主要矛盾的高超领导艺术，进一步认识到运动队思想作风建设的极端重要性。贺老总在各种场合总是不厌其烦地对运动员、教练员讲：“要把从事体育事业看成是社会主义事业的一部分。打球也是革命，要为革命打球，打球不是为好玩，不是为求一技之长，争个人名利，而是为党和人民，为祖国争取荣誉。”后来在运动队的集训中，李梦华一方面有计划地组织运动员到基层向工农兵学习，一方面组织劳模人物给队伍作报告，掀起了学习刘胡兰、董存瑞、邱少云等英雄人物的热潮，有力地促进了训练。

在抓运动队思想过程中，贺老总过细的作风和认真的态度，让李梦华终生难忘。1959 年，新中国体育掀起了第一个高潮，出现了一批好的运动成绩，同时运动队中也出现了一些不良倾向，有的人不能正确对待成绩，自高自大，直接影响了训练和比赛。为此，贺老总敏锐地抓住苗头，把管队伍的李梦华等人找来，批评他们有骄娇二气，说运动员一有成绩就娇惯他们，结果害了他们。

接着他说道：“爱护运动员的正确态度是，从政治上、业务上严格要求，文化上要培养提高，生活上要关心照顾，思想上教育他们要为国争光，为人民多做工作。军队打仗，骄兵必败，领导干部、教练员、运动员要遵循毛主席关于‘虚心使人进步，骄傲使人落后’的教导，不断扫除骄娇二气，才能更快、更多地出人才，出成绩。”

令李梦华难忘的是，贺老总为此专门把《体育报》总编辑李凯亭找来，布置刊发评论，同时指示荣高棠、李梦华等领导干部带头写文章。在贺老总督促下，《体育报》一气发表了9篇扫除“骄娇二气”的评论，李梦华结合训练问题，专门撰写了《关于训练作风的十大问题》的文章。

1961年第26届世界乒乓球锦标赛前，国家乒乓女队胡克明接受《北京晚报》记者采访。当记者问“对比赛有什么打算”时，她说：“我的打算是要打出风格，打出水平。”这两句简短而朴实的话并没有引起人们的注意。见报后贺龙立即给予肯定。他对李梦华等人说道：“‘打出风格，打出水平’，这个口号很好。打出什么风格？要打出中国的风格！打出什么水平？世界水平。你们要到队里给大家讲，在体育界要把这个口号叫响！”后来在第26届大赛前，他对中国乒乓队进行动员时还专门讲：“只要你们打出了风格，打出了水平，赢了算你们的，输了算我贺龙的！”

不久，根据贺老总的指示，李梦华到乒乓队专门围绕“打出风格，打出水平”问题进行动员讲话。李梦华办事、讲话历来是讲一个“实”字。特别是作报告、动员讲话，很少讲大道理，而是针对现实思想和问题去讲。这次，他同样是先作了认真调查，抓住队里对“打出风格，打出水平”的一些模糊认识，进行了深入动员。

李梦华对“打出风格、打出水平”的辩证统一关系进行了阐述：“这个口号，概括了对运动队政治、技术两方面的要求，它既要求运动员在比赛中表现高尚风格，又要求充分发挥技术水平……我国乒乓球队敢打敢拼、灵活认真的战斗风格，是新中国运动员大无畏的革命英雄主义与乐观主义精神的反映，是敢于胜利、善于斗争的优良思想作风的一种表现形态。技术、战术风格，是指技术战术运用的表现形态。我国乒乓球队快、狠、准、多变的技术、战术风格，是我国乒乓运动技术、战术运用上的一种最具代表性的鲜明形态，是敢打敢拼、灵活认真的战斗风格与技术战术的结合，二者是一致的。打出了我们所要求的风格，就能更好地发挥技术；打出了技术水平，也就能更完满地体现优良的风格。这两方面是相辅相成，互为影响的。”

在详细分析了这个口号的作用和意义后，李梦华最后总结说：“打出风格，打出水平的口号，是在我国运动竞赛的实践中逐渐总结、逐步提炼出来的，是在过去提出的‘输球不能输人，赢球还要赢人’等口号基础上形成的。它体现了革命热情与科学求实精神的统一，值得我们大大提倡……我们相信，打出风格，打出水平的口号，不仅对乒乓队参加第26届世乒赛有着巨大鼓舞力量，对乒乓球队今后，对其他一些项目的运动队和运动竞赛，也会产生良好的作用。”

李梦华的讲话，经当时秀才班子整理后以“洪健”的名义在1961年7月6日的《体育报》正式发表。文章见报后立即引起体育界的热切关注。体育界的理论家、贺老总得力的秀才张彩珍时任政研室主任，也是“洪健”的主笔人之一，事隔40余年后谈起此事仍赞叹不已。她说：“梦华的这个讲话高屋建瓴，立意深远，逻辑严谨，分析透彻，说理亲切，令人信服。这篇讲话充分反映出李梦华主任那种雄辩的思维、求实的精神和流畅的表达。五六十年代国家体委秀才班子以“洪健”名义发表多篇有影响的文章，而这篇略加整理的稿子可以算得上‘洪健’最出色的文章之一。”

第六章 大松博文引发的故事和感叹

“他山之石，可以攻玉”，千百年来一直为后人所推崇。20 世纪 60 年代相对落后的中国排球，是十分需要这种“他山之石”来提携和充实的。

作为主管训练和竞赛工作的李梦华，从 50 年代末起，几乎年年都要在全国组织召开训练工作会议，每次会议都是在经过较长时间的认真调查和准备的基础上召开的，而唯独 1964 年年底的那次全国训练工作会议有些特殊。

1964 年 11 月 24 日，正是大松博文带领日本女排访华的第二天。大松博文，是 60 年代日本著名的排球教练，他以“魔鬼式”的训练方法带领日本女排创下世界女子排球史上连胜 175 场的奇迹，更使日本女排赢得“东洋魔女”的美誉。特别是在实践中创造了一整套别具一格的训练方法，如钩手飘球、侧倒滚翻及双手前臂垫击技术，以“意志排球”在国际排坛上独树一帜。十分关注三大球的贺老总，对大松及日本女排早有所闻。半年前他陪同毛泽东、刘少奇、周恩来等国家领导人，观看部队大比武表演时，看到解放军战士刻苦训练和高超的技艺，便萌发了邀请日本女排来华表演之意。

在外交部和体委国际司努力下，大松和日本女排如约而至。这天，贺老总率主管排球的李达将军及李梦华等人早早坐在北京体育馆的看台上。训练开始了，只见身材不高的大松在网上扣球训练，球一个接一个地递到大松的手上，接着一个又一个地从网上狠狠地砸下去，球简直像出膛的炮弹，带着一道道白光，呼啸而下，其力度之大，角度之刁，速度之快，真让人眼花缭乱。而此时的队员，更是像一只只扑食的饿虎，飞身翻滚扑救，不一会儿便东倒西歪大汗淋淋。

面对如此场面的李梦华为之错愕、惊讶，他无数次地看过各种运动队的训练，可是像今天这样的训练场面，他还是第一次看到。特别是后来在连续的大运动量训练之后，有几个队员已经累得爬不起来了，而大松扣下去的球却毫无变化，仍然像一发发炮弹，他一边砸向瘫在地上的队员，一边大声地责骂着……李梦华侧身看看贺老总，只见他张着嘴巴，双眼都看直了。

训练结束了，贺老总当即把黄中、李达、李梦华等人留下，十分感叹地说："怪不得东洋魔女能称雄世界，秘密就在这啊！"接着，他说："日本的训练严格精神应该接受过来。马上通知在京的排球队，过来观摩，组织运动员座谈座谈，要学习日本的长处，要搞大运动量训练！"接着贺老总又向在座的提议道："学大松就要真学，要学到手，这次来不及了，如果大松同意的话，可在明年专门请他来帮助训练中国运动员。另外，要抓住这次机会，看能不能把全国训练会议改在大松访华期间，下一站大松到上海，咱们在上海借大松训练课的东风，开个现场训练会怎么样？"

很快，大家纷纷表示了赞同。两项重大决策在临时的会议上就这样确定了。李达连夜通知在京的运动队伍第二天前来学习观摩；分管外事的黄中连夜向国务院打报告邀请大松第二次访华；而主持竞赛的李梦华则负责紧急筹备和落实全国训练工作会议。接着贺老总又打电话给周总理汇报了会上的三条决定，同时邀请总理第二天来看训练比赛。

次日下午，周恩来总理在夫人邓颖超陪同下，来到北京体育馆观看日本女排与中国队的教学比赛。场上的双方队员，形成鲜明的对比：日本队身材并不高，但个个十分亢奋；中国姑娘虽然身高占优，但却个个显得十分腼腆。日本队员每球必争，对方攻来的球，再难也能救起来，打回去；而中国队动作缓慢，进攻无力，防守无方。结果，中国几乎无法对抗就以 0 比 3 败北，其中有一局还是 0 比 15，一分未得。周恩来看着比赛，显得有些着急，向坐在身后的李梦华和女排领队王涛问道："你看，日本人都是罗圈腿，个子又矮，可在网前怎么就跳得那么高？你们研究了吗？是什么问题？"李梦华连忙回答："日本队最高 1 米 72，矮的只有 1 米 60。我们身体条件并不差，是我们的训练问题。"没过几分钟总理又问："快板球不是我们中国人发明的吗？怎么日本队打得这么好，打得我们都反应不过来？"这时，王涛急忙说："总理，是我们失职，我们学习苏联的大力扣杀，就丢掉了自己的东西，其实还是训练问题，我们回去好好抓一下。""是，我们回去将认真地抓一抓。"李梦华连忙补充说。他一方面为周总理内行的提问而敬佩，一方面又为自己的工作失误感到内疚。这时旁边的邓大姐看到了尴尬的李梦华，连忙出来解围，拉了总理一把说："还是看球吧！回去以后再总结经验。"

比赛结束后，总理在会议室，会见了大松一行，周总理对大松的训练给予很高评价，并热情地邀请大松第二次访华。接见后，总理把李达、李梦华及排球班的干部留下来，对他们说："人家练防守是教练员用力向运动员扣杀，大松打出去的球力量比比赛时的难度大多了，不然就练不出来。日本队训练比比赛时还累，练习时难度这样大，比赛就容易多了，人家训练的每一手段都有意义，训练超过实战需要，比赛就能过硬。你们的训练呢？第一，不能做到教练员参加实践；第二，不能为运动员出难题；第三，技术不过硬。如果解决上述三点就差不多。日本条件不如我们，但训练出高水平的队，我们这么好的条件应该比他们强才对。你们个子这么大，应该像人家这样练才对。"接着周总理还说了日本队员的身高、体型和饮食结构，建议参照日本女排要研究营养科学等问题。最后，周总理又特意对李达、李梦华说："机关的工作要革命化，政治要为训练服务，你们要多努力呀！"

听着周总理如此到位的指示和殷殷教诲，李梦华很受感动，一个堂堂国家总理，日理万机，却对排球训练这样关心，这样在行，着实让他有些汗颜。周总理一直是他心中崇高无上的楷模，周总理这种伟大的人格和革命精神从此成为他人生的强大动力，一直激励和鞭策着他为中国的体育事业奋斗不息。

去上海前，贺老总再次找到李梦华布置说："会议要反对右倾保守，反对教条主义和娇、骄二气。不认真学习大松就是右倾保守。但学习要结合我们的情况，主要是学习精神。大松的一些管理方法不一定学，还要认真总结我们自己的经验。"

经过十几天紧急筹备，全国训练工作会议于12月2日在上海准时召开了。参加会议的有各省、自治区、直辖市体委的负责人及主要项目教练共计330人。李梦华主持了这次不同寻常的训练会议。会前，他先介绍了决定召开这次会议的过程。他说：

"这次运动训练工作现场会各省市体委主要领导同志和教练人员都来了，这样大规模会议还是第一次。现将会议精神、贺老总指示和会议开法讲一讲。

"一、决定召开会议的过程

“现场会是看日本女排训练和比赛，通过向日本女排学习，进一步改进训练，贯彻革命化。日本女排进步在世界震动很大。1957 年日访华时，我 3∶0 胜（15∶4、15∶1、15∶4），1960 年日本获世界亚军，1962 年冠军，1964 年奥运会冠军，而且优势很大。今年我访日，比分相差大，平均 4.5 分。现日访华，我也是每局 3~5 分。日的进步使我们也很震动。贺老总指示，要我们认真研究日女排为什么进步这样快，要我们从中找出改进训练的措施。1962 年日获冠军时，对我们是个谜，不知为什么这样快。去年日二队访华，今年又互访，使我们得到启发，但我们认真研究日本女排不够，没有认真了解日本，从中吸取经验教训，与领导要求有差距。这次来访，也只是一般地说好好学习，组织了排球教研小组学，没有采取更多有效的措施。

“这次日本女排来了两天以后，看了两次训练，有人写了文章。贺老总看了 23 日晚报后，马上打电话问我看过这篇文章没有，日本女排来你们认真学没有，采取了哪些措施，说要很好向日本女排学习，各项目都要学，立即通知北京各队看，要看训练，召集各项教练员讲一次……25 日下午总理看了训练，前一天看了比赛。……他工作那么忙，能关心这些，我们自己感到惭愧……

“27 日贺老总决定，到上海开现场会，各省来 10 人，推迟了体工会。讲召开会议的过程。目的在于说明，我们思想落后于形势，落后于领导的要求，自己值得很好检查这个问题，我们现在就是要把会开好，跟上形势，跟上领导要求。……”

上海的训练工作会很特殊，既训练，又观摩，还学习、讨论。大家边实践观摩大松教学，边学习周总理、贺老总的指示，边结合自己的情况找差距，定措施。李梦华在会上作了主题报告和会议总结。

最令人难忘的是大松的现场教学示范课。亲身参加教学训练的老女排队员董天姝在 2004 年 1 月号《中国排球》杂志撰文回忆到:

“到现场观摩的不仅有全国绝大部分的男、女排球队和相关领导，同时还有相当部分的其他运动项目的运动队和领导、体育院校的师生，以及一些慕名而来的体育爱好者和排球观众，近万人的上海江湾体育馆看台上座无虚席，通道也被挤得水泄不通……由于大松先生的训练以‘残酷’闻名，他本人也因此被人们称为‘魔鬼大松’，加之技术水平的差距，所以惧怕是队员们心里普遍的感觉。为此，训练前各队都做了充分的动员，而在当时，政治动员表决心是提高大家勇气排除心理障碍的唯一手段。做法是遵循毛主席语录‘下定决心，不怕牺牲，排除万难去争取胜利’的教导，立志做到：绝不给中国人丢脸！

“辅导是先由日本队员做示范，然后由中国运动员做模仿练习，所有的球都由‘魔鬼大松’亲自动手。由于双方水平的差异，日本队员示范动作娴熟、连贯、轻松，可以说是天衣无缝，经常被爆以热烈的掌声。而中国队员却常常力不从心，技术动作不规范，失误很多，因此一组训练往往很长时间不能完成，队员那副难以招架的模样，不时引起看台上观众的阵阵加油声和惋惜声。那时，中日两国尚未建交，在场的中国人看着悬挂在场地上空的日本国旗非常不顺眼，训练场上的反差如此之大也深深地刺激着在场的每一个中国人的民族自尊心。尤其是在进行难度较大的连续防守训练时，大松教练由多个递球员供球，一刻不停地把球连续地抛出，队员们前仆后继地在场地上来回奔跑、滚翻、救球。看台上近万名观众震耳欲聋的掌声、呐喊声、口号声、加油声与场下运动员不惧怕、不服输、不退却，倒下去再爬起来竭尽全力拼抢每一个球，以及在最大限度的负荷中发出的吼叫声，队友的加油声、鼓励声交织在一起，其场面异常悲壮，很多人是含着眼泪经历着这堂训练课的。……

“根据大松教练的要求，两名队员并排站在9米底线的中间，分别去垫起被大松教练从网前快速掷向底线两端的球。当时我和队友徐爱敏分在了一组，非常幸运的是小徐是个左撇子，我们两个一左一右，利用我们从一年前开始练就的单手翻滚救球，没有多长时间就非常顺利且漂亮地完成了30个到位球的任务。不仅受到全体在场人员雷鸣般掌声的鼓励，而且也得到大松教练一个满意的眼神。我们兴奋不已，庆幸我们没有被‘魔鬼教练’吓倒，庆幸我们在全体观众面前的出色表现。但是，好景不长，很快场面发生了急剧的变化。在轮到第二组训练时，我还沉浸在兴奋中，‘魔鬼教练’用一个交换位置的手势示意我和小徐换位。此时的我只感觉心头颤栗，完全没有了刚才的自信，因为我们两人的反手在平时的训练中就非常笨拙，这回全完蛋了！但也没有办法，只能硬着头皮去接受这不知是什么‘下场’的结果。开始的时候虽然救不了几个到位球但还能够迅速跑动，但在经过多次的往返奔跑、倒地滚翻救球后，双腿就渐渐招架不住，嗓子冒烟，呼吸急促，救球动作也完全变了形。此时已有队友跟在我身边跑动着为我鼓动，喊着：加油！坚持！再忍耐一下！时不时还把我从倒地中拖起来，拖着我奔跑移动……渐渐地周围的声音变得很远，大松教练和队友们的身影也变得模糊，只有白色的排球似光团一样在我的眼前闪动，腹部的剧痛使我异常难忍，我仿佛在一个人无助的情况下，仅下意识地来回跑动，脑子里只有：顶住！顶住！决不趴下，这一组训练最后是否完成了 30 个到位球以及到底接了多少个球我无从知道，但我似乎感觉到最后我是被人架着下了场，并在急救担架上躺了很久(10 年后我进入体育科研所工作，在文献中看到那次科研医疗组的技术报告，才知道那组训练次数为近 400 次以及一些其他的情况)。”

上海现场会在中国体育史上是不多见的。它虽然给中国运动员带来了生平最大的“摧残”，但在那个时代，确确实实磨炼了他们的意志，激发了他们一定要提高运动技术水平为国争光的决心。上海现场会因此也成为中国排球界乃至中国体育界奋发图强、向世界先进水平挑战的一次誓师大会。从此，中国排球界和体育界兴起的“为国争光、学日本女排”的热潮进入了更直接、更具体的阶段。大松教练经过与中国运动员的接触，认为中国运动员身体条件好，有毅力，并表示有两年的时间他可以让中国女排打败世界冠军。

就在这次会上，国家体委进一步肯定了“三从一大”的训练原则，肯定了在运动员中树立“三不怕”“五过硬”的作风，强调了基本技术的训练要“全面、

李梦华（中）在中、日老女排聚会上

熟练、准确、实用”的精神。上海训练工作会议的召开，不仅在排球界，而且在整个中国体育界都产生了极其重大而深远的影响，对此，贺老总十分高兴，李梦华也感到十分欣慰。但是，这些毕竟只是会议上的东西，要真正贯彻到实际中，尚有很多工作要做。

翌年4月，在周总理的亲切关怀下，应中国排球协会的邀请，大松博文先生赴上海对我国四川、山东、上海的三支省市女排和一支由国家队、三省市队中挑选的12名队员组成的“联队”进行为期一个月的训练，这就是有名的“上海大松训练”。

训练在上海南市体育馆进行。大松把中国运动员分成两批，先训练省市队，接着又训练从省市挑选的尖子组成的联队。训练是马拉松式的大运动量训练，每天中午12点到晚上10点，足足训练十多个小时，有时甚至还要加练到12点甚至凌晨1点。这次训练的时间和强度都远大于前一次，中国女排的姑娘们经受了一次更大的锻炼和考验。她们摔得青一块、紫一块，身上几乎没有一块好的地方，腿一拐一瘸，最后连腰也直不起来，有的干脆累得瘫在地上不想动。而此时的大松视而不见，仍在不断地砸球，不断地吼叫。面对此情此景，李梦华心情十分复杂。他对大松的残酷和女排姑娘的惨相，有些看不下去，但他却深深知道，中国排球要上去，非如此不可！何况中国的亚圣孟子早就说过：“天将降大任于斯人也，必先苦其心志，劳其筋骨，饿其体肤，空乏其身，行拂乱其所为……”

这天，正逢大松的生日。国家体委和上海市政府在和平宾馆为大松开了一个生日晚宴。在宴会过半时，突然大厅灯光暗了下来，在“祝你生日快乐”的乐曲中，一个小姐慢慢推着一个点着蜡烛的蛋糕，缓缓走到大松面前。蛋糕很特殊，名叫“火烧冰激凌”，盛蛋糕的大圆盘下燃烧着蓝色的火苗，大盘上面的蛋糕用奶油组成一个“寿”字，而中间放了一块白色的冒着冷气的冰激凌。李梦华缓缓地举起酒杯，对大松说：“谢谢你，祝你生日快乐！”面对如此的场面，大松感叹不已，十分兴奋。在不断感谢中方款待的同时，他把话题转向了训练。他说：“有人说我是魔鬼，不怜悯运动员，那是误解。如果在训练中怜悯运动员，我手一软，训练就无法进行了。我并不是把运动员当牛马。老狮子教养小狮子不也是将它放落到山谷下，让它再爬上来吗？老麻雀在小麻雀长得差不多时，为了让它离开巢窝，也都是一连数日不给吃的，我对运动员就是报着这种父母之心的。”李梦华深深地为这种大松精神所感动。也深深地理解这位“魔鬼教练”“残酷”背后的心肠。他想，我国要是能有许多个这样父母之心的教练，中国的排球何愁上不去？中国体育何愁上不去？……

这次排球集中训练，再次成为当时轰动上海的一件大事。在这一个月的时间里，参观训练的运动队、文艺团体、部队和其他行业的人们络绎不绝，小小的体育馆看台上，总是被挤得满满的。中国姑娘的刻苦训练精神，成为脍炙人口的佳话，感动和教育了社会各行各业。

“大松训练”期间，国家体委除组织全国排球界观摩学习外，还成立了教练观摩组和医疗科研组，从不同的专业角度调查、分析大松训练的内容和实质，为以后在运动队全面实施“三从一大”训练原则寻求可信依据。在技、战术方面，解决了排球比赛取胜的几个主要制胜因素。

通过这次集训，中国排球从精神面貌到技术水平，都发生了深刻变化。在全国比赛中获得冠军的北京、四川男女排球队，都是在集训中表现突出的队伍，也都是运用快速多变的打法。在当年的国际比赛中，中国男女队和世界前几名的苏联队、捷克斯洛伐克队、波兰队、日本队对阵，取得赢多负少的战绩。特别是在苏联进行的国际排球邀请赛中，中国队获得铜牌，像征着中国排球已经接近世界水平。

第七章　面对小将的挑战

辩证唯物主义认为，在事物发展过程中，必然性和偶然性是互相联系、相互依存的。凡存在偶然性的地方，其背后总是隐藏着必然性。在中国乒乓球运动发展的历程中，李梦华在一次偶然的机会，因为徐寅生的一次偶然的讲话，而引发了一个重大事件。这看似偶然之中，却有着必然的因素。

1959 年 4 月，当容国团在第 25 届世界乒乓球锦标赛上为新中国夺得第一个世界冠军之后，开始了中国乒乓球的辉煌。当时国际乒联决定，1961 年 4 月在中国举办第 26 届世乒赛。贺老总当即对荣高棠、李梦华等人讲："一定要办得像个样子。"此后，在认真筹备大赛各项组织工作的同时，国家体委经过层层选拔，从全国各地选出 108 名乒乓高手，于 1960 年初开始在北京工人体育场集结，开始了长达一年多的集训。

为了抓好集训，贺老总指示国家体委专门成立了集训领导小组。小组成员包括了当时体委竞赛司、球类司、群体司、宣传司、办公厅等一大批司局级和处级领导干部。人们惊叹地说："贺老总决心真大，把半个国家体委都搬到了乒乓队。"贺龙点名荣高棠任领导小组组长，主管训练的李梦华自然是荣的得力助手。

中国第一个女子乒乓世界冠军邱钟惠在自述体传记《笑对人生》一书中，曾这样回忆：

"领导小组成员都是精选的领导干部。他们进驻了中国乒乓球队所在的东郊工人体育场，在集训中实行领导、教练员、运动员三结合的办法，集思广益，同心协力地投入第 26 届世乒赛准备热潮。在共同的生活中，领导干部对运动员、教练员关怀备至。他们耐心地帮助运动员树立胸怀祖国、放眼世界、志在四方、为国争光的理想和志向，和大家一起共同研究技术战术，虚心听取意见，集思广益，因而深受队员们的尊敬和爱戴。运动员有什么思想问题也形同亲人和朋友，热心尽力地为他们排忧解难，因此，领导和运动员的心紧紧连在一起，就像拧成强有力的一股钢绳，共同为在第26届世乒赛中夺冠的目标而努力奋斗。”

在紧张的训练和内部比赛之外，让运动员最感兴趣的是训练间隙的调整。由于训练高度紧张，并且枯燥单调，因而训练后从身体到心理都极度疲劳，甚至走路懒得抬腿，吃饭懒得张嘴，唯一想的是睡觉。然而光睡觉是无法解除紧张情绪和疲劳身躯的。为此，荣高棠和李梦华等人动了不少脑筋，想了不少办法。他们组织队员周日到公园划船、打水仗，郊游、登山。

那是一段令每一个运动员，包括李梦华在内的每一个人难忘的时刻，也是他们最愉快的时刻。特别是那次在景山公园的登山活动让运动员和李梦华至今记着每一个细节。

登山比赛，既是很好的放松活动，又是强化体力和耐力的有效手段。这是一个风和日丽的周日。蹲点小组和乒乓队兴致勃勃地来到紫禁城后面的景山公园进行登山比赛。为了使比赛情趣盎然，组织者把运动员分成若干小组，每组两男一女。庄则栋、李富荣和女队员胡克明分在一组。庄则栋、李富荣两人虽然个头不高，但肩背滚圆，臂粗力大，而胡克明短小瘦弱，体重仅82斤，外号“82”。裁判一声令下，比赛开始。只见庄、李二人像老虎叼小鸡一样，一人一边夹着胡克明，一阵风似的沿着山间小道向上奔去。他们那滑稽、可笑而又十分认真的样子令人捧腹大笑，有的笑弯了腰，有的干脆停止了攀登。后来当大家气喘吁吁地登上山顶时，他们三人早已坐在那里，表现出一副胜利者的姿态。

登山比赛刚落下帷幕，第二场好戏又开场了。这场戏的主角是荣高棠。擅长宣传和鼓动的荣高棠，在清华大学时不仅是体育骨干，而且是文艺高手。在七七事变后，他曾组织“北平学生移动剧团”，率领张瑞芳、陈荒煤等到抗日前线慰问演出。他曾在重庆为毛泽东赴重庆谈判组织过欢迎晚会。他是第一个把陕北秧歌《兄妹开荒》带到大西南的人。他是一个活跃人物，也是一个公众人物，他走到哪里，就会把欢乐和笑声带到哪里。此时，他迎着微风，面对大汗淋淋、谈笑风生的运动员，拿出了他的绝活——京韵大鼓和单弦。那十足的京腔京韵，那丰富的表情、手势，再加上一些滑稽的动作，不时博得众人阵阵喝彩。大伙忘情地笑着、喊着、闹着，所有的疲劳和烦心都抛到了九霄云外。

然而，在许多开心时刻，也有尴尬的时候。在乒乓队调整活动中，最常玩的一项是打扑克——拱猪。按游戏规则，输者必须钻桌子。小运动员输了，他们会毫不在乎地去钻。而轮到荣高棠输了，队员们有些犹豫，既是领导干部，又是四十多岁的父辈，能让他钻吗？不料生性开朗的他此刻二话没说，趴下身子就钻，并做了一个夸张的动作，像杂技演员钻火圈一样，瞬间就过去了。随着一阵欢笑，荣高棠若无其事地坐回到原来的位子上。

这回轮到李梦华了。大家知道，虽然他比较平易近人，没有架子，但他一向不苟言笑，也很少与人开玩笑。此刻，李梦华输了，有人投出不好意思的目光，似乎想让他免了。然而，争强好胜的荣高棠不干了："不行，说好的，谁输谁钻，不管什么人！"李梦华正在犹豫，只听又有人喊："李主任忒胖，就免了吧！"但荣高棠不依不饶："这是规矩，可不受胖瘦的限制。"李梦华脸有些红，连忙站起来说："行，我钻，我钻！"说罢便趴下身子，缓缓地钻了过去。动作多少有些笨拙，引起了一阵笑声。李梦华开始有些尴尬，但当他看到队员们脸上那开心的表情，随之也开心地笑了。

1961年第26届世界乒乓球锦标赛的巨大成功，极大地鼓舞了全国人民。特别的是中国运动员夺得男子团体和男、女单打三项冠军，极大地增强了体育界的信心。两年后，即1963年，第27届世锦赛在布拉格进行，中国保持了男子团体冠军和男子单打的殊荣，然而女队却由第26届的团体亚军跌到第三名，女单孙梅英取得第三，算是最好成绩。

面对这种失衡，女队上下自然十分着急，其中还有一些人灰心丧气。时光荏苒，转眼到了1964年国庆，离第28届比赛只有半年，如不及时调整女队的心态，不解决信心和勇气，技术上也很难上去。领队孙叶青急得团团转。其实，不仅女队，不仅孙叶青，包括男队、训练局、体委领导，无时不想着帮着女队打翻身仗。庄则栋、张燮林，曾数次到女队中传授技术。而被誉为"智多星"的徐寅生更一直在琢磨着女队上不去的原因。此前，一些省市乒乓队来北京集训，徐寅生应邀去讲自己打球的体会和经验，反映都不错。孙叶青听后急忙找到徐寅生，提出请他到国家女队去讲话。

在第26届世乒赛后，国家女队也曾请徐寅生去讲话，会前，大家以为他会滔滔不绝，不想他讲了不到半个小时就没词了，让会议主持人措手不及。多亏这个主持人灵机一动，指挥全场人员唱起革命歌曲，才算圆了场。后来，徐寅生在地方队也讲过，但都是很小范圈，可以很随便。如今范围大，名人多，讲不好会出问题，所以徐寅生对孙叶青的邀讲婉言拒绝。然而孙叶青认为，徐善于观察思考，对女队的问题了解透彻，能切中时弊，便抓住他不放手。无奈孙的软磨硬泡，徐寅生只好承担下来。当确定好时间后，孙叶青向兼任训练局局长的李梦华作了报告。因为要出差，李梦华便交代了政治部教育处的刘兴去听会，并做记录。

国庆节前夕的一个晚上，徐寅生终于坐在了国家乒乓女队全体队员的面前。可能是由于他准备充分，也可能像他说的“反正豁出去了，我是来放火的”，没有了负担，所以他讲起来真有点滔滔不绝。他从小时候怎么学打球，讲到如何进一步树立雄心壮志，刻苦训练；从遭遇的各种坎坷到如何逐渐提高成熟，特别是他结合女队现存的问题，讲到如何调整比赛心理、如何处理练与战、攻与守、运用特长与特短、争气要争什么气、要靠什么争气等问题。徐寅生的讲话深深地吸引了与会的每一个人。他一口气竟讲了两个多小时，事前准备的一大杯水竟没有喝一口。此刻的徐寅生真像是一位演讲大师，口若悬河，侃侃而谈。全场所有的人都瞪大眼睛，全神贯注地听着，除了徐的讲话声，还可以听到刘兴做记录的“沙沙”声。

会议结束了，徐寅生长长舒了一口气，而孙叶青和女队队员却像服了一剂“脑立清”，顿时清醒了许多。两天后，经过徐寅生过目修改，刘兴把洋洋万字的记录稿送到了李梦华的办公桌上。

李梦华仰靠在办公椅上，拿着徐寅生的讲话记录稿仔细地看着，渐渐地，他被吸引住了。语言朴实无华，道理讲得明白无误，颇有哲理。特别是结合女队问题讲得十分透彻，其中还不乏一些幽默的大实话，不时地让李梦华会心地笑起来。

国庆节后，李梦华专程到东郊民巷的贺老总家，向他汇报工作。从运动队的思想管理到竞赛、训练，项目从足、篮、排球到田径、游泳等，其中在汇报到国家乒乓队准备第28届世乒赛工作时说道：“最近女队情绪不错。徐寅生在节前到女队讲了一次话，大家反映很好！”乒乓女队的问题一直是贺老总惦念的，听到这儿，便急忙问：“是吗！有记录没有？你看过了吗？”李梦华忙答：“有一个记录稿，我看了，讲得很好，女队反映很受启发，只是我觉得有点美中不足。”“什么美中不足？”贺问。李梦华略有些遗憾地说：“没有引用毛主席的话。”

“噢？一篇话稿是不是体现马列主义、毛泽东思想，不一定看它引没引原话，主要是看它的内容。你立即把讲话稿拿来给我看看，一定要原始的，不要改过的。”

10 月 10 日，贺龙收到记录稿后，越读越有兴趣。一口气就读完了，不禁拍案叫好。他立即向李达、黄中、李梦华口述了一封长达 1300 字的信，让秘书誊清后送到国家体委。信的原文是：

李达、黄中、李梦华同志：

梦华同志来汇报时提到国庆节前徐寅生在乒乓女队讲了话。我把讲话记录要来看了一下，确实讲的很好，我一口气就看完了……

他的讲话中有几个问题，我认为提得很好。首先，是为谁打球的问题，要把祖国的荣誉放在第一位；其次，是怎样从战略上藐视敌人，从战术上重视敌人，灭敌人的志气，长自己的威风；第三，运动员也要像解放军那样，思想上经常有杆枪，时时事事联系到怎样打好球，临场更要抛开个人的得失。总之，要胸怀雄心壮志，平时刻苦练球，比赛敢打硬拼。我看这些都是正确的。徐寅生同志还用自己的亲身体会，自我检讨来说明问题，就更有说服力。

他还提到一个极为重要的问题，就是平时练球要和比赛，特别是国际比赛的实际情况相结合，要像解放军那样，带着阶级感情和敌情观念去练球，要从难、从严、从实战需要出发，要敢于破旧创新，不要搞形式主义、教条主义，等等。他说的这些，正是要害所在。

看来，徐寅生同志是肯于和善于用脑子的。否则，他这篇讲话就不可能讲得那么深刻具体。他不论是自己打球，还是看别人打球，对一球的得失，往往想得很多。这种革命的事业心和钻劲是可贵的，应该大大提倡。

他还大胆地批评了乒乓女队的一些主要缺点，比如抓技术过硬不够；胆子不大，决心不强，用脑子不够；向别人、向男队、向欧洲和日本人学习都不够；特别是练球不艰苦，配合像喂球；还有的人心胸狭窄，互相赌气，等等。我看这些批评都是很中肯的，一针见血的。像这样的尖锐批评，领导干部和教练们好像还没有提出来过。

徐寅生同志这篇讲话中提到的问题，对于各个运动队来说，都有普遍意义。我认为应该赶快把它印出来，发给各个运动队，让每个人都好好学习，对照一下个人和本队，一定会得到很大的启发。对这篇讲话，也可提出不同的意见，特别是技术方面的问题。

我认为各个运动队最主要的问题是……患得患失、胜利就骄傲、失败就气馁、训练怕艰苦、比赛不过硬、骄娇二气没有认真扫、到外地人家难伺候，等等。这些缺点阻碍着运动队的进步。因此，我建议运动系拿出一段时间来首先学习徐寅生同志的讲话，然后结合上述几个问题进行一次小整风，领导带头，认真检查，接受教训，作出总结。今后务必要加强政治思想工作。

贺　龙

1964 年 10 月 10 日

李梦华看到贺老总的信后，心潮起伏，感慨万分。贺老总发现和推出徐寅生这个典型，让李梦华多少有些汗颜，当然更使他成熟。贺老总那缜密、辩证的思维，深邃远大的目光，让李梦华深深感叹不已。他为体育界有这样一位统帅而幸甚，自己能有这样一位领导而幸甚。

元帅与小将（左：徐寅生）

更让李梦华没想到的是，徐寅生的典型会引起如此大的社会影响，对各行各业产生如此大的作用。贺老总看到徐寅生的讲话后不久，便把讲话稿连同他的批示，送给了毛泽东主席，1965 年 1 月 12 日，毛泽东读后异常兴奋，随即作了批示：“徐寅生同志的讲话和贺龙同志的批语，印发中央工作会议同志们一阅。并请你们回去后，再加印发，以广宣传……讲话全文充满了辩证唯物论，处处反对违心主义和任何一种形而上学……”

周恩来把毛泽东的批件转给贺龙，

说："这可是千军万马的力量啊！"贺老总接到批件后，立即赶到国家体委，连夜召开党委会，学习、座谈毛主席的批示和周总理的指示。贺老总说："这是毛主席亲自批准的体育战线的第一个标兵，我们还要培养第二个、第三个、第四个标兵。"会后，贺老总让李梦华等陪着一起到国家乒乓队全队宣讲了毛泽东的批示。

很快，徐寅生的讲话，经宣传司吴重远等连夜润饰，以《关于如何打乒乓球》为题，在《人民日报》《体育报》等发表，引起全国很大震动和反响。这次围绕徐寅生讲话的出台，李梦华经历了全过程。伟人敏锐的思维，深邃的思想，远大的目光，让李梦华深铭五内。他深深地认识到，作为一个领导，一定要敏锐，要善于发现和挖掘新生事物。而此前提是必须深入实际、深入群众；作为一个领导，看问题必须辩证，决不能只看表面不看内容，只看现象不看实质。贺老总的"一篇话稿是不是体现马列主义、毛泽东思想，不一定看它引没引原话"使李梦华有一种刻骨铭心的感受。尤其是毛泽东的"……讲话全文充满了辩证唯物论，处处反对违心主义和任何一种形而上学……"让李梦华感受到千军万马力量的鼓舞，让李梦华深切感到一个体育工作者神圣而光荣的职责。

从此，李梦华像变了一个人。他更加注意学习提高自己。据当时政策研究室的同志反映，李梦华是跑机要室看文件最多的，也是对文件批示最多的领导之一。他更加注意调查研究。他给自己规定每周必须至少有 4 天下队，每次不少于两小时。李梦华当时的秘书张一沛说："他下去不像有些领导兴师动众，前呼后拥，他只给秘书打个招呼，就只身走了。到了训练场馆，也是悄悄地坐在角落里，认真地看着，不时地还在小本上做记录。他要求每个队每月都要有总结，每个教练都要写体会。对这些总结、体会，他都要亲自看，重要的、有价值的部分总要用红笔画出来。"

1966 年，李梦华为徐寅生、张彩珍、吴重远等撰写的《乒乓运动的春天》一书（中央电视台在本世纪初重播时称该书为"教育了一代人"）作序，赞扬乒乓小将们有革命的志气和风格，身在球场，心怀祖国，放眼世界，昂首阔步地迎接和战胜困难，一心一意去攀登世界高峰，为祖国争取荣誉。他们既有敢打敢拼、敢闯敢搏的革命胆略，又有扎扎实实勤学苦练的过硬本领；他们是又红又专、胆艺双全的革命“小老虎”。在运动场上表现了无高不可攀、无坚不可摧的英雄气概，表现了站起来的中国人民的伟大的革命风格。

文章特别赞扬和肯定了小将有革命的方法并给人以学习运用辩证法的启示。“他们有革命的方法。就是按照毛主席的教导，运用一分为二的革命辩证法去观察问题，分析问题，处理问题。他们在学习和实践中，逐步学会了正确处理个人与集体、胜利与失败、藐视困难与重视困难、攻与守、特长与特短、百花齐放与以我为主，以及学习与独创之间的关系等等，认真分析它们之间的矛盾和联系，提出解决的办法，再在实践中检验、丰富、发展和提高。无论取得多大的成功和胜利，他们决不骄傲自满，而是‘从零开始’、‘而今迈步从头越’，不断革命，永远革命。这样，用辩证法去分析掌握技术的内在矛盾和联系，就产生了不可估量的威力，技术到了他们的手里就变成了活的东西。他们谈的是打乒乓球，讲的是一球一分的得失，却给人以学习运用辩证法的启示。”

李梦华默默地严格要求自己，在实践中默默地提高自己，从群众中默默地丰富自己、完善自己，为后来成功地成为中国体育行业的最高领导打下了坚实的基础。

第八章　不辱使命的美国行

2003 年 12 月 22 日，CCTV 国际中文《让世界了解中国》栏目做了一期《回顾尼克松访华，展望中美关系未来》的专题节目，台上除主持人外，嘉宾有尼克松的女儿朱莉，外交家冀朝铸、章含之。当他们分别回忆了 1972 年 2 月尼克松访华的前前后后的过程及发生的有趣故事之后，朱莉突然指着台下第一排就座的一位身着中山装的老同志说了几句。

主持人接过话说：“朱莉小姐说她注意到观众席第一排的那位穿传统中国中山装的先生，我告诉她，这位正是原国家体委主任、当年率领中国乒乓球代表团访美的李梦华先生后，她很希望李先生能讲几句”。

这时的李梦华，虽已年过 80，但仍是那么精神矍铄，背不驼，腰不弯。面对台上的客人，他微笑地说：“美国人民、中国人民，都是伟大的人民，中美两国人民友谊不断发展，这是世界人民共同的愿望和要求，也是中国人民和美国人民的共同要求，因为我们两国关系得到不断向前发展，这是对世界和平非常有利的一个重要因素，谢谢大家！”

经同声翻译，听懂了李梦华讲话的朱莉小姐，立即喜形于色，她一边拍着双手，一边赞叹着：“太美了！美极了！你莫不是一位大政治家吧！说得多好啊！”

善于随机应变的主持人立即接着说：“我正愁没有结束语呢？李先生把我说的结束语以最好的形式，最好的语言表达出来了，好！我们下期再见！”

节目做完了，但李梦华的思绪却回到了 70 年代初那场难忘的“乒乓外交”。

1971 年 4 月，日本名古屋承办第 31 届世界乒乓球锦标赛。受“文革”的影响，中国已经连续两届没有参加该项赛事了。这对于中国乒乓队来讲，是很大的损失，而对于世界乒乓界来讲，则损失更大。因为，世乒赛是世界乒乓球顶级赛事，缺少中国这样强的对手，比赛质量要打折扣；没有中国队参加，世乒赛将不可能是真正意义上的世界乒乓球锦标赛。日本乒乓球联合会会长后藤钾二，一方面对中国十分友好，一方面为保持世乒赛的高水平，他亲自来北京做说服动员工作。此事几经周折，最后经毛泽东、周恩来批准，中国才确定派队参加。

到了名古屋，中国队立刻成为关注的热点。一天，中国队员坐上大轿车，正准备到体育馆比赛，突然赶来一个留着长发穿着喇叭裤的外国运动员，一副嬉皮士的模样，运动衣上写着大大的“USA”的字样，原来这是一个美国运动员，叫科恩。他没赶上平时坐的班车，看见中国运动员的这辆车，便跑了上来。正在说笑的中国运动员一看一个外国人上来，顿时没声了，而科恩也愣了一下，但出于无奈，他硬着头皮在一个空着的座位坐下来。这时坐在后面的庄则栋想到出发前领导灌输的“要区别美国政府，美国人民”，便拉着翻译主动与科恩交谈起来。在交谈中，他拿出了一幅杭州织锦送给了科恩。等车一到目的地，在现场等待采访的日本记者，看到中美两国队员在一起的情景，立即噼里啪啦地照了起来。第二天，新闻登了出来，引起很大震动。

历史的进程，常常是意想不到的。谁也没有料到，就是这个小小的插曲，竟拉开了中美交往的大幕。很快，美国乒乓球协会国际部部长哈里森，几次向中方表达了访华的意愿。中国代表团经过紧急磋商，立即请示了外交部。

然而未曾想到这个请示在国内竟引起一翻周折，并直接惊动了毛泽东。事后，根据毛泽东的保健护士长吴旭君回忆说：“当时国家体委和外交部，联合起草的《关于不邀请美国乒乓队访华的报告》送到周总理办公室，总理圈阅后，送到了毛主席那里。而毛主席也圈阅同意，工作人员已把文件退了回去。不想，一直关注着世界乒乓赛的毛主席，此时已吃了安眠药，已经昏昏入睡。忽然他低沉而含糊地说：‘给王海容打电话，邀请美国队访华。’保健医生有些不信，并提醒说：‘您说过吃了安眠药，讲的话不算数，这次……’没等他说完，毛主席就急忙挥了挥手，‘算数，赶快办！要不就来不及了’。经再三确认毛主席的意见后，保健医生拔腿跑到值班室，给王海容打了电话。”

而此时已到4月7日中午，名古屋比赛已经结束，眼看访华无望的美国乒乓球协会的官员，正准备撤离回国。中南海的一道电波，传到了名古屋中国代表团：“关于美访华，考虑美多次提出要求，表现热情友好，现决定同意邀请美乒乓队及其负责人在内，来我国进行访问……”

代表团立即派宋中通知美国队。宋中径直找到美国乒协国际部部长哈里森，当面表示接受美国访华的要求。哈里森听后十分兴奋，立即请示了华盛顿。尼克松得到消息，惊喜交加。事后他回忆道：“我从未料到与中国的交往会以乒乓球队访问的形式求得实现。”得到美方最高层的首肯后，哈里森即刻与中方紧急磋商，确定了美国访华的日程、路线等。

4月10日美国队一行经香港进入中国大陆。这是新中国成立以来，进入中国大陆的第一批美国人。除了友谊比赛，接待方先后安排他们参观了天安门广场、长城，访问清华大学并观看了芭蕾舞剧《红色娘子军》。4月14日在人民大会堂，周恩来接见了来访的美国队全体成员。周总理说：“你们在中美两国关系上打开了新篇章，我们相信，这是我们友谊的新开端，会受到中美两国的支持。”美国乒乓球领队斯廷霍文马上说：“我们也希望中国乒乓队访问美国。”周总理立刻答道：“可以去嘛!”

周总理会见美国乒乓队的消息传到华盛顿不足10小时，尼克松就发表了一项声明，为改善中美关系，决定采取五项新步骤，包括迅速发给中国到美国的个人和团体签证、放宽美国货币控制、取消前往中国或来自中国的货物限制等等。

这一年秋天，基辛格博士通过巴基斯坦的“秘密通道”悄无声息地从伊斯兰堡飞抵北京，与中国高层人士秘密会谈，疏通了美国政府对新中国实行了22年封锁的通道。之后，美国总统尼克松正式访华，中美两国建立正式大使级外交关系，顿时轰动了整个世界。1971年10月6日，周总理在接见台湾省旅美华侨代表团时讲：“我们没有料到乒乓外交打出去，国际形势发展这么快。这完全是毛主席下的决心。”乒乓外交后，中美关系进入了新的阶段，为我国打开联合国的局面创造了极有利的形势。10月25日，联合国大会以76票赞成、35票反对、17票弃权通过了恢复中国在联合国的合法席位。

一年后的一天，刚刚从干校回来的李梦华突然接到通知，到人民大会堂参加一个紧急会议。李梦华换上了他那身出席外事活动的中山装，急忙坐车走向了大会堂。此时，大会议厅里已坐了二三十个人，有个别认识的，大部分都不认识，李梦华习惯地悄悄坐在了最后。不一会儿，总理来了。他指着下面的人说：“李梦华来了没有?”李梦华连忙站了起来，举了一下手。“来，坐在前面!”总理指了指前排，接着便宣布了国务院关于派乒乓球代表团访美的决定。在交代了出访目的、任务和注意事项之后，总理指着李梦华说：“庄则栋是世界冠军，他当团长，你和外交部钱大镛同志当副团长，但出了问题，你李梦华要负责!”

总理这样说自有缘故。1968年5月，正值“文革”高潮期间，林彪集团炮制的“5·12”命令以中央名义下发，称“国家体委系统是党内头号走资本主义道路当权派……伙同反革命修正主义分子……完全按苏修的办法炮制起来的，长期脱离党的领导，脱离无产阶级专政，钻进不少坏人，成了独立王国”，决定对国家体委实行军事接管。1969年趁林彪“一号令”，体委的绝大多数干部被赶出北京城，下放到山西的屯留县。

1971年7月以来，在几项国际体育活动中，接连在处理朝鲜问题上犯错误，周总理撤换了体委军管会主要负责人的职务，亲自点名38军的王猛同志任国家体委主任。王猛上任后，大刀阔斧地解放干部、使用干部。据王鼎华在《元帅之后有猛将》一书中记述：

“对解放出来的干部，王猛给予充分信任，他的一贯宗旨是体育工作主要依靠他们做。1971年，要组织中国乒乓球代表团访问美国，外交部提出让庄则栋当团长。王猛赞成，主要是当时的中美关系不宜派政府官员领队，也因为庄则栋对乒乓外交打开中美交往大门是有功的，他作的《友谊第一，比赛第二》的报告，得到周总理的赏识，让小将挑大梁有好处。但王猛提出由李梦华当副团长，在后面辅助，出出点子，庄则栋毕竟年轻。可是体委核心组内有人极力反对，到处去告状。周总理得悉，派外交部的一位同志到体委了解情况，王猛再次表示了自己的意见，但此事不能在核心组讨论，因为意见分歧，不同意的可能占多数，还是请上面定。最后，由周总理下决心，让李梦华当了访美代表团的副团长。”

显然，周总理对这件事是深思熟虑的，对李梦华和庄则栋也是十分了解的。这次乒乓代表团访美，是新中国成立以来第一次向美国派团，影响广泛，责任极其重大。显然不能把这样的重任放在一个年轻的运动员身上，面对复杂的情况和如此重大的任务，当然要依靠老同志。正是出于这种考虑，周总理才当众说了开头的话。

李梦华听了，自然十分理解周总理的意图，更觉得自己的责任重大。代表团迅速组成了。接着开始了认真准备。除了技术训练，还要学习出国的礼仪，了解美国各方面的情况。围绕“尽量做好美国人民的工作”的目的，出发前，代表团还专门学唱了美国歌曲，尽管有的人不懂音乐，有的还五音不全，但一想是政治任务，都学得格外卖力。

1972年4月，中国乒乓代表团一行30多人，带着中美两国友好的希望，带着划破坚冰开通友谊之桥的重任，飞向了相隔万里的太平洋彼岸。作为男队的教练张燮林深情地回忆了当时的情景：

“美国人对我们非常友好，热情。我们乘坐的专机，被美国当局命名为“友谊号”，接待规格比我们想象得要高，安排得十分周全。第一站到底特律，专机停落在插满中美两国国旗的停机坪上，简短的欢迎仪式后，礼宾车直接开到了飞机旁也不需办什么海关手续，从团长到教练，到运动员，再到随行人员及记者，都直接乘车前往下榻的宾馆。

“中国乒乓队为美国做的第一场表演，是在底特律一家汽车工厂的车间进行的。场地上拉着一条很大的横幅，用中文写着“热烈欢迎中国乒乓球代表团”，汉字写的不很熟练，一看就知道是刚学着写的，但它反映了美国人民对发展中美友谊的真切愿望，给人留下难忘的印象。当时，乒乓球在美国人眼里只不过是推来打去的游戏，但看到中国运动员把乒乓球都打神了，又有推挡，又有攻球、削球，有近台又有远台，速度、角度变化很多，现场的人不住地赞叹、惊呼和鼓掌，气氛非常热烈。表演结束后，许多美国人涌向场地，争着和中国运动员合影，请中国运动员签名留念。”

在美访问期间，中国队与美国队打了多场友谊比赛，每场比赛的入场式上，都是中美双方运动员、教练员手拉着手一同进场，为体现“友谊第一，比赛第二”，团体比赛的比分总是在 5 比 1 或 5 比 2，这其中输的一两局，自然是中国运动员“让”出来的。因为单凭实力，中国队完全可以剃对手一个“光头”。当

在美国参观（左着中山装者：李梦华）

然，要“让”得好看，“让”得隐蔽，不能让对方看穿，这就要求中国运动员比赛时注意控制落点，尽量回到让美国队员能展示自己所有技术的位置，多打几个回合。这自然是代表团领导事先要求的。双打比赛时，为体现友谊，就混合配对，一个中国运动员与一个美国运动员搭档，再同另一对中美运动员组合比赛。能赢世界冠军一盘甚至一局球，无论是美国运动员还是美国观众，都会感到异常兴奋，每到此时，现场的观众都会报以长时间的热烈掌声。

当然，在一片和平、友好的气氛中，有时也难免夹杂着一些不和谐的声音。

有一次中美乒乓球运动员在一个体育馆打比赛。在美国，乒乓球只不过是一种娱乐项目，作为人们消遣，玩玩而已。此前，乒乓球很少在大庭广众之下进行表演，更不要说在庞大的体育馆。也许出于好奇，也许出于对中美关系的关注，这一天足有四五千人之多，将体育馆坐得满满的。美国国务卿罗杰斯也来看比赛。人们不时地为双方的精彩表演鼓掌。比赛中，观众席的一角忽然引起一阵骚乱。原来在那边看台的高处，有人打出一幅反华标语。坐在国务卿身边的李梦华既没有紧张慌乱，也没有剑拔弩张，而是不卑不亢地对罗杰斯说：“国务卿先生，今天比赛的气氛本来十分友好，遗憾的是有一条标语给今天的比赛增加了消极的东西……”

罗杰斯笑笑说：“我们国家十分自由，只要他不侵犯你人身自由，我一点儿办法也没有。如果他侵犯了代表团的任何一个人的人身自由，我就可以立刻把他抓起来……”说罢两手一摊，一耸肩，一副遗憾的表情。

话虽这样说，但过了一会儿，李梦华发现有人对举标语的人进行了干涉，接着，标语和人统统不见了……

在访问期间，美国还特意安排了一些参观项目。参观过程中，美方都给予了很高的接待规格。在参观威廉斯堡时，当地民众穿着 18 世纪时的传统服装，欢迎来自东方的客人，男士穿着古老式样的礼服，女士穿着带裙衬的大裙子，场面十分隆重。

有一天，美方安排去洛杉矶好莱坞影城参观。庄则栋主张不去，因为一年前赫鲁晓夫访美时，有些穿着裸露很多的女明星搂着他出了些洋相。李梦华却表现出思想很解放，他分析说：“他们是世界级的明星，那样接待赫鲁晓夫是出他洋相，失赫鲁晓夫的身份，我们是普通的代表团，他们出洋相只能失自己的身份……”

庄则栋还是认为不去为好，李梦华就带领团员们去了。结果不出李梦华预料，好莱坞的男明星个个西服革履，女明星也着装典雅、文明。他们热情地为中国代表团表演了跳高楼、太空行走、高速飞车等绝技，陪代表团参观了具有世界各地代表性的建筑一条街，让他们乘坐过山车穿越了山谷、丛林、怪兽，体验了一把惊险和刺激。代表团的所有人都兴高采烈，感到眼界大开，不虚此行。

因为是中美长期断交后的首次访美，美方给予了特别的重视。4 月 18 日，尼克松总统专门在白宫会见了代表团的全体成员。这天，代表团集中乘坐了一辆大巴，准时来到了白宫，美方还特意解释是为了安全因素。大家走进了白宫一片绿色草坪，众多的记者已早早地聚集在一边，被一道黄、白相间的带子拦着。先是基辛格从白宫走出来，接着尼克松出来了。他说：“比赛就会有胜负，有胜利者，也有失败者。其中最大的胜利者就是美国人民和中国人民的友谊……”之后，他与代表团合影留念。

回到北京后，周总理请全团到自己家里吃饭。其间，总理十分高兴地询问了代表团访美的细节。从总理的表情看，他对这次访美是满意的。饭后代表团的秘书向李梦华收了半斤粮票，这时他才知道饭费是周总理自己出的，但粮票因为定量，所以就由就餐者自己拿了。李梦华颇为感动：堂堂国家领导人，丝毫不搞特殊化，如此严于律己，实在让人敬佩至极。

访美任务结束了，“出了问题要负责”的李梦华终于松了一口气。

李梦华出色地完成了一次外交任务，使他忽然想起 1964 年的一件事。那是他当体委副主任不久，正在上海出差，忽然接到北京的电话，要他立刻回去。体委人事部门的同志对李梦华说，外交部急需干部，组织上考虑让他去某国当大使！

“当大使?”李梦华自己先笑了。从客观上讲，外交官要求很高，不仅要会外语，有很丰富的国际知识，还要有很好的礼仪，而自己不懂外语不说，连衣服都穿不好，就是穿中山装，领子也是歪七扭八的。从主观上讲，李梦华对体育的感情深厚，他实在不愿意离开这里的工作。后来在他的坚持下，仍留在了国家体委。不过，这次美国之行，却让他实实在在体会了一把做外交官的滋味。

第九章　与邓小平同步的起起落落

哲人说：“历史不会简单重复，但是总会有惊人的相似之处。”

1966 年春夏，一场史无前例的“文化大革命”开始了。这是中国现代史上的一场浩劫，是中国共产党历史上的一场悲剧，又是每个人在所难免的一场灾难。在这场人为的巨大风暴中，体育遭受到极其严重的摧残，跌入新中国成立以来的最低谷。

运动初起，随着全国各行各业掀起“造反”风潮，体育界的“革命烈火”首先从体育院校中点燃起来。紧接着，体育组织管理机构陷入瘫痪，正常工作完全被打乱，竞赛取消了，训练活动中止了，几乎每个人都被卷入了这场史无前例的政治旋涡，各级领导干部相继被作为“走资本主义道路当权派”遭到揪斗。

面对这种混乱的局面，贺老总极为不满。他针对体委承担的出国比赛任务，指示荣高棠、李梦华等人，要坚持抓革命、促生产，继续抓紧运动员的训练工作。

根据贺老总的授意，荣高棠、李梦华向中央呈送了《关于运动队伍在文化大革命期间保持一定训练建议》的报告。然而，批转的文件还未下发，1967 年 1 月，林彪、江青一伙利用“造反派”即把陶铸揪出来并打倒在地，同时还把体委的这份文件作为陶抵制和破坏“文化大革命”的“罪行”。从此，政治斗争完全代替了运动训练和竞技比赛。从体育官员到教练员、运动员，几乎所有的人都被迫离开了自己热爱的体育事业，被卷入这场内乱之中。

贺龙元帅是中国共产党老一辈的无产阶级革命家、卓越的军事家。在中国革命的各个时期都为党和人民作出了巨大的贡献。他是新中国体育的统帅，为新中国的体育建设和发展，建立了卓越的功勋。然而即使这样一位伟人，在汹涌的“文革洪流”面前却显得无能无力。1967 年 9 月 9 日，中央专案组起草了对贺龙的立案审查报告。1968 年 5 月 12 日，经林彪一伙精心炮制的所谓的“5·12”命令，宣判了国家体委的“死刑”。“5·12”命令下达后，贺龙完全失去了人身自由，身患重病也不能得到正常的医疗护理。1969年6月9日，这位“两把菜刀闹革命”的传奇人物，这位中国革命史上赫赫有名的开国元勋在悲愤、郁闷和病痛中含冤而去。

作为贺老总的得力助手，时任国家体委常务副主任、党组副书记的荣高棠，自然是体育界受冲击最甚的第二号人物。一则是他紧跟贺龙，被称为“贺荣修正主义集团”头子，二则是他在1933年因被叛徒出卖而入狱，因此除“三反分子”之外，还加上了一顶“叛徒、特务”的帽子。1966年12月24日，体育“造反派”，在北京体育馆召开批斗大会，荣高棠被正式点名为“反党、反社会主义、反革命分子和叛徒”。会后即被关押到位于天坛东侧路的无线电运动学校隔离审查。11个月后，被押送卫戍区监护。1975年5月，在监护8年之后，被遣送至江西乐丰农场劳动改造。

作为贺龙、荣高棠的忠实追随者，李梦华自然难逃干系。在荣高棠被监护之前，李梦华一直是荣高棠的陪绑，而荣高棠被关起来后，李梦华则成为体育界被揪斗的“头牌”，在各种批斗会上及关押中所受的罪和苦是常人难以想象的，“坐喷气式”、跪搓板、戴高帽、挂黑牌和毒打等非人折磨、凌辱他都经历过。他被揪斗手段之狠，经受的皮肉之痛，都是体育界罕见的。李梦华曾被当时的“造反派”打得直不起腰，左耳失聪。

与此同时，体育界的许多领导干部，包括一些教练、运动员，都遭受到这样的命运。尤其是被誉为“乒坛三杰”的傅其芳、容国团、姜永宁，都因为所谓的历史问题，被打击迫害含冤而死。当然，这仅仅是体育界千百个受迫害的代表。贺老总及“乒坛三杰”的遭遇，成为李梦华一生挥之不去的阴影。

经历过革命战火考验的李梦华，面对种种政治迫害和打击，有时也感到一些困惑，但在他的心底，始终认为这种“革命”是暂时的，黑夜一定会过去。

有一件事情让他终身难忘。

那是在一次批斗大会前，他早早被押送到体育馆里一个小屋等待大会批判。平时押送他有两个人，对他也总是冷目横对。此时一个有事出去了，另一个忽然凑近了他，一改往日的态度，悄声地对他说：“李主任，您受苦了！”李梦华一愣忙说：“没什么，没什么。”那人又问：“听说你在体院被一个运动员打了，厉害不厉害？那小子真该死！”虽然李梦华被打得耳朵嗡嗡作响，但他强作笑脸：

"没关系，那是个孩子，不懂事。"那人一听没关系，便松了一口气，接着对李梦华说："李主任，您千万要想开，别看那么多人喊着口号批判您，但大家都清楚，您不是三反分子。只要没有当过叛徒、特务，您就放心，大口吃饭，踏实睡觉，该干什么就干什么，暴风雨过去就是晴天……"

李梦华听了心里顿时感到了阵阵的温暖。后来，在他被关押的日子里不时有厨师、修理工等安慰他，有的还给他送吃的，让他更增添了斗争的勇气。

1969年11月，根据林彪"一号命令"的通知，国家体委绝大多数的干部被疏散到山西屯留体委干校。由于专案组审查不出李梦华的问题，最后也将他发往屯留干校，名曰在"群众专政"下实行劳动改造。

体委屯留干部学校是由过去的一所航校改的，房屋设施简陋，生活条件艰苦。李梦华被编在饲养班，先后养过马喂过猪。在干校里，李梦华虽然身为高级干部，但干农活却十分专注。有一段，老母猪快下崽了，李梦华不分白天黑夜地守护在猪圈里，当时正逢寒冬腊月，气温很低，本来就穿着不厚的李梦华怕把母猪冻着，便把棉衣脱下来盖在母猪身上，而自己却冻得瑟瑟发抖，让与他同在一起的孙叶青、于海等都极为感慨。

还有一次，到几十里外的长治去拉粪。两人一辆架子车，一人在前面拉，另一个人在后面推。天色已晚，李梦华想让已经拉了半天车的伙伴歇歇，便自告奋勇地替换他驾起了车辕。此时正赶一个大下坡，沉重的架子车没有刹车，只能靠抬起车辕让车后面的底板刮地减速。由于惯性的作用，随着坡度越来越大，车速越来越快。李梦华抬不起车辕，怎么也无法使车慢下来，相反飞快向前冲去。突然李梦华脚下一闪，被甩倒在地，而此时的架子车像一匹脱缰的野马从他的身上飞啸而过。后面的伙伴惊呆了，其他车辆的人也都闻声赶来，看到这个惊险场面，心想，这下可完了！正当大家焦急之时，趴在地上的李梦华奇迹般地翻身坐了起来。只见他的头上被地面擦掉一大块头皮和头发，上衣被撕开一个大口子，露着淌着鲜血的肩头。被吓坏了的同伴和一些群众急忙把他送到附近的医务室检查、包扎。所幸没有伤着骨头和要害。回去的路上，人们为李梦华这次大难不死而庆幸，李梦华事后才感到有些后怕：因为太巧了，上千斤重的两个车轮，不偏不倚正好从他身体两边碾过，而重车的底盘刚刚高过他躺下的身子。假如车轮稍稍偏离一点，假如车子的底盘稍低于他的身子，那后果将不堪设想。

干校的生活虽然艰苦、劳累，但心情却很愉快，大家对他十分照顾、十分关心，彼此相处十分融洽，使他真正地经受了一次群众的洗礼。

此时的国家体委，仍为军管，它已不再从属国务院，而直接从属总参系统，成为总参军训部下属的一个局。

1971 年 5 月，经毛泽东、周恩来批准，中国决定于当年 11 月举办第一届亚非乒乓球友好邀请赛。

面对新的形势和任务，从部队来的军管会人员深感必须有懂业务的体委干部，才能具体落实这些任务。因此，一直主管体育业务的李梦华，首批被从干校调回了北京。

1971 年 5 月，国家体委军管会在京西宾馆召开了全国体工会议。会议的主要内容，自然是以大批判为主，最后议题才是几项业务问题。李梦华作为主管业务的干部，被军管会吸收为业务负责人之一，参加了这次特殊时期的体育工作会议。据王鼎华《元帅之后有猛将》介绍，这次会议开得很晦气，未曾开幕先死了一个人，原因是来自湖南的一位县体委干部，因首次进北京很兴奋，而会议的伙食又好，可能吃的油腻过多，引发胰腺炎而猝死，弄得大家人心慌慌。会议开到中间，军管会主任、会议主持者又突然被撤换了。

李梦华清楚地记得，那天是 7 月 11 日，体工会的代表都被通知到大会议厅集合，据说是周总理要接见并宣布一项重要决定，具体什么内容，都不清楚。会议开始了，周总理坐下后便用沙哑的嗓子向主席台下的人问道："××来了没有?"会场上鸦雀无声，只见大伙互相张望着，无人应声。这时忽然从会场的大门处匆匆走来一个人，此人正是被周总理点名的军管会负责人。

看到那位迟到的负责人，总理有些火，当然，更让他恼火的是最近以来连续发生的一些问题。原来这年春天自中国乒乓队参加第 31 届世界乒乓球锦标赛以来，在几次大的国际比赛活动中，国家体委接连在处理与朝鲜的关系上犯错误，周总理十分生气，决心要撤换国家体委军管会的领导。

就在这次会上，周总理代表党中央、国务院撤换了国家体委军管会主要负责人，调精明强干的 38 军政委王猛任国家体委主任。10 天后，儒生一般但十分干练的王猛来体委上班，并直接参加了体工会。会议结束时，周总理在人民大会堂接见了与会的全体代表。同来的还有权倾天下的"文革领导小组"的江青等。总理特意把王猛叫过来向大家介绍说："现在王猛同志来体委了，是猛将嘛!"此后国家体委又重新回归国务院管辖。在王猛的直接领导下国家体委的整个组织管理系统开始恢复，大批业务干部落实政策后回到了自己的工作岗位，运动队的训练和竞赛开始恢复并得到重视。

李梦华又回到自己久别的岗位上。被剥夺过工作权利的他，此时更感到工作的幸福和满足。他十分珍惜这个机会，努力投入到自己的工作中。在后来的几年里，在李梦华的建议和策划下，1972 年国家体委召开了全国训练工作会议，会议提出了“严格训练，严格要求，为革命努力攀登世界体育高峰”的目标，重申了“三从一大”是提高运动技术水平的重要途径。至此，尽管全国形势仍处于动乱之中，但体育已逐渐步入了正轨，特别是专业队的集训步入了正轨。在此期间，李梦华还组织了“全国五项球类运动会”、“全国三大球工作会议”等；组建了北京体院青训大队，恢复了正常的训练和比赛。与此同时，他还参与筹备亚洲乒乓球锦标赛和亚非拉乒乓球友好邀请赛。

在“突出政治”的风云中，不仅运动训练、比赛遭到破坏，体育科研等也同样遭到扼杀。富有远见的李梦华积极建议以王猛为首的国家体委党组，应重视体育科研工作。不久，原体育情报资料室的熊斗寅、王汝英等 6 人从“五七”干校调回，并在此基础上恢复了体育科研所。

那是一个恶人横行的年代！

由于王猛是周总理点的将，因此江青一伙把矛头指向王猛，企图通过打王猛

李梦华（右一）陪同王猛调研

达到整周总理的卑鄙目的。他们先是大抓所谓“王猛在十次路线斗争中与林彪关系不清”，到处散布“王猛是林彪线上的人，王猛猛不了了，天马行空，独往不能独来”等。后来抓不住，就让他们在体委的代言人发动群众揭批王猛所谓反对批林批孔运动的言行，以及体育工作中的修正主义和外事活动的投降主义，还把主要负责业务的李梦华牵连上，提出“主攻王猛、李梦华”的口号。

有一次，在科研所四楼大会议室，“造反派”就所谓“体育工作中的修正主义”问题向王猛发难，并要追究他破坏批林批孔运动、干扰革命大批判的所谓责任。王猛不得不逐条回答，有的他义正词严地进行了批驳，有的他不得不作一些解释，有的他承担下所谓“责任”。正在王猛发言过程中，忽然有人提出王猛指使李梦华“用业务转移斗争大方向”。这时只见李梦华从人群中站了起来，当众大声说到：“国际的体育信息是我向王猛提供的，训练和竞赛计划是我找人研究制定的，这个责任不是王猛的，是谁的责任就该由谁负责！”

此言一出，四座皆惊。平时说话声并不高的李梦华，此时变得有些激动，说话的音调颇高，让人们有些意外。当然更让人意外的是，他主动替王猛承担责任的勇气和态度。王猛为此很感激，群众为此而赞叹，“造反派”却为此而感到十分恼火。

李梦华的表现很快被人反映到江青那儿。几天后，江青在天津小靳庄说：“一定要最大限度地孤立王猛、李梦华，尤其是要抓住李梦华，他的势力太大了……”末了，江青专门讲了要“组织自己的人马”的问题。很快，王猛、李梦华被同时宣布隔离审查。1974 年 6 月起，王猛住进了医院。10 月，经邓小平、胡耀邦等人的帮助调回了部队。而李梦华再次被限制了自由。

在李梦华被隔离审查的日子里，他的思想再次跌入低谷。他不明白，干体育的抓了体育，反而是“不务正业”，那么工人不做工、农民不种田，大家吃什么，用什么？国家发展靠什么？他弄不懂，组织体育活动，为外交服务，为民族争光有什么错？

那个非常的时期，非常流行表忠心。江青一伙横行霸道，不可一世，有些被江青“四人帮”打击迫害的干部被迫向江青写效忠信，从而得到解放并戴上了乌纱帽。这时有好心人劝李梦华：“解铃还需系铃人，你应该给江青写封信解释解释……”对此，李梦华态度很坚决，他对来人说：“凭什么我要给她写信？我写信给毛主席写也不能给她写！”

李梦华没有给江青写信，也没有给毛主席写信，而是想起了自己的老上级邓小平。早在新中国成立之初，李梦华在西南局主抓青年和体育工作时就曾受到邓小平的直接领导，因此他一直很关心邓小平的状况。

“文革”开始不久，邓小平便被作为“党内第二号走资本主义道路当权派”打倒了。在被关押、审查搞不出问题后，于1969年10月，被送到江西省新建县拖拉机厂，名为“劳动锻炼”，实际带有半软禁和监管性质。1971年“9·13”后，邓小平得知林彪摔死在温都尔汗，十分激动，于11月8日向毛泽东写信，表达了对林、陈反党叛国的愤慨，对中央决定的拥护之心情。在保持人格和保持一个共产党员应有的原则和革命气节的前提下，作了检讨和自我批评，并提出了希望工作的请求。1972年1月10日，毛泽东在一次谈话中，首次提出“邓小平与刘少奇是有区别的，是人民内部矛盾”。同年8月1日，邓小平再次给毛泽东写信。8月14日，毛泽东在信上批示：“邓犯的错误是严重的，但应与刘少奇加以区别。”并指出，邓在中央苏区是挨整的。他没有历史问题，即没有投降过敌人。他协助刘伯承打仗是得力的，有战功。他没有屈服苏修。1973年2月22日，经毛泽东的同意，在周恩来亲自安排下，邓小平返回了北京。3月10日，中共中央向全党发出了《关于恢复邓小平党的组织生活和国务院副总理的职务的决定》。1974年10月毛泽东提议邓小平出任国务院第一副总理。1975年1月5日，根据毛泽东提议，中央发出（75）1号文件，任命邓小平为中央军委副主席兼总参谋长。1月8日，在中共十届二中全会上追补邓为中央政治局委员。

1975年1月25日，四届人大刚结束，邓小平就在总参机关团以上干部会上提出“军队要整顿”，从而拉开了在全国全面整顿的大幕。他以惊人的胆略和魄力，大刀阔斧地进行全面整顿，使遭受严重破坏的经济、文化、教育、科技、军队等各个领域得到一个极大的整顿和恢复的机会，并取得巨大成果。而在此前兼管体育工作的邓小平也没有忽视体育，在百忙之中他对体育工作作了重要指示。李梦华认为，把体育运动成绩搞上去没有错，这与邓小平的整顿思想是一致的。于是他决定要通过邓小平解决自己的工作问题。

在当时的情况下，李梦华不可能直接找邓小平，这时他想到了一个人——贺捷生。贺捷生是贺老总的大女儿，“文革”前李梦华经常到贺老总家去开会，向贺老总汇报工作，对贺老总的夫人薛明及贺家的几个孩子都十分熟悉。贺老总被迫害后，李梦华与自己的老伴时常到贺家去看望，与贺家有很好的关系，而贺捷生是邓小平从小看着长大的孩子，她与邓小平很熟，与邓家的孩子更熟。因此，通过贺捷生这条线完全可以通到邓小平那儿。

1975年春的一天，经过电话预约后，李梦华与自己的老伴牟淑贞一前一后地走向天安门东侧的历史博物馆。李梦华凭着地下斗争的经验，他以看病为名躲开了专案组的监视。这时天色已晚，历史博物馆路边的小松树林里有些暗淡，夫妇俩为遮人耳目装作不认识，始终保持了一段距离。实际上，老伴是在远远尾随着李梦华替他放哨。

过了一会儿，只见一位留着短发、脸色清秀的年轻女子，身着浅蓝色的“立特灵”裙子，急匆匆地走出历史博物馆侧门，向小树林走来。来人正是贺捷生。李梦华连忙迎上去，向她谈了自己再次被隔离审查的现状，并说自己身体尚好，想出来工作，希望能向小平同志反映一下，能安排个工作，到哪儿都行。贺捷生听后十分同情，热情地说：“向邓伯伯反映情况没问题。只是怕口头说说不清楚，最好能写一封信，让邓伯伯在信上批一下不就解决了吗?”李梦华听了觉得很有道理，随后，他连感谢的话也没顾上说，便头也不回地走了。

当晚，李梦华给他的秘书张一沛打电话，约他来商议写信的事。张一沛是湖南湘西人，1950年参加工作，1956年组织选派他到广州炮兵学院，家里不同意所以未能去成。而张喜欢体育，同年就考上了北京体育学院。1960年毕业后分配到体育科研所运动心理研究室。1964年2月，善动脑筋，表达能力强，又有一手好字的张一沛，被选为李梦华的秘书。“文革”前，经常为李梦华出些主意，是李的好帮手，如今有事自然要找他。

为了安全起见，他们相约晚7点半在王府井八面槽北面的一个澡堂门口碰头。就像解放前的地下工作者，他们见面后均未说话，张一沛在李梦华的示意下往西走了100多米，经确认没有熟人时才坐在一棵大树下的石头上谈了正题。他们经过商量，确定了信的内容主要是：表达李梦华对体育事业的热爱，对体育业务比较熟悉，身体尚好，希望有工作干。同时承认工作中的缺点、错误，承认有些错误是严重的。最后确定由张一沛写好后交给贺捷生。

三天后，信很快转到了邓小平的手上。具体是怎么批示的，李梦华并不清楚，他只是在那天接到通知，要他到庄则栋办室去开会。

李梦华知道给邓小平的信起作用了。到庄则栋办公室后，他才看到主管体委的副总理陈锡联也来了，并且主持了会。在座的还有当时体委的领导成员赵正洪等。陈锡联副总理当众宣布：“根据邓副总理指示，需要李梦华出来工作，至于职务先不定，先开始工作。”事后，李梦华才知，邓小平不仅在他的信上有批示：“像李梦华这样的人应该用。”而且小平亲自给陈锡联打了电话说：“李梦华熟悉体育业务，应该让他工作嘛。是你找他还是我找他？”陈锡联忙说：“我去找！我去找！”接着便有了上面开会的一段。

李梦华第二次得到了解放，他像被困的蛟龙重新回到大海里一样，劈波斩浪，热血沸腾，义无反顾地担当起匹夫之责。他要把失去的时间夺回来，不分白天黑夜全力投身到各项工作中，包括 1975 年 10 月的第 3 届全国运动会的筹备工作。

然而，天有不测风云。邓小平等大力推动全面整顿，大刀阔斧全面恢复和发展国民经济之时，“四人帮”则利用周总理病危、毛泽东年迈加紧抢班夺权，为迫害周总理、再次打倒邓小平收集材料罗织罪名。特别是 1975 年 7、8、9 三个月，全面整顿发展到高潮，而双方殊死的斗争也发展到高潮。1975 年 8 月底，“四人帮”利用毛泽东关于《水浒》的谈话，掀起了针对周恩来、邓小平的大批判，12 月又利用清华大学党委副书记刘冰来信事件开始了一场“反击右倾翻案风”的运动。

1976 年 4 月 5 日，在北京天安门广场发生了震惊中外的“4·5”天安门事件，邓小平被撤销了党内一切职务，保留党籍以观后效。此时全国陷入一片白色恐怖之中。

1976 年 5 月，在《红旗》杂志发表的《邓小平在体育战线鼓吹什么》一文中，将邓小平对参加第 7 届亚运会的中国代表团指示的“提高运动技术水平，争取好成绩”，批判为体育方面的“修正主义纲领”。江青反革命集团进一步插手把新中国成立以来的体育工作污蔑为“没有资本家的资产阶级体育”。他们打着“竞赛改革”“体育革命”的招牌，取消竞技比赛，取消正当竞赛记分排名。给竞技比赛排名扣上“产生锦标主义、助长技术第一、扩大资产阶级法权”的罪名，既可恨又可笑。

“覆巢之下，焉有完卵。”对邓小平亲自点名出来工作的李梦华，“四人帮”及其在国家体委的一伙人是绝对不会放过的。邓小平一下台李梦华便被拉下马。他们给李梦华扣上“修正主义”的大帽子，批判他抓竞技体育是“搞锦标主义”，是“只为少数人，不为多数人”。污蔑他“只有专业的概念，没有专政的概念”。

对培养出的尖子运动员认为是“成绩到手，人被夺走”。李梦华在第二次恢复工作后不到一年时间里，其所恢复的运动队制度管理、竞赛和训练，统统被批判为“穿新鞋、走老路”。对此，李梦华嗤之以鼻。在一次批判会上，他戏谑地回答批判者：“穿新鞋，走老路，那要看什么样的老路。正确的路，革命的路，穿新鞋走就不会有错嘛！”短短几句话，表现出他那曾经沧海的达观、乱云飞渡的从容和百折不挠的执著。

1976 年是大起大落、大悲大喜之年！特别是 1976 年 10 月，是一个光辉的 10 月，一个永载史册的 10 月。中央英明果断一举粉碎了“四人帮”，长达 10 年之久的“文革”大动乱终于结束了，幸运的中国和中国人民再次获得了新生。李梦华同全国广大干部一样悲喜交加，激动万分。他不由自主地由内心深处迸发出亿万群众共同的心声：人民取得了胜利！我们的党取得了胜利！伟大的中国人民万岁！伟大的中国共产党万岁！

粉碎“四人帮”之后，经过叶帅等一系列的铺垫工作，经过一系列的思想准备，在全国人民的强烈呼吁下，邓小平终于再次复出。1977 年 7 月，邓小平恢复了中共中央政治局常委、国务院副总理职务。而此前，在国家体委系统广大干部的强烈要求下，在国务院分管体育的副总理陈锡联一再努力下，曾被“四人帮”逼走的王猛同志，于 1977 年 2 月与他的搭档于步血、陈培民等一起重返国家体委，开始了对“四人帮”的揭、批、查和拨乱反正工作。在重新组建国家体委班子时，在王猛的建议下，将反“四人帮”表现突出、为乒乓事业作出贡献的徐寅生提拔为体委第一副主任，对在“文革”和“批林批孔”中被打倒的老副主任李梦华、黄中及时解放，恢复原职务。

李梦华积极辅佐王猛主任一手抓体育专业队伍的恢复，一手抓群众体育的调查和科研工作。特别是在 1978 年初，李梦华在听取相关同志意见后，征得王猛同意，商请教育部、卫生部共同下达了《中国青少年儿童身体形态、机能与素质的研究》调研任务。组织这次大行动的组长是国家体委科教司司长都浩然，副组长是教育部和卫生部的相关司司长罗冬祥、药元林，顾问是中国著名体育家徐英超、国家儿童研究所所长叶公绍，成员都是体育科研所、儿童研究所、体育院校的著名专家、学者，包括陈明达、黄宗成、王云德、于道中、邢文华、李宝文、张玉青、陆绍中等。经过近一年的准备，与有关的 16 个省市合作，对 23 万青少年儿童用 23 个指标进行测试，共获 440 多万个数据。如此大规模的测试，在我国尚属首次，在世界上也少见。此后这项工作一直是体育科学研究的一项重要内容。

1979 年，李梦华还协助王猛，与体委的路金栋等领导一起出面，与国际奥委会反复协商，最终解决了中国大陆与台湾在国际奥委会中的主权与地位问题，这年，李梦华出任中国奥委会副主席。

李梦华终于第三次复出。李梦华的三落三起，既是历史的悲哀，又是万幸。无论是对他个人、对他家庭，还是对国家的体育事业都是如此。李梦华后来曾多次对人讲，他的政治命运几乎与小平同志的政治命运同步。的确如此，邓小平下台他下台，邓小平复出他复出，邓小平受批判他也受批判。当然，政治命运与邓小平同步的还有许许多多的干部群众，李梦华只不过是一个代表而已。这种同步既是历史的巧合，又有一种内在的必然。它从一个侧面印证了邓小平的命运与广大干部群众的命运是一致的，思想是相通的。从另个一侧面也说明李梦华及广大干部群众对邓小平的思想路线是从心里认同的，在立场观点上完全是一致的。

从本质上讲，共产党人及革命者的个人政治命运同国家、民族的命运是紧紧相连，息息相通的，因而，他们的政治命运也必然是一致的。

第十章　中国体育改革的第一棒

面对“四人帮”肆虐的恶果，面对“文革”造成的国民经济走向崩溃边缘的局面，中国的第二代领导者邓小平开出了行之有效的药方——改革开放。

1978 年 12 月，党的十一届三中全会吹响了新中国走向新时代的号角，迎来了明媚、灿烂的春天。全国各行各业开始了全面纠正“文革”中的左倾错误，及时地把工作重点转移到社会主义现代化建设上来。

李梦华同众多重返工作岗位的老同志一样，在以王猛为首的国家体委党组领导下，全身心地投入到体育工作的重点转移，同体育战线广大干部职工开始了“高速发展体育，勇攀世界体育高峰”的新长征。

体育工作重点的转移是坚定不移的。但是，向哪里转？如何转？无疑又是包括李梦华在内的所有体委领导面临的问题。李梦华认为，从体育与政治的关系看，体育是反映一个国家、一个民族国际地位和形象的标志和窗口。由于“文革”的破坏，我国竞技运动水平已跌落到历史最低点，面临 1980 年的奥运会，我国许多项目成绩还达不到报名标准，运动技术水平落后已成为突出的薄弱环节。如何迅速恢复提高我国竞技运动水平，适应中国竞技体育重返国际赛场的需要，为国争光是体育界当务之急。

从体育与经济的关系看，体育事业发展的规模和速度，归根结底取决于国家国民经济的发展。在计划经济体制下，国家还拿不出更多的钱来发展体育，用于体育。在这种现实条件下，提出高速要求、全面跃进必然会碰钉子，这已经有历史教训。另一方面，体育的发展纳入了国家的事业发展计划，虽然投入的总量不足，但运用计划的优势，可以把国家分配的财力、物力、人力有重点地集中使用在竞技体育方面，这要比“撒胡椒”式的平均分配、低水平同步更有意义。

基于以上思考，李梦华深切感到，就当前而言，体育战线工作重点转移到体育业务，转移到发展体育事业上来，就必须在统筹安排的基础上突出重点，在普及与提高相结合前提下，侧重抓提高。当然，这只是在某一阶段、某一特定的时期采用的特定的办法。

此期间，李梦华承担了全国体委主任会议主报告起草任务，在他的提议下，经过广泛征求意见，将这些思想内容写进了王猛同志的体工会主报告之中。

1979 年 2 月召开的全国体工会纪要中，明确提出："一定要及时地、果断地把注意力集中到高速度发展体育事业上来，努力攀登世界体育高峰，为加速实现四个现代化服务。""今明两年，国家体委和省市一级体委要在普及和提高相结合前提下，侧重抓提高。"

在明确了工作转移的方向和重点之后，接着就是如何实现侧重抓提高的问题。从历史的经验，李梦华分析了我国竞技体育设置与奥运会项目的关系。从调研中，他了解到当时各地优秀运动队设置存在重点不突出，力量分散，足、篮、排三大球比例过大，忽视田径等基础项目的倾向。奥运会共 203 枚金牌，田径、体操、游泳、举重占近一半。但这 4 个项目中我国的运动员占总运动员人数不足 1/4，而只有 5 枚金牌的三大球运动员却占到总人数的 35%。面对现实，李梦华深深感到，奥运会是世界上规模和影响最大的综合运动会，必须在项目设置上和奥运会尽可能对口，必须突出重点，才能有利于为国争光。

1980 年 3 月，国务院批准下发的《国家体委关于加速提高体育运动水平的几个问题的请示报告》中明确提出："调整好运动项目重点布局，集中力量把奥运会和有重大国际比赛的若干项目搞上去。这是攀登世界体育高峰的一项重大政策性措施"。"这次体工会确定，乒乓球、羽毛球、田径、游泳、跳水、体操、举重、足球、篮球、排球、射击、射箭、速度滑冰共 13 个项目为全国重点。主要是根据目前技术水平较高、影响较大确定的，也照顾到某些技术水平较低，但国内群众爱好或国际影响较大的项目。这些重点项目连同其他有希望较快搞上去，在奥运会和重大国际比赛中取得成绩的项目，都必须在全国合理布局。"在这个报告中，还提出了"为了把准备全运会和奥运会的任务一致起来……1983 年 9 月选择北京以外的一个地方举行第 5 届全运会。……共设 22 个比赛项目，其中 20 项属于奥运会项目"。

这些重大的政策性调整，无疑为以后的"奥运战略"打下良好的基础，更是为后来我国连续在奥运会上取得骄人成绩发挥了积极的作用。

当然，所有这些重大决策首先取决于以王猛同志为首的国家体委党组的正确领导。王猛是周总理点名从部队调到国家体委当主任的。王猛的一贯思想是体育工作应该依靠那些精通体育业务的体育干部。1976年粉碎“四人帮”之后，在重组国家体委领导班子时，是他把被打倒的副主任李梦华、黄中及时解放，恢复了他们的原职务；是他把年富力强、为乒乓球事业作出突出贡献的徐寅生大胆提拔为体委第一副主任；又是他及时通过时任中组部部长的胡耀邦将原体委常务副主任荣高棠从江西劳动农场安排回国家体委，并恢复其工作。此时，体委工作已全面恢复并走向了正轨，王猛即考虑他和部队几个领导干部撤离的问题。

面对国家体委主任的空缺，无论从资历还是从能力考虑，体育馆路的目光无疑都集中在荣高棠身上。但是荣高棠考虑到自己快70岁了，他更考虑李梦华的能力和为人，所以他依然向中组部提出书面报告，要求自己退居二线，同时力荐比自己小10岁的李梦华出任国家体委主任。

对于荣高棠这位老领导的高风亮节和对自己的厚爱，李梦华深为感动。但感到更多的还是这副担子的压力。1981年9月10日，第五届全国人大常委会第20次会议通过了任免事项，任命李梦华为国家体委主任。

李梦华上任伊始，就面临着十分复杂的情况和紧迫的任务。首先是对在体育队伍中仍然存在的一些超越客观现实的“左”的思想，需要继续肃清和整理；其次对体育工作的根本任务，需要去认真调查和讨论，尽快明确和统一，在此基础上对体委内部总体工作做必要的调查；第三，面对1982年的亚运会、1983年的全运会和1984年的奥运会的繁重任务，如何进一步加强运动队伍的训练和竞赛工作；第四，在体育战线的干部队伍中，存在着年龄过大、不懂业务、工作不得力的状况。有的地方体委班子不稳定，调动过于频繁，个别省体委一把手三四年内竟换了十一任。群众反映“体委”变成休养生息地——“休委”。

面对以上诸多问题，李梦华在大量调查研究的基础上，开始了扎扎实实的工作。他根据中央关于“建设社会主义物质文明和精神文明是全党全国人民两个奋斗目标，两个文明建设互相促进，缺一不可”的精神，首先指出，体育部门一定要把建设精神文明作为自己的中心工作，要作为一个重大任务长期抓下去。在1982年6月30日全国体委主任汇报会上，李梦华说：“体育是精神文明的一个组成部分，它包括体育的全部工作在内，如群众体育的广泛开展、运动技术水平的提高、培养体育人才、体育科学研究、院校工作、场地建设和现代化的设施等都属于精神文明范筹。只有全面发展体育事业，才能在精神文明建设中发挥最大作用。”

由于长期受到“左”的思想的影响和干扰，优秀运动队思想政治工作的放松和削弱，运动队伍中产生了一系列问题，如有些运动员缺乏正确的理想抱负，一味追求物质享受；有的思想品德败坏，违法乱纪；有的在比赛中弄虚作假、打架斗殴、罢赛闹事等。

特别是在1982年6月26日，中国希望足球队到突尼斯参加友谊比赛，中国队员因犯规在被裁判判罚红牌后，又被判一个点球。此时中国队教练员号召自己队员退场罢赛，引起当地观众和亚洲足球组织有关官员的极大不满，此事为中国足球有史以来的第一次罢赛事件，造成恶劣影响。而此事件最终导致中国驻外机构向突尼斯方面赔礼道歉。事发几个月后，即1982年12月21日和22日，在中国国家冰球队同来华访问的加拿大阿尔伯塔理工学院冰球队的友谊比赛中，两次发生斗殴，我队两名队员用球杆打了客队队员。这起事件损害了国家的荣誉，造成很坏影响，中央领导当时批示：“这是平时思想工作薄弱，重视技术忽视道德作风、理想教育的结果。”

针对运动队出现的问题，李梦华花费了大量时间和精力，根据中央关于“精神文明建设的中心环节是用共产主义思想教育人民”的精神，提出体育战线必须加强思想政治工作，加强体育队伍的共产主义思想、马列主义、毛泽东思想的教育。当前要着重地突出抓道德、作风、纪律的教育和整顿……并制定了一系列措施。为了抓运动队思想道德建设，他亲自参与调查研究，制定《运动员守则》和《教练员守则》。同时开始修订和完善《优秀运动队管理条例》及《运动队思想政治工作条例》等。

李梦华对运动队伍建设提出了三项原则：一是运动队的主要任务是提高运动技术水平；二是运动员必须是有理想、有文化、守纪律的人；三是从体育事业的全局和长远考虑，运动队逐渐向学校化过渡，合理解决运动员的出路和分配问题。与此同时在运动队领导体制方面推出了领队领导下的教练员

梦华同志（后排左六）到女子冰球队调研

负责制。

针对体育战线所存在的干部问题，李梦华明确提出“三性”，即积极性、主动性、创造性。他说：“要把积极性、主动性、创造性最大限度地发挥出来。我们的广大干部都要有饱满的革命热情，旺盛的革命干劲，顽强的革命意志……为了完成党交给的本职工作，都要把自己的全部精力、全部聪明才智贡献出来。要有为事业献身精神，首先我们自己要一心扑在事业上，第一把手更要振奋精神，艰苦奋斗，不怕困难，百折不挠，全心全意作出自己应有的贡献。”

“要把握工作的主动权，我们的思想经常处在由必然王国向自由王国的转换之中，指导工作要力争由被动转化为主动，要有预见性，要有长远的设想。要坚决贯彻上级的决议、指示。不能各自为政，有兴趣就干，没兴趣就不干；对本地有利就干，不利就不干。但我们同样反对那种对上级指示照抄、照转的不负责任态度。邓小平同志一再讲，不当收发室。要把上面的东西和本地区的实际相结合，不断丰富、充实、完善起来。这就是我们所倡导的创造性。主动性、创造性的关键，是经常系统的调查研究，不要只是走马观花，而要蹲点深入，周密地调查；要了解新情况、新问题，总结新经验。”

李梦华上任之后面临的另一个重大课题就是体育的改革。党的十一届三中全会公报指出："实现四个现代化，要求大幅度地提高生产力，也就要求多方面地改变同生产力发展不相适应的生产关系和上层建筑，改变一切不适应的管理方式、活动方式和思维方式。因而是一场广泛、深刻的革命。"80年代初期，面对新形势，国家体委及时提出调整运动项目重点布局；把准备全运会和奥运会的任务一致起来；改革、完善业余训练体制；加强对干部、教练员的培养。1981年开始进行体育体制改革的调查研究和试点，以逐渐改变那种什么事情、什么活动都要国家体委包下来的做法，鼓励社会力量和群众办体育。

1983年3月在全国体工会上，李梦华代表国家体委作大会报告。他指出："体育战线的改革势在必行，必须抓紧，积极进行。改革应当有利于调动社会各方面力量办体育的积极性，有利于推动体育的普及和攀登世界体育高峰，有利于促进社会主义文明建设。"

在这次报告中，李梦华提出着重从3个方面进行改革：一是发动社会力量办体育应有较大突破，他说："体育是全民活动，不能只靠体委办，必须依靠和发挥各有关部门和社会力量。建议一些部门、行业、大的厂矿、企业和大专院校，根据实际情况建立高水平运动队。"二是竞赛改革。要使国内比赛与重大比赛衔接好，国内各级各类比赛衔接好，优秀运动队比赛与业余体校比赛衔接好，逐步做到社会化、多样化、制度化。三是训练体制改革。改变"大锅饭"状态，当前重点解决好教练搞活问题，做到能上能下，互相交流：1. 试行聘任、自报公议、协会推荐、合同制以及省、区、市间交流教练员等办法。继续实行教练员责任制。2. 定期考核、考试、评定，晋升职称。3. 建立轮训、进修等制度。4. 改变从运动队中直接选拔教练员的办法。

1983年3月体工会的报告内容，经过讨论修改，于当年10月21日以《国家体委关于进一步开创体育新局面的请示》文件形式正式上报了国务院。这个"请示"中，确定了"本世纪内的奋斗目标——本世纪末要普及城乡体育运动，运动技术水平达到世界一流水平，拥有现代化的体育设施，建立一支又红又专的体育队伍，成为世界体育强国之一"。

1984年1月12日各省、自治区、直辖市体委主任汇报会上，李梦华在关于改革问题的发言中指出："我们体育战线目前还没有一个全盘的、系统的、带有根本性的方案。希望体育界一切热心改革的理论工作者和实际工作者密切合作，大家动手，争取尽快搞出一个体育改革的总体方案和实施步骤。至于在我们自己权力范围内一些局部的改革，看准了的，要大胆地改。譬如，训练手段的改革、优秀运动队班队领导体制的完善、比赛奖励制度的修订、竞赛规章制度的改革，以及业余训练、体育科研制度办法、体育院校教学等方方面面的改革。”

1984年10月5日，中央发出了《中共中央关于进一步发展体育运动的通知》，即“84中发20号”文件，其中指出：“要完善多渠道、多层次的体育人才梯队，改革训练和竞赛体制”，并再次强调了在本世纪内把我国建设成体育强国，以增强全民族体质，强国强民。

总起来说，80年代以来至此，中国体育的改革虽未全面展开，但可以看做是重要的起步阶段。由国家体委文史委员会汪智主编的《中国体育改革十五年》一书中，是这样评价的：“从1979年到1984年，是我国体育改革的初始或起步阶段。这一阶段的特点是，按照党的十一届三中全会确定的路线、方针、政策，遵照国民经济‘调整、改革、整顿、提高’的方针，在农村经济体制改革和城市经济体制改革的推动下，结合体育工作实际，提出了体育改革应遵循的基本原则，在领导管理体制、训练、竞赛体制等方面形成了改革的基本思路。虽然这一时期的体育改革还没有提到体制改革的高度，但已开始认识到体制改革的必要性。可以说这一阶段提出的体育改革的总体设想，为下一阶段的改革做了思想和理论上的准备。”

拉开了体育改革的大幕后，李梦华带领体委党组一班人又马不停蹄地开始着手全面的改革。经过长时期的酝酿讨论和调查研究，1986年4月15日下发国家体委《关于体育体制改革的决定（草案）》。

《决定》制定了改善体育领导体制、建立科学训练体制、继续改革竞赛体制、大力繁荣民族传统体育、逐步实现体育科学化、改革体育教学体制、加强改善思想政治工作、改善物质保证、改革奖励制度等10个方面和53条改革措施。《决定》系统地分析了体育体制改革的必要性和迫切性，确立了以社会化为突破口，以竞赛和训练体制改革为重点的改革思路，确立了“以革命化为灵魂、以社会化和科学化为两翼，实现体育腾飞”的战略思想。

《决定》下发前，李梦华在1986年3月15日全国体委主任会议上的总结发言中重点谈了关于体育改革问题。他说：

“这几年体育改革的形势是好的。通过两三年的改革实践，大家深感不改革就不能把广大群众和社会各方面办体育的积极性充分调动起来，就不能使体育充满活力、加速发展，也就不能完成体育三大任务和建成体育强国。……当前主要是对改革不够坚决，步子不大，对原来一套东西不敢有所突破。……这次会上讨论的《关于体育体制改革的决定》稿，是我们总结前几年改革的经验，分析当前体育工作中的问题提出来的，可以作为体育体制全面改革的一个基本设想，希望大家在实践中修正充实。……体育要进行全面的改革，但重点是竞赛、训练的改革。竞赛改革的中心思想是更好地发挥竞赛的杠杆作用，调动各方面的积极性，促进体育事业的全面发展。”

关于领导问题李梦华最后着重强调：“（一）进一步拓宽路子。依靠有关部门和社会各个方面发展体育事业，把体育的路子拓宽，这也就是几年来我们讲的体育社会化。……在充分发挥社会各方面力量办体育的同时，要加强体委对整个体育事业的领导、协调、监督作用。（二）实行分类指导。……城市和农村不同。对待民族传统体育项目和近代体育项目的政策也不尽相同。……对待学校体育、竞技体育、社会体育的要求也有区别。……（三）充分运用宣传、吸引、评比、竞赛的办法，推动体育工作的发展。……”

《关于体育体制改革的决定（草案）》坚持实事求是，从全局出发，调动了各方面的积极性，推动了体育社会化、科学化，促进了体育事业的全面发展和提高，使体育改革的步伐明显加快，并取得了显著成绩，特别是在运动训练、竞赛和场馆建设方面犹为突出。

1987年全国体工会上，李梦华再次强调了深化改革。他说：“体育战线的改革，以去年全国体委主任会议后下发的《国家体委关于体育体制改革的决定（草案）》为标志，正在不断深入发展。体育工作的许多方面都在改革，而且取得了不小的成绩。但总的讲，目前改革仍处在开始阶段，改革的任务还相当艰巨，至少要经过三五年的艰苦努力，体育体制改革才可望初步完成。实践使我们进一步认识到，不改革，体育前进的步伐就不可能加快，体育事业就不可能充满生机和活力。一句话，只有通过改革，加速体育的发展，才能实现建成体育强国的宏图。”

据1988年第14期《体育工作情况》记载：李梦华主任在5月的全国体委主任会上就“关于积极深化体育改革、发展”问题作了重要讲话。他说：“关于今后体育工作的方针，就是深化改革，积极发展。对体育改革要放宽政策，大胆试验。力争几年内在改革方面取得更多实质性进展。创造具有中国特色的体育体制，发展具有中国特色的体育路子。所谓深化改革，就是说，不是在个别领域，而是在所有领域全面进行改革。已经出台的改革措施要继续完善、配套、调节和理顺各方面的关系。总之，要以改革统揽全局，推动我们的事业；从实际出发，从社会主义阶段的国情出发，使体育事业发展得更快一些。”

正像一场接力赛，在李梦华任期的 8 年内（1981—1989 年）他完成了中国体育改革的接力第一棒。进入 90 年代后，伍绍祖于 1993 年在前任基础上制定下发了《国家体委关于深化体育改革的意见》和 5 个配套文件，进一步明确了体育改革的目标和任务，并进而提出“六转化六转变”的改革任务，确定了面向市场、走向市场、以产业化为方向的改革发展思路，按照管办分离、政企分离、政事分离的原则，进行管理体制与发展模式的重新构建。

第十一章　体育社会化与奥运战略的始末

在李梦华时期的改革中，最引人注目的当数社会化和奥运战略。社会化和奥运战略不仅是新世纪中国体育事业全面腾飞的两块基石，而且是中国体育发展史上的一笔难得的财富。

关于体育社会化，追根溯源，应始于20世纪70年代末国家体委关于动员社会力量办体育的思想。鉴于当时国家的经济实力，为保证重点解决最突出的矛盾和问题，在那一年的体委主任工作会上提出了在一定阶段省市以上体委侧重抓提高的任务。1979年4月17日李梦华在答《文汇报》记者问时指出："要侧重抓提高，必须集中力量打歼灭战，全国一盘棋，局部服从整体……充分发挥中央和地区两个积极性，调动社会各方面的力量，努力攀登世界体育高峰"。

从1980年以后国家体委加强了与教育、卫生、工会、共青团、妇联、解放军等部门的分工合作，并注意了切实发挥全国体育总会及体育分会、产业体协、单项运动协会和基层体育协会等群众性体育团体的积极作用，使体育事业的发展有了更多的支撑点和动力，使群众体育工作进一步转向以各行业、各部门办为主，进而减轻国家体委的压力和负担，保证了国家体委把工作重点转移到提高运动技术水平方面。

不久，在1981年4月《国家体委关于省市区体委主任会议的几个问题的报告》中明确提出："体育工作的政策要搞活，路子要拓宽，逐步改变那种什么事情、什么活动都由国家包下来的做法，鼓励社会力量和群众自办体育。要把各类'民办'体育作为国家发展体育的辅助和补充，在国家统一领导下，协调、健康地发展。充分发挥各行业和基层体协等社会团体的作用。提倡和支持有关部门、产业系统、大的厂矿企业和大专院校尽可能举办各种形式的青少年业余训练，设置高水平运动队……"

1983 年在国家体委给国务院《关于进一步开创体育新局面的请示》中，将“发动社会力量办体育”作为体育改革的四条措施之首，1984 年 10 月中央 20 号文件发出后，国家体委下发了《贯彻执行中共中央关于进一步发展体育运动的通知的意见》。该《意见》指出：“克服体育过度集中于国家办的弊端，放手发动全社会办体育，是当前我国体制改革的重要问题。近几年，社会团体、个人办体育方兴未艾，给体育事业增添了前所未有的活力。各地要采取强有力的措施，引导发展这一改革势头，在以城市为重点的整个经济体制改革的推动下，力争在社会力量办体育方面有较大的突破。”

为了充分宣传体育社会化，使之真正得以在实际工作中贯彻落实，李梦华对社会化进行了专题研究。并于 1985 年 7 月 15 日在《体育报》发表了题为《大力推进体育社会化》的文章。该文从体育社会化的必然性、社会化的标志、意义及原则等多方面进行了论述。

李梦华对体育社会化提出了 4 个标志：“1. 体育逐步深入社会各个领域，从学校、厂矿、企业到农村，并深入到社会的细胞——家庭中去；2. 体育人口不断扩大，社会各色人等越来越多地参加到体育活动中来，活跃在体育队伍中的，不仅有广大青少年，而且有许多老弱妇孺和残疾人；3. 在以国家办体育为主体的同时，全社会包括各部门、各行业以及集体、个人都将兴办体育事业；4. 社会体育水平（或群众体育水平）日益提高。”

关于体育社会化的原则，李梦华在文中指出：“各项体育事业，无论群众体育、业余训练、办高水平运动队、竞赛活动、科学研究、场地设施、发现人才、技术指导或咨询服务等等，都应面向社会，积极依靠社会力量。”

作为文章的重点部分，李梦华用了大量的篇幅阐述了体育社会化的意义和作用。他将其概括为 6 个方面：一、体育对于改善一个民族的体质有着十分积极的作用。体育社会化具有最大的广泛性，是全社会和全民的事业。二、体育运动具有多种功能，是满足人类生存、发展、享受的一种“黄金手段”。能促进人的全面发展，身心健美，有助于建设文明的、健康的、科学的生活方式。三、体育是极其丰富多彩、富有活力的一种社会文化形态。体育的社会价值和地位将变得更为重要，内容和形式更加发展，体育社会化的前景无限广阔。四、体育是促进四化、振兴中华的一个巨大精神力量，是国家、民族的一个重要窗口。五、努力提高社会体育水平，对建成世界体育强国具有不可低估的战略意义。六、体育社会化是改革我国现行体育体制的重要内容。实践证明，不依靠社会力量办体育，就不能把体育运动有力地推向新的广度和深度。

文章最后，李梦华总结道："总之，体育社会化关系到能否实现体育强国宏伟目标，走出一条具有中国特色的、充满生机和活力的体育发展道路，它与体育科学化同属实行体育改革的重大措施。"李梦华最后呼吁："各级体育运动委员会应加强体育社会化的宣传、组织工作，进一步推动各行业、各方面把发展体育作为自己分内应尽之责，作为关系国家民族振兴、关系群众生活、关系青少年健康成长的一件大事抓起来。"

李梦华对体育社会化的呼吁得到各方面的重视和支持。在 1986 年国家体委下发的《关于体育体制改革的决定》（草案）中，确立了以社会化为突破口，以竞赛、训练改革为重点的改革思路。《决定》指出：在改革体育领导体制方面核心是实现由国家包办体育到国家办与社会办相结合，转变实现体育的科学和社会化。1993 年国家体委制定下发了《关于深入体育改革的意见》，初步改变了原来计划经济体制下单纯依靠国家办体育的高度集中的体制，建立了国家调控、依托社会、有自我发展活力的体育体制和良性循环运行机制，初步形成国家办与社会办相结合、集中与分散相结合的格局。如今，经过十多年的发展，体育社会化已迈入一个新的阶段，由地方省、市承办的全国运动会、城市运动会，由各行业各部门举办的职工运动会、农民运动会、民族运动会、大学生运动会、残疾人运动会等等已成规模，而由国营企业和民营企业及个人办的各种体育赛事也大量涌现。当年李梦华提出的我国体育社会化的蓝图和远景正在一步步变为现实。

关于奥运战略，是李梦华执政期间的又一大亮点。党的十一届三中全会关于工作重点实行战略转移的决策和改革开放的方针，使我国体育工作的战略重点发生了重大变化。与此同时，中央在北京隆重召开全国科学大会，迎来了科学的春天。一个向科学技术现代化进军的热潮在全国迅猛兴起。作为国家体委主任的一把手，李梦华深深意识到，随着现代科学技术、现代生活和现代体育的突飞猛进，科学决策对发展过程和结果越来越突出。要实现体育的决策、管理科学化，必须从体育发展战略的高度去研究和探讨，经过一段酝酿，在他脑海里形成了一套体育发展战略研究的蓝图。

从 1983 年起，李梦华身先士卒，亲自出题目、找答案，率领干部深入调查研究，在体委党组、体委机关继而在全国体育界较大范围内展开了发展体育战略的话题。

1984 年 3 月 30 日在北京召开了全国体育发展战略、体育改革会议。李梦华亲自主持了全国体育界的第一次理论研讨会，会议交流了关于体育发展战略和体育改革的调研成果，座谈讨论了由李梦华牵头起草的《2000 年的中国体育》，研究了当时体育改革的方向、原则、方法、步骤，酝酿了总体改革方案。与此同时，正式成立了中国体育发展战略委员会，李梦华亲自任会长。

1985 年 8 月 13 日至 23 日在青海西宁，国家体委首次召开中国体育发展战略研讨会。这次讨论会研讨了体育发展战略的指导思想，对本世纪内把我国建成世界体育强国问题进行了可行性研究，并提出了若干战略性对策和建议。就在这次会议上，正式成立了“中国体育发展战略研究会”，取代了头一年全部由行政官员组成的中国体育发展战略委员会，时任国家体委副主任的张彩珍被选举为会长。她有“体坛才女”的美称，是贺老总点名、四届体委主任“智囊”和“高参”的核心骨干。副会长是刚从体委副主任转为体委纪检组组长的徐才，著名体育学者胡晓风、田麦久，广东省体委主任魏振兰，秘书长为体委政策研究室副主任梁增寿、谢琼桓。就在这次会上形成和提出了“以革命化为灵魂，以社会化、科学化为两翼，实现体育腾飞”的改革指导思想。

从 1986 年以后，体育发展战略研究由总体研究转入重点课题研究。1986 年上半年，中国体育发展战略研究会先后召开了关于中国体育事业指标体系、中国学校体育发展战略和竞技体育发展战备 3 个课题研讨会。

1987 年 8 月，在北京召开了第二次中国体育发展战略研讨会。会议讨论和提出了中国体育指标体系、2000 年中国学校体育发展战略、2000 年中国竞技体育发展战略等多个课题研究成果。在这次会议上，提出了一个著名观点：“以青少年为重点的全民健身战略与以奥运会为最高层次的竞技体育战略协调发展。”

原国家体委内部刊物《体育情况反映》1988 年第 418 期刊登了李梦华在一次办公会上的讲话：“以奥运会为最高层次的竞技战略与以青少年为重点的全面健身战略协调发展，这个提法很好。战略应当统帅我们的实际工作。比如奥运战略，应有明确的目标和实施步骤，指导我们参加今后各届奥运会的工作。现在就要制定 2000 年前奥运战略的目标和措施。至于 2000 年之后的奥运战略的内容就不同。全民健身战略也一样，要用几个主要的带战略性的措施来体现，如全面加强学校体育，这是两个战略的基础和结合部。要不断深化奥运战略，不能停留在口号上，要有具体内容，对实际工作发挥更大的指导作用。”

如何进一步加强奥运战略，李梦华提出8点意见。其要点是：第一，奥运战略为建成体育强国的目标服务；第二，奥运战略不仅仅是国家体委的任务，也是全国包括各省市的共同任务，不能认为上面抓奥运战略，下面只抓健身战略；第三，要认真研究以最少的投入、最快的时间、最好的形式来实现奥运目标。第四，要缩短战线，保证重点；第五，要把亚运会和奥运会更好地结合起来；第六，加强信息工作；第七，准备1990年亚运会和1992年奥运会，要让一些省区市承担任务直接作贡献；第八，深化改革，充分运用竞争机制。

1990年2月，在河南召开了第三次全国体育发展战略研讨会。会议总结了中国体育发展战略研究会成立以来中国体育发展战略研究进展情况，讨论了国际国内的体育形势，进一步研究了中国体育发展战略的指导思想。

总体来说，体育发展战略研究对80年代体育改革产生了重要影响，对90年代以后的改革及科学决策产生了积极作用。由伍绍祖主编的《中华人民共和国体育史》高度评价了1985年的会议：“这次讨论会是新中国成立以来的第一次大规模的体育发展战略学术讨论会，在我国体育发展史上是一次创举。”该书进一步指出：“体育发展战略研究对80年代的体育改革产生了重要影响。通过体育发展战略研究，我国体育战线的战略意识普遍增强，各级领导逐步树立了长远发展的观点，并带动了地区和跨地区体育发展战略研究……开展体育战略研究的重要意义，还在于加深了对我国体育发展规律的趋势的认识，促进了科学研究与

参加《中国体育百科全书》编委会成立大会，伍绍祖（左一）李梦华（左二）

体育管理实践的结合。并在此基础上形成了一些重要的体育改革战略思路……体育发展战略也促进了体育科学自身的发展，它促进了一些新科学的形成，也促进了不同学科间的互相渗透和结合。战略研究的重点课题研究取得积极成果，研究会组织完成的38项研究课题，有32项获国家体委科技进步奖。一支由理论工作者和实际工作者相结合的研究队伍正在形成。”

体育是一种复杂的社会活动，自从现代体育产生以来，关于对体育的科学属性，对体育概念、本质和功能的认识，由于人们的标准不同、角度不同，所以一直是众说纷纭。而对于中国体育发展战略的研究，同样不可避免地会产生各种不同的看法和认识。在80年代李梦华主持研究的中国体育发展战略过程中，在战略目标选择上，关于“体育强国”成为新中国成立以来最大的一个议论焦点。

首先是对“体育强国”的概念及内涵理解不同；其次是在“体育强国”的标准和标志上认识不同。其中，最主要的有两种观点。

第一种观点，认为“体育强国”应有两条标准：一是体育发达国家，主要指大众体育广泛普及和有充分的体育场地设施及体育经费。二是竞技运动强国，在奥运会等大型国际体育赛事中运动成绩名列前6名。据此理解，中国到2000年显然达不到“体育强国”的标准。

第二种观点认为，“体育强国”不能与“体育发达国家”等同起来。“体育强国”的内涵应该是在大众体育及体育场馆、经费有较高标准，而竞技运动成绩必须达到世界一流。“体育强国”主要目标应指竞技体育在重大国际比赛中名列前茅的国家。

1988年初，李梦华在一次会议上就“关于加强奥运战略问题”讲道：“……从提高来讲，体育强国包括许多方面的要求，奥运会上名列前茅，是体育强国的一个主要目标。到2000年，我们要走三大步，参加1992年、1996年和2000年奥运会。比如说，1992年第25届奥运会上我们能否拿8~12枚金牌；1996年和2000年奥运会可否提15~20枚金牌的任务？奥运会上获得20枚左右的金牌，奖牌和总分能进入前六名，一般可以称为体育强国了。”

当然，李梦华在1983年体工会上提出的建设体育强国，除了运动成绩在奥运会名列前茅，大多数运动项目达到和接近世界水平目标外，还就群众体育的人数，青年一代身体形态、机能、素质的提高，体育科技成果，现代化体育场馆设施建设以及群众体育活动场所数量等方面提出了具体目标。

如果以竞技体育为主要目标，中国体育在现有基础上经过数年的努力，要在2000年实现“体育强国”的目标显然是有可能的，也是现实的。事实上，1992年的巴塞罗那奥运会，中国军团获金牌16枚；1996年亚特兰大奥运会获金牌16枚；2000年悉尼奥运会获金牌28枚，奖牌和总分均列第三。从这个意义上讲，此时李梦华说的“体育强国”，绝非是梦。

1999年体育文史杂志（即《体育文化导刊》）编辑部主任古柏曾就此话题采访过李梦华，现摘录如下：

古：您在出任国家体委主任之后，中国体育代表团在1984年洛杉矶奥运会上拿15枚金牌，之后体委制定一个计划，要在2000年达到“体育强国”这个计划是怎么出台的？

李：“体育强国”这个口号是我提出来的，这无须讳言，到2000年把我国建成世界“体育强国”。要参加世界比赛，不提高水平怎么行呢！只要参加比赛，就要争取拿金牌。拿金牌不能说是锦标主义。金牌不是孤立的一枚金牌，它代表一个国家体育发展的一个方面，也反映了一个国家体育运动发展的基础。我记得我那时说过，既然不是为了拿金牌，不如我们呆在家里睡大觉！去了就是为了拿金牌，拿金牌反映我们的水平，扩大我们在世界上的影响，同时可以提高我们在世界上的体育地位。

显而易见，李梦华提出的“体育强国”其标准主要是指在世界大赛中中国竞技体育运动的成绩。然而在1984年中共中央《关于进一步发展体育运动的通知》明确提出“在本世纪内把我国建成体育强国”之后，一个在体育上层和理论工作者中的话题顿时变成了整个体育界的话题，人们对体育强国从概念到内涵，从标准到措施等问题展开了热烈讨论。1988年2月山西青年作家赵瑜发表了长篇报告文学《强国梦》，作者把体育界内部关于体育发展战略目标与指导思想的讨论，通过文学手法加以描写、发挥，并加以评论，将体育发展中出现的种种问题一下子凸现在大众面前，引起社会各界强烈的反响和热烈讨论。

这只是历史发展中的一段小小插曲。十几年过去了，争论早已平息，是非曲直只能让历史来作结论。

2010年11月18日，国家体委政策研究室元老、国家体委副主任张彩珍在《中国体育报》发表悼念李梦华的文章中说：“梦华同志当年力主建设体育强国，只是当时所提出的体育强国的内涵和发展模式等不可避免地受到时代的局限。在2008年北京奥运会取得历史性突破之后，胡锦涛总书记在北京奥运会总结大会上响亮地提出从体育世界大国向体育强国的迈进的号召，为体育强国赋予了更加丰富充实的内涵，富有与时俱进的特征，更符合当今国情民意。全国体育界同社会各界通力合作，体育强国之梦必将圆满实现。回顾历史，应当说，是李梦华这一代人为建设体育强国打下了坚实的基础。”

当年体育发展战略研究会曾提出的“以青少年为重点的全民健身战略与以奥运会为最高层次的竞技体育战略在实践中协调发展”的观点，经过后任体育工作者的充实和完善，于1995年先后发展成为两个重要的历史文件——《全民健身计划纲要》和《奥运争光计划纲要》。特别要指出的是通过贯彻落实“奥运争光计划”，李梦华时代由中国体育发展战略研究会参与和推动的“奥运战略”结出了丰硕的果实。1992年巴塞罗那第25届奥运会上，我国体育健儿以16枚金牌、22枚银牌和16枚铜牌写下了中华奥运史上光辉的新篇章。当时路透社指出：“中国在8年前才返回奥林匹克体坛，但已经以一个金牌大户出现在巴塞罗那。”澳大利亚通讯社说：“中国参加3届奥运会，已在奥运会奖牌排名表上占到显著位置，它将成为下一世纪奥运会的主要角色。”正如澳通社所料，1996年亚特兰大奥运会上，中国获16枚金牌、22枚银牌、12枚铜牌，继续保持了第二集团领先地位。2000年第27届悉尼奥运会，我国选手获28枚金牌、16枚银牌、15枚铜牌，金牌与奖牌数均列第三，取得历史性突破。2004年，中国军团又把这种优势保持到第28届雅典奥运会上。

前中国奥运会副主席，多次参与中国奥运总指挥的吴寿章在其《行与思》一书中这样写道：“实践证明，近年来中国体育取得的辉煌成绩是与‘奥运争光计划’的正确贯彻实施密不可分的。‘奥运争光计划’作为改革开放时期推动我国竞技体育发展的一个里程碑，不仅为近年中国竞技体育事业发展建立了不朽功勋，更为新世纪实现中国体育事业的全面腾飞打下了坚实的基础。”

在人们高度赞扬‘奥运争光计划’的同时，同样不会忘记李梦华时代的“奥运战略”。人们永远会记住新华通讯社的著名评论：“中国的奥运战略叠起了金银铜牌。”

奥运战略功不可没。

第十二章　两届奥运两重天

也许是中国体育承载着太重的内容，也许是中华民族在近代史上受到太多的屈辱而留下的脆弱心理，中国大众总会随着体育竞赛的功过成败而跌宕起伏，时而被抛上浪尖，时而会跌入谷底。1984 年洛杉矶奥运会和 1988 年汉城奥运会就是这样的浪尖和谷底。作为这一时期中国体育事业的最高领导人，李梦华无疑是这种浪尖和谷底的标志性人物。

1952 年 7 月，刚成立两年多的中华人民共和国，终于有权代表新中国参加真正意义上的第 15 届夏季奥林匹克运动会。但是，等到 40 人的体育代表团赶到芬兰赫尔辛基，大赛已近尾声。中国运动员虽然只参加了一项游泳的比赛和一些友好活动，但终于在奥运会上升起了中华人民共和国的五星红旗，新中国人民终于站在了国际赛场，这无疑是一种成功和胜利。

1956 年 11 月，第 16 届夏季奥运会在澳大利亚墨尔本举行。全国选拔出 92 名优秀运动员蓄势待发。然而由于当时的台湾以“中华民国”名义捷足先登，而国际奥委会违反奥林匹克宪章，支持台湾行动，制造“两个中国”，中国政府被迫决定不参加这届奥运会。并因同样的原因中国从此离开了奥林匹克运动会。

事隔 23 年后，即 1979 年，在党的解放思想实事求是的思想指导下，中国体育界大胆推出了“奥运模式”，促使国际奥委会于当年 11 月恢复了我国在国际奥委会的合法席位，结束了长期冷战的局面。这是我国外交史活动中的一项历史性突破，它为我国体育全面登上世界体育舞台提供了有利的国际环境。

1980 年第 22 届夏季奥林匹克运动会在苏联莫斯科举办。正当中国运动员憋足了劲，准备在国际体育舞台一展鸿图之时，却偏偏碰上了苏联军队入侵阿富汗。美国及一些西欧国家随即抵制了莫斯科奥运会。由于政治的需要，中国参加到抵制行列。

4 年之后，中国运动员总算又盼到了在美国洛杉矶举办的第 23 届奥运会。

但历史又给人们开了个玩笑，这次奥运会又轮到了以苏联为首的东欧一些国家的抵制，使原计划参加的国家减少了近四分之一。尽管如此，离开奥运会赛场达32年之久的（从1952年赫尔辛基算起）中国运动员总算如愿以偿。也正是这次奥运会，给中国选手提供了一鸣惊人的机会，把中国体育推向空前高度的同时，也把李梦华推向了风口浪尖。

作为第23届奥运会中国代表团的团长，李梦华同广大运动员一样，热情高涨，热血沸腾。但由于我国体育界长期与国际体育界的隔离，运动员长期脱离国际大赛，对于这次竞赛成绩会是什么结果，恐怕都想象不到。他和代表团的所有成员一样，兢兢业业、勤勤恳恳地努力工作着，每个运动员在赛场上都一丝不苟地奋力拼搏着。

在洛杉矶的16个日日夜夜里，对中国来说是一个载入史册令人激动的日子，对世界来说，又是一个让世人惊叹的难忘的日子。在这16个日日夜夜里，从许海峰打破“零”纪录的第一枪声，到大力士吴数德震天怒吼；从体操王子李宁一举拿下3枚金牌和2枚银牌、1枚铜牌到跳水皇后周继红的惊人一跳；从栾菊杰的扬眉挺剑到女排姑娘的“三连冠”……一个个胜利的喜讯，一道道频传的捷报，让人应接不暇，使人激动不已。中国体育健儿先后夺得15枚金牌、8枚银牌、9枚铜牌，以金牌总数第4、奖牌总数第6和总分第7的优异成绩结束了中国人在奥运近百年的屈辱。

洛杉矶的喜悦（左二，李梦华；左三，荣高棠；左五，钟师统）

中国运动员的成绩，首先引起海内外炎黄子孙的巨大反响。他们欢呼道："体育健儿为中华民族告别旧的历史，创造新的历史打下了最漂亮的翻身仗。""东方睡狮终于觉醒，中国巨龙腾空跃苍穹。"中国人的成就让外国人感到惊叹。有外电评论："中国人出手不凡，令人刮目。用光辉灿烂的金牌重返奥运。"美国当地报纸评论："中国像一头醒狮，在奥运会上怒吼。中国以自信的脚步踏入奥运金牌殿堂。从此以后，谁还说，中国人你的名字叫东亚病夫……"。有的媒体甚至说："中国跨入世界体育强国的行列。"

中国运动员参加洛杉矶奥运会的胜利，极大振奋了整个中华民族精神，鼓励了正在向四个现代化进军的全国人民。国务院及时向中国体育代表团发出了贺电："在举世瞩目的第23届奥运会上，我国体育健儿赛出风格，赛出水平，赢得了精神文明和运动成绩双丰收……为祖国赢得了荣誉，为中华民族增添了光彩，每个炎黄子孙都感到由衷的高兴。谨向你们致以热烈的祝贺和亲切的慰问！你们的优异成绩，改变了旧中国在奥运会的零分纪录。是我国体育史上最有历史意义的重大突破，标志着我国体育事业的新飞跃。 它有力地说明，中国人民有自立于世界民族之林的能力，对于正在进行现代化建设的各条战线的广大群众都有很大鼓舞和推动作用……"

中央权威媒体《人民日报》发表专题社论，指出："……诞生于汗水和智慧中的15枚金牌、8枚银牌、9枚铜牌等好成绩是你们奉献给祖国母亲的厚礼，使海内外龙的传人引以自豪！国运衰，体育衰；国运兴，体育兴。不堪回首的历史一页已经被我们翻过去了。今天体育的振兴，生动地反映了我们祖国在振兴、在奋进！"政府和媒体是如此，国内的群众更是如此，欢迎会、庆功会、报告会……李梦华和代表团每一个成员都成为国人的英雄，他们陷入了鲜花的海洋和掌声的浪涛之中。

四年很快过去了，洛杉矶的辉煌也渐渐淡去。1988年，又一轮残酷的体育竞争大战将在汉城展开。"岁岁年年花相似，年年岁岁人不同。"同样的方式、同样的规模，李梦华仍然是中国体育代表团的团长，一批老队员仍是主力军，如许海峰、李宁等。但历史却又一次开了一个玩笑，出现了金牌与上次反差极大的结果：由于这次中国军团金牌大幅下滑，致使全国的舆论大哗，使李梦华从鲜花和掌声的海洋中瞬间跌入了深山谷底。

这种结果是谁也不愿看到的，然而也是事前谁也未曾预料到的。代表团出发前，体育形势一片莺歌燕舞。不少运动项目在世界大赛中的成绩令人炫目，更有四年前的辉煌，把国人的胃口高高吊起，包括体育界一片盲目乐观。赛前对金牌和奖牌的预测，成为人们最热衷的话题。据当时一家媒体举办的“奥运会奖牌预测活动”公布的数字，在回收的20万张票中，认为中国代表团获5枚以下金牌的仅有1000多张，也就是说百分之九十九的人都认为中国这次奥运会奖牌只会比上次多，而绝不会少，有不少人甚至认为中国体育夺取金牌如囊中取物，手到擒来，似乎不用吹灰之力，中国军团就能稳坐第三把交椅。

当然，这只是反映了群众的一种美好的愿望和热切的渴求。作为体育战线的专家们来说，预测就不能仅靠热情和愿望，唯一依据的只能是科学数据。通过对中国运动员近年来在世界级比赛中所取得成绩的统计，通过对世界各单项运动顶级大赛的成绩比较，经过计算机分析和计算，专家和科研人员得出的结论是：中国在汉城有望夺金牌10枚，奖牌总数第六，总分第八。代表团出发前，在向中央领导汇报时确定的目标是：金牌争取8～10枚，奖牌数争取列第六，总分争取列第八。与此同时，也向新闻界公布了这个目标。

对于这个目标，李梦华是同意的。但是，在他的内心又是忐忑不安的。陈凤平，50年代起担任国家体操队的领队，60年代后一直在机关从事竞赛工作。据他回忆：1986年前后，为了加强奥运会的准备工作，国家体委党组决定抽调了年维泗（长期从事足球的专家）、邓若曾（女排主教练之一）和他，加上综合司的干部组成了奥运会强化训练组。训练组的工作就是调查研究，向领导反映情况，帮助领导出点子解决问题。他说：“训练组是直接对梦华主任的。我们向梦华反映过不少问题，李主任也经常请我们出主意，并根据我们的意见提出不少办法和措施。然而可以发现，由于有些关系不太顺畅，有些办法行不通，工作推不动，因而梦华同志常常很苦恼。李主任很怀念已退下的陈先副主任。陈先同志尽管因为比较严厉，不少人对他产生意见，但他头脑清楚，做事干练果断，只要交办的事，雷厉风行，而且很有一套办法，经常利用典型，激励各运动队竞争，很有推动力。当时面对方方面面的压力，李主任有很多难言之隐，汉城失利与此不无关系。”

也许正是因为李梦华的这种忧虑，他在代表团出发之前的记者会上，面对记者的提问他说：“总体看，我们的实力比上一届奥运会稍有增加，但由于苏联、民主德国等东欧国家参加，我们的金牌数还会比预定的目标要少一些，但总分是差不多的。”接着在会下他对几个干部说：“这次奥运会看来形势不容乐观，搞不好我们只能拿5块金牌。”此刻对李梦华来说，汉城奥运会如同高悬在他头顶的一把达摩克利斯之剑。

历史是如此地戏弄人。汉城奥运会的结果竟被李梦华会下之言不幸言中。从这届奥运会第一天第一项比赛起，汉城就变成了中国人的不祥之地。先是首战失利：曾在上届奥运会上实现“零”突破的许海峰在决赛前被淘汰。“老枪”王义夫仅获得第七名。接着是何灼强、李宁、栾菊杰等上届奥运冠军纷纷落马，最后是女排集体被打垮，被排挤在前三名之外。中国军团使出浑身解数才拿到上届奥运会金牌的三分之一，排在第十一位，而韩国队却遍地开花，金牌跃居第四。

面对如此的成绩，原来满怀期望的人们坐不住了，比赛中间，就不断有人发信，打电话。有人说：“国家体委必须向人民群众交待清楚，他们有罪！”有人直指李梦华：“李梦华干什么吃的！让他下台！”更有一家媒体指责“身为团长的李梦华，对奥运会掉以轻心，女排输掉后的第二天才瞪眼睛知道。”对此事，在金汕和野夫的《泪洒汉城》一书中这样写道：“作为一团之长，他是一分一秒也不敢松懈和怠慢。在女排与日本队争夺铜牌前，他了解到全队士气不高，不少队员陷入自责与恼恨的痛苦之中，一些人是靠安眠药睡觉。他便专门跑到队里，语重心长地给队员们做工作。在中苏比赛之前，按预定计划，韩国奥委会副主席宴请他，他不能失约，宴请后匆忙赶往赛场，在途中得知前两局已输，第三局已无力回天，他才悻悻返回。后来传说他睡了一大觉，第二天才瞪大眼睛问：女排输了？这的确冤枉了他。”

李梦华对于这种个人的冤枉是不会在意的。但个别人对运动员、教练员过激的言行，他就有些看不下去了。一些人给女排主教练李耀先寄的信里，不仅骂了李的老祖宗，有的还在信中夹着刀子、上吊绳、子弹。有的干脆说：“你为什么不得艾滋病呢？”有的人甚至向李耀先发出了“唁电”。对中国足球队，有人则建议在他们回国时，派服装厂的男同胞带着衣服去机场迎接，因为中国足球队输得连裤衩都没有了。

汉城奥运会像一颗爆炸的原子弹，在中华大地引起强烈震动，在万里长空覆盖着浓浓烟云。一时间“汉城反思”、“泪洒汉城”、“兵败汉城”、“汉城不是洛杉矶”等等文章、书籍铺天盖地，有喜忧参半的，有忧多于喜的，有批评指责的，有揭露内幕隐私的，更有骂娘的，也有替运动员抱不公的……这恐怕是有史以来体育在中国社会掀起的最大浪潮。中国百姓对体育界从来没有像今天这样关注，对体育界的讨论和争辩从来没有像今天这样激烈。从这种意义上说，汉城奥运会带给李梦华和体育界的不仅是巨大冲击，而且是一笔难得的财富。

在众多评论和反思中，由《体育报》派出的鲁光、阎乃华等5位记者写的《圣火熄灭后的思索》代表了相当多人的观点。文章从“汉城奥运会鸟瞰”、“形形色色的强国路”、“中国的得与失”及“竞赛场上的抗衡新动向”4个方面对汉城奥运会进行了全方位的思索和探讨。其中在“中国的得与失”中这样写道：

“对中国选手在本届奥运会上的表现，……可以用几句话来概括：取得了一定的成绩，但不理想。也可以说‘忧喜参半’，既有成功的经验，也有失败的教训。

“在本届奥运会上，我国健儿共获奖牌28枚，占第7位；金牌5枚，占第11位。……成绩是首先应该肯定的。我们的选手在赛场上奋力拼搏，也表现出良好的道德风尚。这次奖牌总数比上届奥运会只少4枚。问题是金牌数太少，有失众望。最振奋人心的是过去一直上不去的游泳、赛艇等项目，这次有了可喜的突破。游泳，上届奥运会没有1人进入前16名，得零分。这次得了3枚银牌、1枚铜牌，打破了3项奥运会纪录和10项全国纪录，创造了7项亚洲纪录，总分达41分。尤其女将发挥出色，使一些项目进入了世界先进行列。后进项目赛艇也首次获得1枚银牌和1枚铜牌。田径为亚洲夺得了唯一的1枚铜牌。跳水项目这次更上一层楼，夺得2枚金牌、3枚银牌和1枚铜牌，可谓喜获丰收。一些基础项目的进步和突破，使我们增强了信心，看到了希望。上届奥运会，我们只面对“半个世界”，而这次苏联、东欧诸强均参赛，争夺空前激烈，要在世界最高水平的竞争中夺牌得分是很不容易的。

“在看到成绩的同时，必须正视我们的差距。成绩不理想，这是评论家们比较普遍的看法。这首先表现在一些项目失常。没有发挥出应有的水平，没有取得应有的成绩。如“五连冠”的中国女排先输秘鲁，后惨败给苏联。体操队从上届5枚金牌跌落为1枚金牌。举重上届曾得4枚金牌，这次却空手而归。上届奥运会曾得3枚金牌的射击队，此次只得1银1铜，上届女子花剑冠军栾菊杰，落到了第25名。射箭世界纪录创造者马湘君也未进入决赛。就连保持20年长盛不衰的乒乓球项目，4枚金牌中，也只夺得2枚。……

“造成中国选手成绩不理想的原因是多方面的。首先，是由于苏联、东欧诸强的参加，增加了夺牌的难度。其次，是背了15枚金牌的包袱，再加上人们期望太高，希望太大，造成选手们心理负担过重，临场紧张，发挥不正常或发挥不出平日的水平。……第三，有些比赛指挥失当。第四，队伍的基础薄弱，尖子选手太少，不少项目后继无人。第五，对世界各国体育水平迅速发展的信息掌握不够，在实力分析上存在一些偏颇之处。我们是第二次全面参加奥运会，这方面锻炼少，经验不足，也是一个原因。尽管原因很多，但根本问题是训练水平不高，队伍管理不严所造成的。”

值得人们注意的是，一些海外及港台媒体的反映显得更冷静和客观。台湾《中国时报》以大量篇幅对大陆夺牌选手大加赞扬，文图并茂，用辞华美，十分醒目。即使对铜牌选手他们也认为“非常珍贵”。《民生报》称“李梅素的铅球砸破了亚洲零蛋，是田径奥运史上炎黄子孙的第四枚奖牌”。日本方面对许艳梅夺走跳水金牌，盛赞为亚洲唯一，是亚洲人的骄傲。

在国内众多批评指责中，也有更引人深思的声音。四川外语学院刘晓菲和清华大学的一位副教授在比较和分析了近30年来世界田径、游泳等项目的成绩与中国之间的差距和发展趋势，并经过电子计算机统计处理后得出一个曲线斜率：世界体育每前进一步，中国体育就前进两步到三步。同时他告诉我们，中国体育的“第一次开发”已经走向尽头，而“第二次开发”尚未进入成熟阶段，因而上升趋势相对疲软。

对于如何看待中国军团金牌下降的问题，作家尹卫星、应克东在其《汉城不是洛杉矶》一书中引用了《中国时报》列出的“历届奥运会金牌分析表”。表中显示美、苏、民主德国、联邦德国、英、日、韩等国参加奥运会至少都在5次以上，而中国只有两次。他们在书中提出这样的观点：“对于一个统共参加过两次像样的奥运会的国家来说，要求太高是不科学的，也是违背规律的。还有一个数字也是需要我们认识的。上届奥运会金牌总数前五名的国家在汉城奥运会上平均降60%~70%。其中美国下降57%，罗马尼亚下降65%，加拿大下降70%，中国下降66%，日本下降60%。由于苏联和东欧诸国的加入，中国队的金牌数虽急剧下降，但下降率仍在正常值范围内，而在奖牌总数的下降率中，中国队仅下降 12.5%，是下降幅度数最小的国家。因此，我们有足够理由这样评价：中国队在第 24 届奥运会上基本保持了上届的实力，总体略有提高，特别是在游泳、赛艇、田径 3 个‘金牌大户’项目上有长足的迈进……”

至于对中国金牌下降的原因，除了有些项目临场指挥失当、运动员发挥失常原因外，二位作家还提出了一个“克拉克”现象。他们在书中指出：“据北京体院李益群统计，历届奥运会最强实力者中约有三分之一的人与金牌无缘，其中又有一半的人连奖牌都不能获得。也就是说，最有希望夺金牌的竞争者只有 66%的夺取金牌的可能性。国际上称这一现象叫‘克拉克’现象。如果我国体育专业人员、新闻记者考虑到只有 66%的夺取金牌的可能性，那么将要向世人发布的目标是五六到七枚金牌。这样面对 5 枚金牌的事实中国人的心理也许就能正常接受了。”

事实上，“克拉克”现象普遍存在于各国运动员之中。这次奥运会中有一大批具有夺金的保险人物，即上届奥运冠军，包括美国的 400 米栏王摩西、神奇小子刘易斯；苏联排世界第一的跳远名将埃米扬；瑞典跳高名将世界纪录保持者舍贝利；堪称万米绝对第一的挪威老将克里斯蒂安森；日本马拉松名将中山竹；英国号称“王中王”的十项全能汤普森等。他们不是名落孙山就是早早被淘汰。而名列金牌总数第二的民主德国队，他们田径女将几乎在田径场上全军覆没。既然国际如此多的运动明星都逃脱不了“克拉克”现象，那么再回头看看中国的许海峰、李宁等中国名将的失利也就不会大惊小怪了。

在看待奥运会的成绩时，人们只注意到中国金牌的名次大大退后了，却没注意到美国。美国在上届奥运会排老大。这次汉城不仅输给俄罗斯，而且输给只有 1700 万人口的民主德国，当了“老三”。然而，美国人并没有指责和谩骂他们的体育代表团。更有一些诸如瑞典、澳大利亚、法国、意大利等在历届奥运会上从未进入第一军团（至少第二次世界大战以后的奥运会），但他们从来未遭遇到像国人对待中国代表团那样的不公。

汉城奥运会后不久，由新华通讯社体育部编辑了一本《更快更高更强》的小册子。其书前面刊载了由国际奥委会主席萨马兰奇的一篇序言，郑重表达了他对中国代表团成败的看法，现抄摘如下：

“1984 年，中华人民共和国奥林匹克委员会首次派出选手参加奥运会并取得了非同寻常的成功。此后在汉城举行的第 24 届奥运会对中国体育组织的负责人是一个极大的挑战。

“作为国际奥委会主席，我现在可以说中国已经成功地应付了这一挑战。对于这一点，人们也许会以奖牌数或一些有望夺牌选手的明显失误而加以反驳。但是，作为奥林匹克运动的负责人，我们主要希望通过诸如奥运会这样的比赛对整个代表团的总体成绩、选手发挥的水平以及最终对青少年选手的培养和成长有所认识。

“正是本着这样的标准，我可以说，中华人民共和国代表团在汉城给人留下了很深的印象，显示出你们的选手在许多项目中已经达到了极高的水准。对我来说，这一事实最为重要，因为它清楚地表明，体育在中国已广为发展、十分普及。将来的结果会很快地证明这一观点的正确性。在此，我谨向贵国所有的男女运动员致以最诚挚的祝贺，并向贵国的官员表达我的鼓励之情，希望他们继续富有成效地致力于中国的体育事业。”

看来，萨马兰对中国的评价更偏重于鼓励。但我们不妨也站到萨马兰奇的高度上来看一看中国体育界。也许，会产生一种有益的新启示。

在对汉城奥运会反思中，有人还提出这样的观点：按赛前预计我们至少在女排、举重、体操、射击和乒乓球项目上有拿金牌的绝对实力，但恰恰是这 5 个项目失利了（按实力乒乓少一块）。如果女排、何灼强、李宁、许海峰等不失误，如果把这 5 枚金牌全拿下来，中国金牌是 10 枚，超过罗马尼亚、法国、意大利与保加利亚并列第七，奖牌总数将为 33 枚，与韩国并列第六，总分也列为第七……

还有的提出，如果这次苏联、东欧等国家不参加结果会是怎样？后来国务院分管体育工作的李铁映同志问：“如果苏联、民主德国等国仍不参加的话，我们能拿多少奖牌？”得到的回答是：根据这届奥运会前 8 名成绩统计，扣除苏联、东欧诸国，仍按上一届参加国统计，中国的金牌是 17 枚，银牌是 18 枚，铜牌是 15 枚，这个成绩应超过了上届。可惜诸多的如果是不存在的，历史是不会有“如果的”。

令李梦华感到欣慰的是中国政府对于汉城的成败并没有指责，而是给予了客观积极的评价。当研究迎接体育代表团回国问题时，中央领导胡启立同志表示，按上一届的规格迎接。在总结奥运会工作时，国家领导人也作出了“基本反映了实力”的评价。

当然，有个别领导对代表团是不满意的，对李梦华也是不满意的。1986年中国在亚运会上取得全面胜利之后，一位领导人当着李梦华的面说：“再接再厉，你一直抓到1990年亚运会，争取更好的成绩”。在座的许多人都听到了这次鼓励。而1988年汉城奥运会之后，这位领导口气和态度都变了。1989年，李梦华已经67周岁。实事求是地讲，也到该退的年龄了。不久，中组部领导同志，正式通知李梦华：考虑到年龄已大，身体也不太好，中央决定让你离休。李梦华立即表示：应当！应当！其实，李梦华身体不是不好……如果汉城的成绩还像洛杉矶，那结果又会是怎样呢？人们不得而知。

1989年初冬，免职之后的李梦华难得去了一次颐和园。作家金汕和野夫写的《泪洒汉城》对此专门作了记述。标题为《免职后逛颐和园的李梦华》，经与梦华同志验证，情节基本属实，现摘录如下：

“颐和园永远不会冷落，哪怕寒气逼人的冬日。一位健壮的老者正在万寿山东麓的谐趣园散步，他看上去六十六七岁，却使人感到再过二十年也不会步履蹒跚。他参观得很仔细，时而在荷池旁凝神，时而在涵远堂驻足。看得出来，他的兴致并不太高，多少有点寄惆怅于山水之间的情绪。

“‘您……您是李梦华同志吧？’一位军人认出了他，走上前去与他搭讪。

授勋仪式上（由左到右：萨马兰奇、万里、李梦华、黄中、何振梁）

“李梦华客气地回答：‘是，是。’这也正是体育的威力，国务院各部委中，除去外交部长，大概很难有被老百姓认出的部长了。

“这位解放军说：‘从报上得知您已经不是体委主任了，是不是因为奥运会？您要想开些，多注意身体。’

“李梦华感激地点点头。……多少年了，还没有好好逛过颐和园。刚解放，他还不到30岁，作为一位民族解放事业的参与者，他是以何等欣喜和轻松的心情走进北京的啊。古都的风光连同自豪和喜悦留在他的记忆中了。他38岁就当上了国家体委副主任，成了国务院各部委中最年轻的副部级干部之一，繁忙的工作使他无暇顾及游山逛水。十年‘文革’背着‘修正主义分子’黑锅的他，哪里有心思上公园，让‘造反派’知道又是资产阶级的闲情逸致。改革开放十年，他身上担子更重，体育从来没有这样受上上下下的青睐，人们从来未曾对金牌有这样大的兴趣，他干得也从没有这样带劲。使他感到紧迫的是，他六十有余，重新走上工作岗位时，已是年在桑榆间，其心境大有‘鋆舟无须臾，引我不得住’之势。他不敢停留，拼命向“体育强国”既定目标跑去……

“揣度他的心境，说他有些难过，那有损他的形象；说他若无其事，那又不近人情。好在这毕竟不同于‘文革’中的下台。好在他对下台的下属挺有人情味。当年曾雪麟被迫辞职，他送去了‘要好好注意身体’的安慰。前几年邓若曾辞职，这位教练找上他的门时，他因听到的一些传闻而对邓若曾有些冷淡。当邓若曾把事情陈述清楚，他又变得热情，而且在某种场合有过‘纠偏’的语言。对别人不刻薄的人，也不会在此时招来多少怨恨。”

“在新主任接替老主任时，他愉快而认真地与新主任做好交接工作，新主任去老主任家拜访时，随行记者的评价是：‘李梦华笑得很真诚、很热情’……”

第十三章　中华武术的强力推手

武术，是中华民族得以繁衍昌盛下来的一个优秀传统体育健身项目。追溯其历史，源远流长；探究其内容，博大精深。武术，又是中华民族优秀的传统文化。它有着不可替代的自身价值，同时与社会科学、自然科学互相关联、互相渗透。古往今来，武术被国人誉为“国粹”“国宝”，且称之为“国之武魂”，为中华民族的生存与健康发展建立了不可磨灭的功绩。

在广袤的中华大地，武术像一颗硕大无朋的千年古松，深深地扎根在民间的沃土之中，深受中国百姓的喜爱。李梦华的老家河北平山，虽说不上是武术之乡，但李梦华的爷爷、父亲，包括其几个叔伯都喜欢武术，李家堪称武术之家。年幼的李梦华受到习武的熏陶，自然对武术有一种特殊的情感。

20 世纪 50 年代，负责全国体育训练、竞赛的李梦华，耳闻目睹了党和国家对武术的重视，老一辈无产阶级革命家毛泽东、朱德、刘少奇、陈毅、贺龙等对武术的继承和发展所作的重要指示，使他认识到开展武术运动的特殊意义。1956 年，在贺老总的指示下，李梦华草拟了《中华人民共和国运动竞赛制度暂行规定（草案)》，并很快以国家体委名义颁布。自此，武术被列为全国运动会表演项目定期举行，使武术作为体育竞赛项目迈开了新的一步。

1958 年 9 月 19 日中国武术协会在北京成立，李梦华当选主席。他一生曾担任多个体育单项主席，他认为这是最重要的主席之一。他说：“作为体育项目，武术在我们所有项目中仅占五十分之一，但我们要以百分之五十的精力去重视它。”李梦华怀着崇高的历史使命和强烈的责任感，兢兢业业、恪尽职守，像一匹驾辕之马，拉着满载复兴中国武术重负的大车，披荆斩棘，一往无前。从 50 年代初期到 60 年代中期的 17 年中，武术经过了恢复、发展、收缩、整顿，得到健康发展，取得显著成绩。

然而，在“文化大革命”那个黑白颠倒、红紫乱朱的年代，武术运动同体育的其他项目一样受到严重冲击。不少老武术工作者以及专家学者受到打击和迫害，许多人被打成“牛鬼蛇神”，有的被“群众专政”，有的含冤离世。大量的古老有价值的拳谱资料被毁掉，武术器械被收缴，训练、竞赛活动被停止。

所幸的是，1972 年，在周恩来总理亲自关怀下，武术同其他许多体育项目一起开始恢复。全国性的武术比赛和表演陆续开始举行。李梦华在党的“解放思想，实事求是”思想路线指引下，在国家体委党组的领导下，对武术工作呕心沥血，殚精竭虑，从整体规划到具体实施，从大会的总结到重要问题的处理，都身先士卒，亲历亲为。今日的中国武术，不仅是“百花齐放”，而且实现了“走出国门”，出现了前所未有的大好局面。其中李梦华的贡献，早已有人评说。

原中国武术协会秘书长赵双进在 2003 年《体育文化导刊》刊载的《对八十年代武术工作的回顾与思考》一文中写道：

“武术在‘文革’时期遭到的摧残与破坏不谓不严重，何以仅 20 年的工夫就走出低谷得以恢复发展而且成为历史上最好的时期呢？道理很简单，武术运动与我国其他事业一样，得益于拨乱反正以及解放思想、改革开放的正确思想路线。但是不可忽视的是，这与主管武术的领导机关和主管武术的领导者，在这历史转折的关头，审时度势地抓住时机作出正确的决断、采取得力举措大力推动分不开的。

“在 70 年代末到 90 年代初的整个 80 年代的十几年间，国家体委，尤其是时任一把手的李梦华同志，出于对保护民族文化遗产的高度责任心与紧迫感，费尽心机地从宏观与微观上都做了大量有益的、对武术恢复与发展有决定作用的工作。可以说李梦华同志是武术在中国大地复苏的总指挥，是今天武术大好局面的开拓者。”

如果将中华武术的恢复发展比喻为一台戏曲活剧，那么，李梦华则是这台威武雄壮活剧的总导演；如果将中华武术的发掘弘扬比喻为一台交响乐，那么，李梦华无疑是这台跌宕起伏的交响乐的总指挥。交响乐由三个乐章组成：《武苑惊蛰》《挖整行动》《走出国门》。人们静静欣赏，一定会被吸引、被感染，其中的事件、人物会让你记忆深刻，难以忘怀。

第一乐章：武苑惊蛰

1978 年，那是个思想动荡、翻天覆地的一年。肃清“四人帮”流毒、拨乱反正的任务十分繁重。由于复杂的政治环境和对武术认识等因素，在武术的清理整顿过程中，出现了片面讲究健身、表演而忽视技击实用的偏差。同时，受“四人帮”的迫害以及十多年“左”的政策压抑，武术界的强烈反弹犹如决堤洪水，喷涌而出，并通过多种渠道反映到党和国家的最高层，不断向主管这项事业的李梦华袭来。

这一年的 9 月 19 日，廖承志副委员长接见日本友好人士、日本少林拳法联盟创始人宗道臣，会见前与陪同接见的李梦华有一段对话：

廖：你们武术不如日本吧？

李：我们现在搞的主要是表演的东西。

廖：过去少林寺也是搞对抗的，你们现在的武术成了舞蹈了。太极拳也搞对抗的（廖做了一个推手的姿势），现在成了单人的东西了。

李：武术不能光搞表演的东西。

廖：都是你们体委给搞坏了。

……

事隔不足一个月，1978 年 10 月 4 日，国务院办公厅转来了一封前北京市武术协会主席李光、老太极拳家吴图南等四人上书邓小平的信。邓在信的抬头亲笔批示：“转国家体委研究。”信中控诉“四人帮”对北京武术界的迫害，批评国家体委在武术上搞“一家独霸”“一花独放”，压制开展技击的主张。当时的《人民来信摘报》专门摘发了信的内容。“四叟”的来信和“邓大人”的亲笔批示犹如一股飓风，推开了冷落多时的国家体委武术处的大门。

根据体委领导指示，武术处的赵双进等迅速对李光、吴图南等人进行家访。他们向体委领导报告访问实情的同时，提出了拟号令各地挖掘整理武术遗产、抢救武术和举办武术观摩交流大会等建议。根据这些建议，1979 年 1 月，国家体委下发了《关于发掘整理武术遗产的通知》，并决定于 1979 年 5 月在广西南宁举办首次全国武术观摩交流大会。

“摸着石头过河”是邓小平探索具有中国特色的社会主义的重要经验之一。面对纷繁复杂的武术复兴，李梦华同样是小心翼翼地在“蹚河”。他曾认为：武术是中国传统的民族色彩极其鲜明的体育，只能采取有中国特色的组织形式与运动形态来开展，不能照搬西方体育。建专业队、搞比赛虽然起到了一定作用，但实践证明不利继承发展武术遗产，而且造成民间武术与专业队伍的隔阂。他说："武术的问题，目前我们还没有摸清它，不要用其他项目的方法机械地搬到武术上去。"基于这一主张，他在 1980 年的体育工作会议上，提议全运会不设武术比赛，改成表演。不想，这给武术动的"小手术"竟然在全国引起轩然大波。

"竞赛是体育的杠杆"。体育没有比赛任务，省市的专业队就难以立足的。1980 年初，湖南、北京等地的 5 名武术教练员联名给国家体委王猛等领导上书，提出 6 条建议。其中第五条写道："……如果一个国家举行的大型运动会上没有本国的传统项目，光是围绕奥运会拿金牌的话，那就太不全面了，甚至有失国体，有失国内外的重望……第五届全运会上取消了武术，我们认为不符合国内外的需要。它造成的影响是很大的，不仅影响国内，而且影响海外。"

面对这些内外上下、历史和现时的压力，对李梦华来说犹如泰山压顶，如坐针毡。他愈发感到一种保存民族文化遗产的责任感与危机感。他清楚地意识到，武术问题已经到了刻不容缓、非解决不可的地步了。

1980 年 4 月 14 日至 23 日，李梦华亲自参加了在北京召开的部分武协委员和武术工作者的座谈会。李梦华认真听取了大家的意见后作了长篇发言。

他一上来就说："武术中存在的问题首先我要检讨。从前我是运动司长，现在当了副主任，分管武术，但我没有很好研究这方面的问题，产生的缺点，我是有责任的。武术要给定个性。它是体育中的一个项目，所以提倡开展。而它有特殊性，特殊在什么地方？这个项目是中华民族创造出来的独有的一种形式，是灿烂的民族体育项目，和篮球、足球不一样。我们不仅要遵循'普及与提高相结合'的方针，大力开展普及，又要贯彻对待民族文化遗产的方针，要百花齐放，推陈出新，要批判地继承。

"武术是文化遗产，但又不同于其他文化。文艺'推陈出新'，是指一种新的意识形态对旧的意识形态的突破。可武术是一种锻炼身体的形式，不代表某一种意识形态。太极拳有好多流派，绝不能说哪家是精华，哪家是糟粕；也不能说哪家先进，哪家落后，不存在取与去的问题。过去武术最大的问题是束缚性东西多，现在先搞表演，就是要百花齐放、百花争艳，看哪朵花开得更好。当前是要把花都放出来。

“武术要使不完备的完备，不科学的更科学起来，有些解释搞错了的是理论问题，不能用行政命令的方法去支持一个流派压另一个流派。要互相比较、互相学习，让多派都出来，形成更好的花。在这个意义上讲我赞成不搞比赛。让各门各派都上去表演，相互学习，取长补短，不是为表演而表演……”

最后，李梦华深情地说：“总的讲国家体委对武术是重视的，我们不能让武术在我们这一代失传。说严重一点，如果我们把武术搞没了，削弱了，那我们就成了中华民族的罪人。”

常言道：“横针不拈，竖线不动。”如今李梦华这根横针已经拈过，而下面的竖线却依然不动。对于李梦华的呼吁相关部门并没有给予支持和响应。时隔一年后，1981 年 6 月 12 日李梦华在一次会议上不得不再次大声呼吁：“武术应该放到日程上来了，再不抓就要犯严重错误！明年一定要开会。”

在这次会上，李梦华提出了 6 项工作，向主管武术的部门一口气提出了 10 项任务，包括武术的价值、基本概念、基本估计、发展方针、组织形式、工作方式、击技、气功、科研等。末了，李梦华最后说了一句：“这十个问题搞好了就开会。”

据赵双进回忆，李梦华这次讲话，等于给运动司下达了限期完成的死命令。他急切解决武术问题的心情由此可见了。可是，遗憾的是一年之后李梦华所提的问题仍然毫无进展。直到 1982 年 5 月 21 日，国家体委召开了专门讨论武术工作的办公会议。这是决策业务工作的最高级会议，李梦华亲自主持。会议听取了运动司司长李葳对筹备武术工作会议的汇报。李梦华说：“武术工作，现在到解决问题的时候了。你们（指运动司负责人）要拿出解决问题的具体建议，把问题排排队……”

就在这次会上，李梦华运筹帷幄，调兵遣将，直接把正在抓射箭的赵双进调去抓武术。

赵双进，哈尔滨人，40 多岁，正值壮年。他个头不高，方脸庞上，一双浓眉大眼，精明能干，思维清晰，做事雷厉风行。1949 年入华北大学，同年参加中国人民解放军，1959 年调国家体育运动委员会工作，1978 年任武术处副处长、处长。同时任中国武术协会秘书长。他在 1978 年“四叟上书”时，参与调查并提出了许多有价值的建议；1979 年春，组织对 12 省（区）市武术现状的调查了解，写出了很有分量的调研报告；后来又参与组织了在南宁举行的“全国武术观摩交流大会”等。这些活动受到各方的好评，赵双进也给李梦华留下深刻印象。

国家体委办公会议之后，赵双进立即投入了全国武术工作会议的筹备工作。1982 年 12 月 6 日至 12 日，是中国武术史上一个重要的日子。这一天，国家体委在北京召开了全国武术工作会议。这是近代武术史上的一件大事。出席会议的有各省、自治区、直辖市体委分管武术的领导，武术界知名人士、著名老拳师及基层武术工作者代表，相关部门代表，总共 364 人。会议开了 6 天，围绕着光大民族文化遗产、振兴武术、造福全人类这个大主题，集思广益，共谋大计。

12 月 9 日下午 4 时，党和国家领导人在人民大会堂接见了全体会议代表并合影留念，使这次会议达到了高潮。会议开得十分成功，反响很大。特别是饱经沧桑的武术老人们激动万分。有的以诗言志，有的发言慷慨激昂，有的当即献出了自己的著作。

会议期间，徐才作了题为“团结起来，共同奋斗，开创武术新局面”的大会讲话，李梦华作了总结发言。看到与会者的兴奋与激动，看到会议大获成功，多日愁眉不展的李梦华，脸上终于露出一丝难得的微笑。

这次会议是武术运动的历史转折点，犹如寒冬将尽，一声惊蛰的春雷，引发了武术的复苏。80 年代及至 90 年代初武术工作的累累建树无疑是这次会议结下硕果。1982 年的全国武术工作会议以它的历史功绩载入史册，这是李梦华对国家、对民族所作的贡献。

第二乐章：挖整行动

“挖整”，意即挖掘、整理。凡是散落在民间的物质的、非物质的各种遗产，如文物、民歌、医药、手工艺等等都有挖掘、整理的问题。武术的挖掘、整理，比较起来，可能更为深入、广泛、系统和复杂。

20 世纪 50 年代初，贺老总主持国家体委工作时曾提出发掘整理武术遗产，并成立了专门机构。那时的发掘整理只限于部分专业人员进行的学术研究，也获得了一些可贵的成果，由于历史的原因，它产生的影响和对武术的推动有限。粉碎“四人帮”之后，随着体育工作的全面恢复，1979 年初，国家体委开展了发掘整理武术遗产的工作，取得一定的成绩。但由于缺乏全面的规划和统一安排，这项工作在大部分地区未能动起来。已开展起来的地区也存在广度、深度等问题。

1979年上半年，武术处在全国调兵遣将组成了庞大调研组，兵分两路深入12个省市的城市与乡村，历时4个月，对武术状况进行调查后向体委领导汇报："民间武术内容丰富，基础深厚，但遭受'文革'的摧残和破坏十分严重，并面临着散失、外流以至失传的危险。应引起高度重视……建议抓紧对武术遗产进行发掘整理工作，对当地有影啊的拳种、流派的历史渊源、特点、套路、基本训练方法等应组织人员进行整理；对几个重点地区如'少林寺''武当山''陈家沟'等地的武术发展史组织人力进行考察。"

李梦华随同王猛等体委领导听取了汇报。特别是当听到少林寺"今后死一个和尚就丢一部分少林拳"时，李梦华被深深震撼了。为了弄清武术劫后余生的状况，他亲自出马，踏上了河南嵩山。

当李梦华一行人登上少室山五乳峰时，正值春分时节，举目望去，一片红褐色的寺庙在苍松翠柏之中，分外醒目。这就是著名的嵩山少林寺。少林寺始建于北魏年间，是菩提达摩首创禅宗的地方，被称为禅宗的祖庭，在中国佛教界享有极高的声誉。少林寺的寺僧精于习武，其独特的少林拳法为中国传统武术的瑰宝。

此时，兴致勃勃的李梦华不由得想起二十几年前，他第一次到少林寺的情景。那次他是根据贺老总的指示随同荣高棠同志一起去的。新中国成立后的少林寺已经回归到人民手中。由于一个接一个的政治运动，曾经旺盛的香火日渐冷落，热闹的习武也日趋废弛。调查返京后，他们向贺老总汇报到少林寺当年练功的一些遗迹和影响犹存，还俗的和尚回到群众中，成为开展武术活动的积极分子时，贺老总满意地笑了，并说："我们的许世友大将当年也在少林寺练过功，现在还身壮力大，手脚矫健呢!"

二十几年过去了，少林寺受到"文革"破坏的瘢痕随处可见，但在河南省和登封县领导的重视下，新复建的山门和平整漆黑的柏油马路已足让李梦华感到欣慰。这里自然要提到一个对少林寺复建和推广有很大贡献的人，他就是陪同李梦华调研的时任河南省体委主任的张耀庭。

张耀庭，河南人氏。70年代末就任登封县长、县委副书记，主持常务工作。他思想敏锐，很有超前意识。他从少林寺独特的历史地位和丰厚的武术资源，看到恢复和发展的重大意义。1978年年底，县文教局打报告说，少林寺没有香火，没有贡品，更无人捐助，僧人生活几乎陷于绝境，询问怎么办？张县长立即批示：在登封的地面上绝不能饿死人！马上拨款，每个僧人每月补贴26斤粮票、20元钱。解放初期划分成分时，这些僧人曾被划为地主。由于受极左思潮影响，张耀庭曾为此被审查，说他是“用人民的血汗养了一批地主分子，复辟‘四旧’”。但他不管不顾，为僧人发了一年多补贴，直到寺院渡过难关。寺院的主持和僧人称张耀庭为“救命恩人”，见面都是单腿跪拜。接着张耀庭在县财政并不宽裕的情况下，毅然拨出3万元组织人马重新修整了少林寺山门和从登封到五乳峰山脚下13公里的柏油马路。在国家文物局的支持下，艰难地修复了百衣殿墙上已被雨水冲刷损坏的壁画。

在80年代末，香港新联电影公司的编剧、导演拿着侨联办主任廖承志的亲笔信找到张耀庭，张耀庭热情地接待并亲自向他们讲述了“十三和尚救唐王”的故事，引起他们极大兴趣，当场拍板编写和拍摄武术电影《十三和尚救唐王》，就是后来扬名中外的《少林寺》。电影的武打主角李连杰也是在张耀庭的建议下由中国武术协会推荐的。

李梦华在张耀庭的全程陪同下，了解到许多情况。他们参观了整个寺院，会见了主持释行政，观看了僧人的武功演练，并详细询问了他们的生活状况。当李梦华看到偌大而冷落的寺庙里，只有13名僧人，演练的武功也只有寥寥几套，他的心里十分沉重。他对张耀庭讲：“少林寺的武术在全中国有很重要的地位，特别是两个著名拳种，一定要想办法把它保留下来。”在离开少林寺的路上，李梦华又一再叮嘱：“河南的武术资源极其丰厚，你可一定要把它抓好啊！”

后来，张耀庭没有辜负老领导的期望，在武术没有事业编制的情况下，他拿出体工队的10个编制名额，给陈式太极4个，给少林寺6个，保障了他们的传承。1992年，张耀庭被调到北京武术研究院任院长，同时担任中国武术协会的第六任主席，这都是后话。

从少林寺归来，李梦华深感中国武术博大精深的同时，一种抢救和保护民族文化遗产的危机感和紧迫感油然而生。因此他大声呼吁：“武术再不抓就要犯严重错误！”“挖掘整理武术遗产刻不容缓！”

在李梦华的督促之下，一场声势浩大的“挖整行动”开始启动。随着全国武术工作会议作出“挖掘传统武术，抢救武术文化遗产是当前的紧迫任务”的决定，国家体委成立了武术挖掘、整理领导小组，统一部署了全国武术挖掘、整理工作。

南昌，这座著名的红色都市，1927 年 8 月 1 日，中共前委书记周恩来及贺龙、叶挺、朱德、刘伯承等率领 3 万将士在这里发动了著名的“八一”南昌起义，竖起了共产党武装斗争的大旗，对国民党打响了武装斗争的第一枪。56 年后，1983 年 5 月 19—23 日，国家体委在这里召开了“全国挖掘、整理武术遗产工作会议”，部署了全面系统的武术挖掘、整理工作，打响了武术“挖整行动”第一枪。

南昌会议是武术挖整的誓师、动员大会。会上布置了《全国武术挖掘、整理工作计划》。提出了任务、措施的时间表。会后，一场大规模深入地挖掘整理武术的战斗在全国拉开了帷幕。全国动员了众多专职武术工作者和业余爱好者参与，他们天南地北，纵横东西，通过艰苦卓绝的普查，寻访了 14881 位拳师。

据《中国武术史》记载：“1983 年至 1986 年，在国家体委武术挖掘整理小组的统一部署下，在各级体委武术挖整组的积极参与下，动员了全国 8000 余名专职武术工作者和业余爱好者，耗资 100 多万元，开展了我国武术发展史上空前的‘普查武术家底、抢救武术文化遗产’工作。使武术挖整工作进入到浩荡炽热时期。经过 3 年的努力，初步查明流传各地的‘源流有序、拳理明晰、风格独特、自成体系’的拳种 129 个；各省、自治区、直辖市编写的各拳种理论、技术

1986 年 3 月 25 日，李梦华（前左二）参观武术挖掘整理成果展览

和传播、发展的典籍《拳械录》和《武术史志》等651万多字；录制70岁以上老拳师拳艺394.5小时。为收集保存武术文物、史料所开展的‘献拳经拳谱、献兵械实物、献功法技艺’的‘三献’活动，共收集了有关文献资料482本、古兵器392件、实物29件，丰富了武术文物资料库，为武术挖掘、整理、继承、提高、发展奠定了物质基础。不仅如此，三年的‘挖整’工作，还激发了广大武术工作者的积极性和爱国热情，培养了一支业务素质好、勇于为武术事业献身的队伍。这项工作，对武术事业的发展产生了重大而深远的影响。”

1986年3月，在北京故宫午门的东朝房举办了全国武术挖掘整理成果展览会。展示了三年的“挖整”成果。全国政协副主席程子华在李梦华的陪同下，兴致勃勃地参观了展览。会后国家体委副主任的徐才说：“我们的挖整工作以这样大的规模、这样统一的行动、这样浩浩荡荡的队伍、这样大的气魄来进行，我敢说这在中国历史上是第一个。这是新中国的创举，在历史上哪一个朝代都没有的。”新华社于4月7日发了一篇题为《中华武术甲天下，千年瑰宝今生辉》的电稿中说：“这一内容丰富的展览表明：我们无愧于祖先，武术遗产没有在这一代流失；我们无愧于后人，中华武术将在这一代发扬光大。它正以崭新的丰姿，跻身于世界体坛。”

三年“挖整行动”，是共和国拨乱反正、改革开放的盛世盛举，是在李梦华领导下中国武术界的一大壮举。三年来武术挖掘整理的成果无疑是巨大的，它在我国武术发展史上所起的作用和产生的影响是不可磨灭的。

第三乐章：走出国门

早在1960年，作为对外交流的友好使者，中国青年武术队随中国体育代表团赴捷克斯洛伐克参加该国第二届全运会“友谊晚会”的表演，揭开了武术对外交流的序幕。同年年底，中国武术队又随周恩来总理率领的访缅友好代表团赴缅甸做了巡回表演，受到缅甸人民的热烈欢迎，圆满地完成了对外交流任务。

进入70年代，随着中美关系正常化，中国武术代表团于1974年6月应邀出访了墨西哥、美国。美国总统尼克松在白宫接见了武术代表团全体成员并观看了武术表演。同年9月应日本邀请，中国少年武术代表团访日。此后国家多次组织武术团队出访表演，足迹遍及五大洲，既承担了人民外交的义务，又向世界传播了武术。

然而，这些仅仅是表演和交流。

国际奥林匹克运动有着起源于英国、美国、希腊等国家的数十个竞技项目，其中却没有一个是源于中国，这对曾经为世界文明有过卓越贡献的中国人来说，确实是一种无奈的尴尬和难以接受的现实。中国人有义务也有必要将自己的体育文明贡献给人类，使中国优秀的对人类身心健康有益的体育项目跻身于国际体坛之中。这始终是老一辈武术家梦寐以求的夙愿，也是李梦华一直努力奋斗的目标。

早在1982年的全国武术工作会议上，国家体委就提出："开展国际交流，积极稳步地向国外推广。当前，随着形势的发展，适当搞一些国际交流，派出一些武术团队和教练出国表演，传授或邀请国外人士来我国观摩武术大会，举办武术训练班。在条件成熟时，再考虑举办国际邀请赛或表演大会。"

前中国武术协会秘书长赵双进曾这样评价："这是一个顺潮流、合民意的官方表态。这几句富有弹性的语言，把出自群众心底的呼声变成了官方的决策、武术界的行动纲领和奋斗的目标，它大大地推动了武术跨出国门的步伐，使国人的心愿从舆论准备进入了组织实施。后来的事实证明，这是国家体委作出的具有划时代意义的决策，是继承与发展民族文化的一项载入史册的功绩。"

全国武术工作会议之后，武术管理部门将"武术走向世界"推上了实际工作日程。

1984年5月15日武术处起草并上报了《关于把武术推向世界的请示》。其中提出把武术推向世界的战略目标是：1984年10月举行关于把武术推向世界的座谈会。1985年举办国际武术表演大会。联络国外武术界人士筹建国际武术组织等。同年举办第一期国际武术骨干训练班；1987年建立起国际武术组织，形成一个有固定比赛制度的国际体育项目。

这是业务部门提出的关于把武术推向世界的第一个报告，得到李梦华主任、徐寅生副主任和担任中国武术协会副主席的徐才的赞同。这是将武术推向世界的具体实施方案。此后的推广武术走出国门的工作基本是按此报告框架施行的。

1984年10月，国家体委按照计划如期在武汉晴川饭店召开了《国际武术团体负责人座谈会》。出席会议的有法国、联邦德国、香港、意大利、日本、澳门、墨西哥、菲律宾、新加坡、瑞典、美国和泰国等十二个国家和地区部分武术组织的负责人。与会的代表一面参观中国的全国武术比赛，一面协商共议在世界范围内推动武术的大计。可以说这是一次国际武术界的群英会。

这次会议开得不仅十分生动活泼，而且有积极成果。据赵双进《回顾与随想》一文记述：

“在讨论如何有效地推动国际武术运动时，大家费了思索，一时找不到妥切的词句来表达共同的心意，真有点茶壶里煮饺子，肚子里有，嘴吐不出，七嘴八舌说不到点儿上。就在此时，我的同行新加坡国术总会秘书长——这位貌不惊人、不苟言笑颇有学士风度的陈敬贤先生，以其深厚的中华文化根基，操着略带福建乡音的南洋国语，一字一板地道：‘国际武术运动需要有个带头人，这个带头人，非中国莫属！国际武术运动怎样搞法？那就要以中国马首是瞻。’

“简明、准确地对这个既包含已往的经验，又涉及今后发展战略的大题目作了结论性的表述，博得众人叹服。诚然，以今日中国的国际威望和武术发源地之地位，当带头人诚属众望所归，责无旁贷，而充当武术发展的‘马首’，则不可等闲视之。我们将把世界武术运动引向何方?！敬贤老弟当年一语说得何其潇洒豪迈，可知今日我辈肩上担子是何等分量啊！文章将由后来人做喽！”

会议开到尾声时，各国和各地区代表形成了共识，并庄重地签署了《备忘录》，向全世界亮出了武术界团结起来的旗帜，发出了建立自己的组织——国际武术联合会的号召。

备忘录中提出：“武术不仅是中国民族文化遗产的一部分，也是世界人民的共同财富。武术运动的发展，应为世界体育的发展作贡献。为了促使武术在国际上的发展，应在可展望的将来成立国际武术组织……”

1985 年 1 月 29 日国家体委竞赛四司武术处趁着“晴川之会”的东风，很快提出了《关于建立国际武术组织的请示》。《请示》中对国际组织的名称、筹委会的组成、工作进度及人员、机构、经费等问题提出了具体建议。报告得到体委领导李梦华及何振梁、徐寅生、路金栋三位副主任的赞同。6 月 1 日国家体委会同外交部联名上报国务院，并获批准。

1985 年 8 月，在西安市举行的第一届国际武术邀请赛期间，由中国、英国、意大利、日本和新加坡 5 国代表组成的国际武术联合会筹备委员会在北京正式宣布成立。筹委会推举中国武术协会副主席徐才任筹委会主任，并确定筹委会秘书处设在北京。

在国际武联筹委会的推动下，各大洲的武术组织纷纷成立。

1985 年 11 月在意大利波伦亚市成立了欧洲武术协会。会员有英国、法国、西班牙、比利时、荷兰、瑞典、挪威、意大利等 8 个国家；同年 11 月又有爱尔兰、联邦德国、波兰、瑞士被接纳为会员国。

1986 年 11 月，南美武术功夫联合会在阿根廷成立，由阿根廷等 9 国组成。

1987 年 9 月 25 日，在日本横滨正式成立了亚洲武术联合会。会员包括中国、香港、泰国、菲律宾、尼泊尔、马来西亚、澳门、斯里兰卡、印度尼西亚等 11 个国家和地区。

1989 年，由扎伊尔牵头成立了有 7 国参加的非洲功夫联合会。

“十年生聚，十年教训”。经过多年的努力，终于在 1990 年 10 月 3 日，在中华人民共和国的首都北京郑重宣告一个由中国人牵头领导的、开展中国项目的“国际武术联合会”成立了。起初会员国有 38 个，后发展到 45 个。德高望重的李梦华被推选为主席，副主席为马来西亚林敬益、英国的雷蒙·史密斯，中国的张全德担任秘书长。

此前，亚洲武术联合会分别于 1987 年和 1989 年，先后举办了第 1、第 2 届亚洲武术锦标赛。在此基础上，通过艰苦的工作，终于得到亚洲奥林匹克理事会的认可，武术被列为北京第 11 届亚运会的正式比赛项目。

尤其令人兴奋的是，1991 年 10 月 12 日至 18 日有 35 个国家和地区 170 名运动员参加的第 1 届世界武术锦标赛成功地举办了。以现代体育的观点与标准来衡量，中国武术虽然尚未跨进奥林匹克大门，却是已实实在在地走出了国门，成了国际体坛中带有中国标记的一个古老的新成员，使几代人的梦想变成了现实。

为加强武术的开展和研究，适应武术走向世界的需求，国家体委于 1985 年成立了国家武术研究院。这也是李梦华多年以来为发展武术运动的一个战略思考。其中自然倾注着李梦华的许多心血。

武术走向世界是国内外武术界同道含辛茹苦、一砖一瓦共同筑造起来的。它有过一段既通达又艰辛的历程。这是今天中华民族对人类的又一个新贡献。是 80 年代武术工作新的里程碑。

在推动中国武术蓬勃发展的过程中，有一批推手，在这支队伍中有一位干将不能不提。他就是时任国家体委副主任、国家武术研究院院长的徐才。在 1982 年召开的中国武术协会会议上，徐才被补选为中国武术协会副主席，黄中退居二线后他又继任了主席。他曾分工主管体育宣传、科研等工作，兼任《体育报》社长。后由国家体委副主任改任纪检组长。他头脑清晰，擅长文字，作风严谨、朴实。特别是他对武术表现出非同一般的喜欢并对武术研究有很深的造诣。在李梦华主政期间，徐才一直是李梦华的得力助手。

“问渠哪得清如水，为有源头活水来”。从 80 年代初到 21 世纪的今天，中国武术发生了翻天覆地的变化。在人们为今天武术的成就欢欣鼓舞之时，指挥武术“三大战役”的李梦华所作的贡献也将永远被人们铭记。

第十四章 “土八路”的领导艺术与哲学思辨

荣高棠，这位资深望重的新中国体育开创者，与李梦华在共和国体育这块土地上，共同战斗了几十个春秋。荣高棠就读于中国赫赫有名的最高学府——清华大学。战争年代，一直在大城市从事学生运动和地下工作，特别是跟随周恩来在中共南方局工作，出入国共合作与斗争的一线，有着非凡的表达和外交能力。性格爽朗，气度超凡，举止潇洒、放逸，经常西装革履，能开汽车，驾摩托，打高尔夫，很是时尚。他性情活跃，能歌善舞，讲起话来京腔京韵，十分富有激情，被人称为“煽动家”。

相比自己这位师长和战友，李梦华显然“土”了许多。他生长在农民家庭，1938 年参加革命并加入中国共产党，直至 1949 年，一直钻山沟、越堑壕，青纱帐里打游击，是标准的“土八路”。新中国成立后，他进了重庆、北京大城市，当了高级干部，几十年却乡音依旧，一口浓重的冀北、晋南口音，有时甚至很难让人听懂。他性格内敛，不爱唱，不能舞，不愿动，喜欢静。他不修边幅，不拘小节，穿着也有些落伍，经常是一身中山装，有时还歪歪扭扭，将扣子扣错。

然而，这位只有初中文化程度、表面很“土”的“土八路”李梦华，却有着与众不同的思维和辨析能力。他胸襟开阔、心地坦白。那宽厚的胸怀和朴实作风，如同冀北平原的宽广无垠和太行山的清新淳朴。不像知识性领导那样高谈阔论、滔滔不绝，他讲话慢条斯理，音调不高，内容却层次分明，极富哲理；他不像一些位尊权重的人侃侃而谈，面面俱到，而是简练直白，一语中的。他讲话、办事从来不遮遮掩掩，而是缜密思考，慎重行事。他没有谬悠之说，不做表面文章，心存高远，脚踏实地。

李梦华看似很“土”，但观念一点儿也不保守。相反，他思想很解放，敢想、敢说、敢干，与时俱进，常常会闪现出睿智的思想火花，独辟蹊径，令人耳目一新。

50年代，到处都“以阶级斗争为纲”，以“政治”为中心。而李梦华则大胆地提出，训练方针应是“认真贯彻身体训练、技术训练和战术训练全面发展方针……”进而提出“以政治为统帅，以训练为中心，思想教育和技术训练、战术训练、身体训练相结合。”技术津贴，在今天几乎是贯穿于各行各业的普遍做法，而当时却无先例。早在1956年，在李梦华的建议下，国家体委就制定并颁布了《国家体委关于各级运动会奖励办法的暂行规定》。

六七十年代，是个“精神万能“的年代，只要提起钱，提起物质鼓励，立即会让人们产生种种误解。对增加技术补贴，首先就受到国家体委领导层的一些人的反对，他们认为这就是搞物质刺激。李梦华却鲜明提出“光有精神鼓励，不能当饭吃。物质利益和按劳分配也是马克思主义的基本原则，对此还要辩证地看”。

1984年洛杉矶奥运会前，为鼓励运动员出成绩，国家体委研究制定奖励方案。党组同意李梦华提出的给冠军奖励1万元（最后确定为8000元，下同）。体委有许多人感到惊讶，一位司长说：“梦华同志是不是疯了？”李梦华却认为，精神的作用是巨大的，但金钱的作用亦不可小视。他相信，在强调“为国争光”的前提下，“重奖之下必有勇夫”。奥运会后，时任党中央总书记的胡耀邦在一个关于“作曲家稿费”问题中批示：“这次洛杉矶奥运会我们定了一条，得金牌奖1万元。体育界先突破了，歌曲稿费是不是也可以突破一下呢？我觉得教育、卫生、体育、文化这几个部门，体育现在搞得比较好，体委的同志比较关心群众生活，奖金高一些。为什么体育能够上的较快，看来多少同这一点有关。”

20世纪80年代，对于体育赞助还是一个十分敏感的问题。著名足球教练曾雪麟讲述过女足的一件事。那是1988年，中国足协决定抓女足，却苦于经费不足。广州奇星制药厂找到时任中国足协主席的年维泗，提出愿意赞助共建女足。此时却有规定，国家队不能挂企业的牌子。在国家体委的委务会议上，此事引起激烈争论，李梦华力排众议表示：“我看这也不失为一种革命创举，可以试一试，好了可以继续干，不行也没有什么不好！用这笔钱把女足搞起来，何乐而不为呢？咱们先试一年。”事实证明，此做法效果很好，后来这个办法延续了很多年，为女足的崛起提供了强大动力。

谈起李梦华的哲学思辨，他与我党的一位高级干部颇有相似之处，这就是原天津市市长、后任政治局常委和全国政协主席的李瑞环同志。李瑞环是标准的工人家庭出身，50 年代是建筑公司青年突击队长。黝黑的脸上布满了褶子，有一种历史沧桑感，很容易令人联想起罗中立那幅著名油画《父亲》里的形象。李瑞环虽然只上过初中，但他自修了大专。他苦读了哲学、历史、文学及马列著作，具有很高的文化素养，讲起话来很有激情和思辨性，处理问题亦是识明智审，令人敬佩。

李瑞环常常出语惊人，而且极富哲理，耐人寻味。他提出的一些观点、警句令人豁然开朗，至今津津乐道。如对干部的要求，他讲："官不在大小，而在业绩与贡献。"关于发展，他说："关键是发展生产力。比方想多吃西瓜，就要研究改良品种，提高产量，不能光研究切西瓜。"关于调查研究，他说："重大问题只有调查研究，才会心里有底。不调查研究就同傻子过年看街坊，心里没底就只能当傻子。"关于务实，他说："空谈误国，实干兴邦。"关于民主，他说："如果只有一个人的脑袋发挥作用，只依靠一个人的智慧，没有不犯错误的。"关于领导艺术，他说："应弘扬'和为贵'的思想，提倡宽宏大度，体谅包容，和谐共存，协调并进……宽容一点、谅解一点、豁达一点、糊涂一点，能够吸得进、容得下、想得开……"这些精辟的论断，蕴含着丰富的哲学智慧和思想方法，体现了理论联系实际的良好作风，展示了辩证法的诱人魅力。

李瑞环向李梦华颁发奖章（前右一：徐寅生）

李梦华与李瑞环是志同道合的老朋友，同是河北老乡，出身也很相似。李梦华文化水平不高，他低调含蓄，为人朴实，穿着随意，不拘小节；在讲话、做事方面颇有李瑞环的风格。特别是运用哲学看待事物，分析问题，十分娴熟、老到。他们都是“明白人”，能明辨事理，把握做人。他们思想相投，如针芥之合、琥珀拾芥。上世纪80年代，李梦华出差天津必去拜会李瑞环，他们见面总要小酌几盅，把杯言欢，交流运用哲学心得，畅谈做人处事体会，常常一谈几个小时，真是“酒逢知己千杯少”！

任何一个高层领导，处理复杂问题，不仅要有知识和经验，而且需要智慧和方法。李梦华在长年的工作实践中展现的睿智和才能，让许多和他共事的人，深铭肺腑，受益匪浅。

如关于领导方面，他说：“一个领导是否成熟，关键在于失败时不气馁，能把大家的力量凝聚起来；胜利时队伍不散，不因胜利而陶醉。”

关于民主作风方面，他说：“要克服道听途说、先入为主，只听喜不听忧，只听与自己一致的意见不听反对意见的不良作风。说你好，不一定都好；说你不好，不一定都错。对的里面有不足之处，错的里面有合理的部分。”

关于调查研究方面，李梦华说：“那种遇事不调查研究，凭经验和印象办事，只能把事情办糟。只有向下深入实际，不唯上、不唯书，实事求是地全面分析形势和现状，才有可能作出正确判断。”

关于体育与政治问题，他说：“运动员为祖国荣誉而拼搏的精神是爱国主义、集体主义的思想反映。但不能把一场球的胜负直接、生硬地与政治联系起来，更不能说赢了就是爱国，输了就是卖国。把那种场上报复的粗野行为说是什么英雄主义是绝对错误的……影响胜负的因素很多，赛场戏剧性变化屡见不鲜，单纯以胜负论英雄是不全面的。”

关于武术的兼收并蓄问题，李梦华说：“武术有各种流派，你可以说自己的好，但不能说别人的不好”。他解释说，尺有所短，寸有所长。武术园中百花齐放，争相斗艳，互有特色，各有千秋，只有形色之别，没有好坏之分。你可以抬高自己，却不能贬低别人。

李梦华的这些具有真知灼见的精辟言论，真可谓跫响空谷，引人深思，启人智慧，发人深省。

逆向思维是对司空见惯、已成定式的事物反过来思考的一种思维方式。通过

"出奇"达到"制胜"。著名的"司马光砸缸"的故事就是一个逆向思维的典型案例。通常如果有人落水，常规思维是"救人离水"，而司马光面对险情，果断用石头把缸砸破，"让水离人"，救下小伙伴的生命。李梦华在处理一些问题时，常常会非常规思维，对一些特殊问题，"反其道而行之"，令人出其不意，别有所得。如对待缓与急的问题，李梦华说："急事要急办，但更要缓办"。他解释说："有些事看起来急，但做起来不能急。如果急忙判断，急忙下结论，仓促处理，往往忙中出错。只有缓下来，才能认真思考，弄清情况，作出正确判断，正确解决。"

这里还有一个"水到渠成"与"渠成水到"的故事。李梦华说："有时可以渠成水到，有时需要水到渠成。"

80 年代中期，为贯彻以奥运会为最高层次的竞技体育发展战略，重点发展奥运项目，在 1987 年第 6 届全运会以后，国家体委决定对举办全运会的时间进行调整，将原本 1991 年第 7 届全运会推迟至奥运会后的 1993 年，此后仍为四年一届。这样既有利于准备奥运，又有利于后备力量的调整，还不影响省市的准备，此为一石三鸟，可谓"渠成水到"。

但对于全运会的项目调整则并非如此简单。

为了进行资源合理配置，缩短战线，保证重点，国家体委有关部门提出尽快将全运会项目与奥运项目一致。不想，一石激起千层浪。遭到许多省市体委的反对。特别是一些非奥运项目比较强的单位。这个问题成为后来体工会的热门话题，争论不休。几年过去，仍迟迟统一不了。有不少人对李梦华提出质疑，但他讲："我们不仅要重视奥运战略，而且要重视全民体育战略。全运会是个指挥棒，通过它，我们不仅要把奥运项目抓起来，而且要满足广大群众对运动项目的多样化需求，让那些大众喜欢的、有民族传统的运动项目开展起来。因此我们不能草率地把那些非奥运项目拿掉。如武术、中国象棋、高尔夫、台球等，群众都喜欢，而且有不少人在参与，不能因为我们而使这些项目衰落，让队伍散掉。这关系到全国人民健康的大事，必须慎重。"李梦华还特别强调："我们处理问题一定要看主客观条件。主观思想不统一，条件不具备，而要硬干，那是左倾盲动主义；当客观条件具备，又不敢干，那就是右倾保守主义。"李梦华正是看到当时不具备条件，不能"渠成水到"，所以才压住全运会项目的改革。但他相信，一旦时机成熟，必然是水到渠成。

1992年小平同志南巡讲话后，给中国大地带来改革的春风。市场经济的建立，使中国的经济得到快速发展，全民健身的热潮滚滚而来，数年前原准备在全运会上撤销的一些非奥运项目以自身的价值取向，面向社会，面向市场，不依靠全运会也健康快速发展起来。正是在这个基础和条件下，李梦华的继任者伍绍祖于1994年7月才将这个提出数年的问题水到渠成地加以解决。

原国家体委竞技司司长、体育专职委员吴寿章讲了一个数年前他亲自经历、曾引起全社会关注的事情。

那是关于地方与军队争抢运动员的事。1983年10月第5届全国运动会在上海举办。在这次运动会上，曾为全国人口第二大省的山东，运动成绩不佳，落后于其他省市。由此引起祖籍为山东的时任国务院副总理万里的极大不满。他把山东体委负责人叫来，狠狠地训了一顿："你们号称山东大汉，山东大汉就这样？你们为什么把体育搞成这样？整个山东只有一个体育场，还是韩复榘时期修的！难道你们连个韩复榘都不如！"山东体委的负责同志一方面因工作没有做好而愧疚，一方面也因许多优秀运动员被解放军和其他省市挖走而感到委屈。他们痛定思痛，决心打翻身仗，提出积极的赶超措施；同时将一份关于全运会反思的报告送达国家体委。

六运会时李梦华（左二）与叶选平（左一）、万里（右二）留念

李梦华平时有个习惯，在办公室时，总爱双手背后，来回踱步，思考问题。有时坐在办公桌前，背靠椅子，两手往后脑勺一托，两脚搭在桌边，双目凝视着天花板，苦思冥想。这天，他正在为争抢体育人才问题目注心凝，思深忧远。秘书将某省体委的“报告”送达桌前。李梦华看到信上写道：“……我们省这次全运会成绩不好，有我们自身的原因，但与解放军和一些省市挖走我们的体育人才有着重要关系……”

往常李梦华看文件都十分仔细，有时对有的文件还要看好几遍才签署意见。但今天，他几乎没有看完，就抄起铅笔，在文件上的天头刷刷写了两个字：“活该!”接着，签上自己的名字：李梦华。特别是“活该”后面那个大大的惊叹号，让当时的秘书们惊呆了，他们面面相觑，不知所以。大家知道李主任平时讲话、办事都十分谨慎，特别是对地方的同志很客气。今天他为什么这样处理呢？事后人们才心悟神解。原来，李梦华认为，从主观上讲，你成绩不好，人才被挖走，只能怪你没有管好你的人；从全局讲，人才必须流动，不能搞地方封锁！你搞地方保护主义，不仅不能支持，而且必须旗帜鲜明地反对！由此看来，那份报告确实有些荒唐，难怪李梦华会批注“活该”二字！

当然，理虽是这个理，但问题还是需要去解决。

随着金牌意识的增强，地方和军队争夺体育人才的矛盾更加突出。军队通过做家长、基层教练工作，采取“征兵”的办法挖掘地方人才；而地方则用“户口限制”等办法千方百计加以阻挠。有意思的是虽然军队每年都大搞“拥政爱民”，地方每年也在开展“拥军优属”，但对体育人才的争抢却愈演愈烈。在一次全国体育会议上，某小省好不容易培养一位网球运动员，大赛前却被部队挖走，该省体委领导十分气愤，便在会上散发了“抗议信”，与会人员人手一份，闹得沸沸扬扬。而部队一位老同志则说：“我们征兵是光明正大的，参军是每个适龄青年必尽的义务。征兵是国家的大法，不要说运动员、教练，打起仗来，连你体委主任一块征!”

面对种种矛盾，李梦华有着清醒的认识：解放军是全运会的一个参赛单位，与各省区市有同等的权利、义务。但解放军又是一个特殊的单位，没有条件建立自己的体育人才后备基地，必须依靠地方输送。何况从历史上讲，解放军就曾为提高国家体育运动水平作出很大贡献，而且在今后将继续作出贡献。因此为部队提供体育后备力量，是地方义不容辞的责任。体育人才必须流动，问题是如何正确、有序地流动。李梦华想解决这个牵涉到军民关系、关乎国家社会安定的大问题，可惜时间没有给他这种机会。但他处理的原则和思路，为他的部下后来解决这个问题提供了一定的基础。

吴寿章，原是天津团市委副书记，后调任天津体委主任。他思维敏捷，灵心慧性，勤于钻研，勇于创新，有丰富的青年工作经验和扎实的文字功底。80年代中期李梦华到天津调研发现了这个人才，后通过时任天津市市长的李瑞环调到国家体委。在以后多年的工作中，吴寿章从李梦华身上学到很多东西。他说："梦华同志有很强的逻辑思维能力，看问题透彻深刻。他对体育工作的精通熟谙，对哲学、历史的通晓博识更使我无比钦佩。他的民主作风很值得钦佩，在汇报工作或个别交谈时，他总能耐心地听取意见，循循善诱，启发你独立思考，让你放手工作。……他是我最可敬仰的恩师，没有他，就没有我的今天。"正是李梦华的言传身教，使吴寿章那种善出点子、勇于解决矛盾的优势和能力得到进一步发扬。

进入20世纪90年代，李梦华已经离休。时任国家体委训练竞赛综合司司长的吴寿章继续啃着军地争夺体育人才矛盾的这块硬骨头。同时，市场经济的引入也为解决该问题提供了条件和可能。不久，吴寿章在充分调查研究的基础上，仔细分析了市场经济条件下的价值规律、供求规律及竞争规律，创造性地提出在全运会实行"两次计分"办法，即凡是代表解放军参赛的运动员，其成绩同时计入输送该运动员的省区市。徐寅生称赞说："此计一出，各方称好，其结果不但调动了地方的积极性，而且也彻底解决了解放军运动人才的来源问题。是一个充满智慧的双赢策略。"

几年后，当时被李梦华批评的山东省体委总结经验教训，狠抓后备人才培养，很快成为全国一流体育的大省。

东汉大史学家班固曾在评价河间献王刘德时说："……修学好古，实事求是。"在现代，实事求是不仅是一种求实学风，更是一种公正无私的高尚情怀和光明磊落、诚实正直的人格操守。坚持实事求是，敢讲真话，是一个共产党人优秀政治品德的体现。李梦华就是这样的共产党人。无论在会上、在会下他都是敢讲真话的人，从不讲那些官话、套话、空话。

20世纪80年代，强调干部革命化、年轻化、专业化、知识化。在体委系统，则出现了一些直接提拔运动员当领导的现象。对此，李梦华开宗明义地讲：

“干部还是一个台阶一个台阶上来比较好。爬得快些可以，但是要爬台阶。做全面领导，非有基础不行。在基层锻炼、工作两年会有很大好处。这样作决策就不会片面了。任何人缺乏基层的锻炼，就像毛主席说过的那副对联：‘墙上芦苇头重脚轻根底浅，山间竹笋咀尖皮厚腹中空。’”

在有关上级强调提拔使用干部不要论资排辈的问题上，李梦华也并未跟风，而是坚持实事求是，既能够不拘一格选人才，又不搞一味的年轻化。他认为有些地方、有些单位有自身的实际情况。在和平年代，干部的资历从某种意义上反映着个人的贡献。因为职位有限，物质待遇有限，老的不提可能就永远失去机会，年轻的则来日方长，因此在同等或相近条件下，还是要讲“论资排辈”。他的观点在有些人看来是有悖于上面的政策，但多数人心里明白，这是实实在在的道理，是明明白白的大实话！

实事求是是一种严肃认真的科学态度。坚持实事求是精神的人，懂得客观情况的复杂性和多变性，深知个人的视野、经验、知识和能力是有限的，所以能够虚心学习，不耻下问；同时敢于负责，通过自我反思及时发现和纠正错误。一般领导最常犯的错误是揽功诿过，李梦华从不这样，他对自己的责任和过失从不掩饰，总是开诚布公，勇于承担。《体育文化导刊》的编辑部主任古柏曾就汉城奥运会问题采访李梦华：

古：您对1988年汉城奥运会的失利怎么看？

李：汉城奥运会成绩不理想，主要是我们的工作没做好。这点主要责任在我。任何责任总要落实到一个人身上。如果说这件事情出了问题，责任是大家的，这不行。是大家的，也有一个主要责任和次要责任。说大家负责，结果大家都不负责。所以事情出了问题以后，在哪个环节上出问题，谁身上出问题，必须弄明确。那次奥运会没有人把责任推到我的身上，我也应该主动承认自己的责任，因为我是一把手。

在民主作风方面，了解李梦华的人都会异口同声地说，梦华是最善于倾听意见的人。80年代李梦华任一把手期间，人们常常可以在当时的国家体委东楼办公楼二楼会议室外，听到会议室内开会的争论声。参加过党组会的秘书们都有同感，体委召开党组会，讨论一些重大问题时，总有各种不同意见，而且争论很大。这时作为党组书记的李梦华常常是扮演一个反方角色，经常提出一些反面意见引起与会者的辩论。只有当大家把各种赞同的、反对的理由陈述完后，他才发表个人意见，最后根据多数人的意见作结论。如果一时定不下，就留下一次再议。他从不以一把手身份搞家长制、一言堂。

据时任党组成员的国家体委副主任张彩珍回忆，有一次为提拔一个女干部问题，引发了一场颇有意思的交锋。原来，有个单位的一、二把手已经都是女同志，要提个三把手，有关部门提出的候选人又是个女的，李梦华对此认为不妥，便当即反对："一个单位的领导，三个女的怎么行？"会上有人问："现在有没有一个单位三个领导都是男的？"李回答："当然有！"于是有人立即反问："为什么三个男的就行，三个女的怎么就不行？"李梦华笑着，痛快地放弃了个人意见，党组通过了女性第三把手的任命。

会后张彩珍分析，深明男女平等国法的李梦华同志历来重视提拔女干部，国家体委的女干部、女教练是不少的，更不用说屡创世界纪录、勇夺奥运冠军的女运动员比男的还多，形成了"龙凤呈祥凤先飞"的态势。这次会上李梦华为何有此插曲，一种可能是封建古国重男轻女的影响残存在潜意识，一闪念冒了出来；一种可能是善于逆向思维，反辨求证的习惯使然，引发在雄辩中求得真理，正确、公平地解决问题。

还有一次讨论区人大代表候选人名单，因有位代表在个人作风上有些问题，于是有些人提出：该人虽然业务比较尖，但屁股不干净，夹有尾巴！李梦华反问："谁屁股上不夹尾巴？"惹得大伙哈哈大笑起来。最后讨论结果暂且不论，

授勋仪式上（由左到右：张彩珍、李梦华、荣高棠，右二为萨马兰奇）

仅是这种平和而自由的讨论已足以让人感到一种宽松、民主的氛围。

为什么体委的党组会如此地活跃，根本原因是李梦华这个一把手，不仅不惧怕不同意见，而且鼓励人们讲出不同意见。他经常说："对不同意见，一定要敢听。作为一位领导，听不进不同意见是很悲哀的！如果连听都不敢听，还说什么民主？一把手对不同意见首先要愿意听，要敢听，至于听后可以采纳也可以不采纳，这是民主集中制决策的必要过程。"

李梦华求实的作风还表现在他独特的调研方式。为能广泛听取意见，平时他给自己规定每周必须下运动队 4 次的要求。他每次下基层调研，首先要对相关部门约法三章：一是先不听工作汇报，调研后再安排；二是不要现职领导干部陪同，要一般干部或离退休干部带路即可；三是不许圈定调研对象，由他自由选择。几天的调研，他几乎走遍所有下属单位，亲自与运动员、教练员和基层干部交流，询问他们的训练、比赛、学习、生活等情况，掌握了大量的第一手材料后，才在最后的汇报会上发表个人意见。自然，这些意见言之有物，深刻、中肯、生动，发人深省，有很强的针对性，让在座的干部群众十分敬佩。

为了能获得真实情况，及时倾听群众呼声，李梦华的办公室总是敞开的。担任过他的秘书的肖天、郭敏都十分感慨地回忆道：梦华同志经常叮嘱我们，凡是找上门来反映问题的，你们都不要挡驾。这是送上门来的意见，不要舍近求远。我有空，就安排他们谈，如我没空，请你们接待，或者另外约时间我与他们谈。

与此形成鲜明对照的是，一些单位领导，就怕有人上门反映情况。而在李梦华这里，人们可以看到，运动员、教练员、老体育工作者经常"光顾"他的办公室，虽说不上车水马龙，但却是人来人往，络绎不绝。

多数情况，上门来的是如实反映，但也有个别反映意见不实，甚至有搬弄是非之嫌，让秘书很有意见。对此，李梦华的态度一是认真听，二是不轻信，三是仔细鉴别，去伪存真。他对秘书说："具体问题具体分析，是马克思主义活的灵魂，是认识事物的基础，解决矛盾的关键。大千世界，纷繁复杂，所反映的问题对的里面有不足，错的里面有合理的部分，我们不能一概否定。"

他要求秘书们对下面反映的问题一定要仔细地听，要认真地分析。每当讨论问题前，他都要先听听身边工作人员的意见，征询他们的看法。在回答问题时，他总强调要讲真话，如果你一味迎合他，顺着他的话讲，他会反感的。相反，如果你从不同角度提出一些真实想法，即使质疑，他也会高兴。李梦华就是这样的一个人。

李梦华对干部的严格要求和细致的作风是十分有名的。越是级别高的干部，越是比较熟的身边工作人员，他要求越高。体委各司、局和直属单位的负责人，都要定期向他汇报工作，他不仅听得仔细，而且问得也很仔细。他思想跳跃，会不断产生想法，不断向汇报者提出各种问题。经常会出现汇报完一个问题，李梦华接着就提出第二个问题，对方回答完他又会提出第三个、第四个问题，常常使对方应接不暇；有时汇报者对情况还不如他清楚，他就不客气地说："是你当司长还是我当司长？"有时汇报者答不上来，他就自己回答和补充。经常让汇报者汗颜。

由此，人们发现了一个有趣的现象：每当汇报工作时，各司、局长都有些紧张，不得不提前做足功课。即使如此，他们在来到主任办公室时，仍然小心翼翼地、悄声地向秘书打听："主任今天要听什么汇报？你估计还会问些什么问题？"大家都说李主任平易近人，为什么有些高级干部对他却有些畏惧？细想起来，也不奇怪。因为这就是李梦华的风格。

1988年春，冈比亚总统访华。李梦华作为陪同团团长陪同客人到杭州访问。活动行程由外交部安排，日程丰富、紧凑，陪同翻译工作周密、严谨。一天饭后闲暇，时任秘书的肖天随李梦华散步，看到外交部同志的表现，肖天建议说："外交部同志的素质很高，体委如果能调几个这样的人才就好了。"李梦华当时没有反应。似乎没有听到，又似乎是无声的赞同。可隔了一会儿，只听他慢慢地说到："不错，从外面调几个人才，拿来就可以用，挺省事。"接着他又摇摇头说："但是，你考虑了没有，如果是新建单位，干部从四面八方调来没有问题，作为体委这样的老单位，如果净从外面调干部，会对体委内部干部队伍产生消极影响。还是要加强体委自身的干部培养，形成自己的干部梯队，这才是解决问题的根本办法。"一番犀利洞见的分析，让肖天心开目明，点头称是。

后来，在李梦华的提议下，专门召开党组会，作出"一般不从外单位选调干部"的决定。同时制定了加快培养年轻干部的规划。在一期期的干部培训班上，李梦华亲自为学员动员、讲课；在工作实践中，他言传身教，率先垂范。在干部培训工作中，他特别强调培养和考察干部解决问题的实际能力。他说："作为领导干部，要贯彻执行党的方针政策都没有错。问题是如何贯彻到实际中去，如何指导正确解决实际问题。如果不按党的原则自己胡来，必将犯错；如果对上面的精神机械照搬、照抄，那将一事无成。我们必须将原则性和灵活性结合起来，将矛盾的普遍性与特殊性结合起来，提出一些切合实际的措施，才能事业有成。"

数年后，一批批年轻有为的干部迅速成长起来，充实到体委各司、局和直属单位，为体育事业的改革发展发挥了重要作用。郭敏、蔡家东、盛志国等一大批年轻干部先后担任了司级领导。进入 21 世纪，于再清、段世杰、肖天、杨树安、冯建中等年轻优秀干部经过多个岗位锻炼，先后充实到部一级的领导岗位。在这些干部身上，无不凝聚着李梦华这位"师长"的心血。

李梦华"严"和"细"的工作作风，反映在方方面面。现任国家体育总局副局长的肖天讲了这样一件事情：

那是 1986 年 10 月，中国首次在亚运会上获得金牌第一。代表团回国后，党中央、国务院决定在北京人民大会堂举行庆功会，对国家体委有功人员进行表彰。杨尚昆、习仲勋、宋任穷、程子华等党和国家领导人及国务院负责同志将出席，并向有关有功人员颁奖。对一个行业这样隆重表彰，无疑是体育界莫大的荣耀。

李梦华亲自挂帅，指示办公厅等部门，要配合中办和国办把此项活动办得隆重、精彩、有序。开会的日子快到了。李梦华亲自检查落实情况。办公厅、机关党委等部门负责人将落实情况一一作了汇报。

时任办公厅主任的刘兴，60 年代曾整理徐寅生对中国女子乒乓球队的讲话记录，上报李梦华、贺老总后，才有了毛泽东的"小将们向我们挑战"的著名批示。70 年代末，刘担任荣高棠秘书，协助这位体育元老做了大量工作，1982 年调办公厅任主任。他组织能力很强，工作态度极其认真、负责，而且为人正直、谦和，是体育馆路上公认的好干部。刘兴细致的工作作风也是出了名的，然而令许多人未想到的是，李梦华竟比刘兴还要细致。

刘兴的汇报井井有条。从会场布置到主席台安排，从授奖人员到交通运输，周到细致，无可挑剔。

在汇报会即将结束时，李梦华忽然问：“除了授奖人员，还有哪些人参加?”

答：“有各司、局和直属单位的同志，运动员、教练员代表，还有各新闻单位。”

李：“票是怎么发的？谁来组织？”

答：“主要是机关党委组织，新闻单位由宣传司负责。”

李：“票是发了，但人会不会都去？我建议多发一些票，人多一些没关系，如果人坐不满就影响大会气氛了。”“多发些票，宁多勿少！一定要落实!”末了，李梦华又叮嘱了一句。

这天下午3时开会，李梦华1点多便提前来到会场。人大会堂的小礼堂，灯火炫目，金碧辉映。主席台上方，悬挂着“中国亚运代表团表彰大会”的会标，对面与之呼应的是“热烈欢迎中国亚运健儿凯旋”的横幅。红色的标语、红色的座椅，加上轻松的音乐，整个会场肃穆、欢快、热烈。李梦华认真检查着，特别是对主席台和上下通道尤为仔细。

在欢快的迎宾曲的乐声中，与会人员陆续入座了。党和国家领导人也陆续到齐。忽然，李梦华发现台下稀稀拉拉，有三分之一的座位是空的。最担心的事还是发生了。李梦华立即把刘兴找来，“怎么台下那么一点人？票都发出去了吗?”

刘：“都发出去了，可能机关有些人有事，没有来!”

李梦华十分恼火。但强压着，大声说道：“马上打电话通知各司局，不管手头有什么事，在家的统统都来，立刻通知车队派车去接!”

好在国家体委离大会堂车程不远，不一会儿，台下就坐满了。此前主席台就座的人一直在贵宾休息室热衷于议论亚运会的赛事，拖延几分钟并未在意。结果，表彰会组织得有条不紊，气氛相当热烈。此时的李梦华才轻轻地松了一口气。

会散了，人走了。一向态度和善的李梦华顿时脾气大发。他对组织会议的负责人狠狠地批评说：“我不是早就向你们交代清楚了吗？这是党中央、国务院专门表彰体育战线的庆功会，一定要重视，要组织好，气氛要热烈，台下与会者要宁多勿少！可你们还是考虑不细，认为发了票就万事大吉，搞得这样被动！究竟是哪个环节出了问题？你要好好检查!”

这位负责同志一声不吭。他心里委屈，组织观众是由另外一个部门分工负责。但他只能听任主任的批评，代人受过。谁让他是总负责呢?

时隔多年，人们对李梦华的这次发火仍然难以忘怀。一个共和国的部长，工作能细到如此程度，实在为数不多。也许有人会说，一个部委的一把手，事无巨细，会不会抓了芝麻丢了西瓜?但李梦华认为，没有涓涓细流就没有大海。作为一把手要分清工作中的主次矛盾，有时候大与小都是相对的，是可以互相转化的。这就是李梦华的领导艺术，这就是他的辩证法!

李梦华的领导艺术，没有离开中国传统，始终深怀一颗与群众紧密相连的朴质之心；他没有离开党的实事求是的思想路线，始终保持理论联系实际的作风。

李梦华的领导艺术，充满着朴素的哲学思辨和睿智，蕴涵着劳动人民的勤劳和智慧。它不仅是李梦华个人勤奋努力和长期实践的结晶，而且是体育战线宝贵的财富和遗产，将使人们深受启迪，终身受益。

第十五章　梦华是好人

一位作家在一本反映汉城奥运会的书中，曾提到在宣布对李梦华免职的消息时说：“竟有人难过地哭了，哭的人也并不是因为受到他的什么恩惠。许多人评价：‘梦华是个好人。’”

“梦华是好人”，这是对一个人最简单、最朴素的评价。历史的长河冲淡了人们的记忆，李梦华并没有在意人们对他离职的反映，如今也没有必要再去考证当时是不是有人难过地哭了？但可以肯定，“梦华是好人”这句最普通的话语，概括了李梦华的作风、为人，体现了他的人格和品行。

“好人”，就是厚道。老子说：“大丈夫居其厚，不居其薄；居其实，不居其华。”厚道就是“忠厚之道”，它包含着诚实、善良、豁达、感恩、直率、助人为乐、爱憎分明的品质，浓缩了几千年来人类的精神美。“李梦华是好人”，其最核心的就是讲他和善、纯真与朴实。

在父辈的影响教育下，李梦华从小就懂得帮助人。他的爷爷过去在家门口总摆着茶壶，除了自己喝，全村和过路人都喝过。他母亲看到讨饭的，总要留住，给他们吃的，有时索性叫到家里去吃。李梦华说过：“我这一辈子能帮助别人，我一定尽力去帮助。”

李梦华长期与运动队相处，十分了解运动员所付出的艰辛，因此对他们分外关心和关注。他平时出差，每到一处，都要看望一些老运动员和教练。一次，到成都开会，利用休会，他同秘书走访了原四川女排的王德芬。王德芬曾是四川女排的队长，训练比赛都十分拼命，退役后由于运动创伤，双腿病变，行动十分困难。当时她住在体委一座五层老式楼房，对于拄着双拐的她上下十分不便。当李梦华一行一级一级爬到五层时已经气喘吁吁。老主任的突然造访，让拄着双拐的王德芬又惊又喜。在慌乱中，她忙不迭地端茶递水，还拿出水果罐头，由于激动半天也打不开。看到拄着双拐的王德芬和简陋、狭小的房间，李梦华的表情十分沉重。他转身对陪同的省体委主任说："他们都为国家的体育事业作出了很大贡献，即使有困难，也一定要安排好他们的生活！"李梦华的几句话，顿时让这位在赛场上从不服输的"铁姑娘"，泪流满面，秘书等陪同人员也是热泪盈眶。随后，省体委的领导很快解决了王德芬的住房困难。

原中国女篮队长宋晓波曾对记者说："李主任对我也像慈父一样关怀。当我作出退役决定时，李主任亲自找我谈话，这可不是每个运动员都能享受的'待遇'。李主任当时希望我能再打一段时间，征求我有没有当队员兼教练的可能性。我很坦诚地谈了我的想法，决定退役当教练。李主任并没有强求我，而是很尊重我的选择。在教练的岗位上工作几年后，我又决定去澳洲深造。李主任再次找我谈话，那一次我们都很交心。李主任希望我学成以后回国报效，我也表示会认真考虑自己的未来。后来我回到国内，李主任已经离休了，但当我们在一些场合相遇时，他仍然非常关心我，而我也一直对他抱着一颗感恩的心。"

在李梦华家简洁的客厅里，放在一张红木桌上的一块精心包装的乒乓球拍十分引人注目。拍柄上缠着红丝带，木本色的拍面上写着稍大的一行字："敬爱的李梦华主任，我们想念您！"字的周围，有历届中国乒乓球世界冠军密密麻麻的各种字体的签名：徐寅生、李富荣、张燮林、邱钟惠、林惠卿、郑敏之、蔡振华……

签满名字的小小球拍，凝聚着几代乒乓国手对李梦华的感激之情，同时向人们讲述着李梦华对乒乓运动员的关爱之心。从 20 世纪五六十年代在乒乓队蹲点，到七八十年代率队参加国际比赛；从在任时的具体工作布置，到离休后赋闲在家的关切，几乎处处可以体味到老主任对乒乓运动的牵挂。

许多受恩于李梦华的运动员、教练员都忘不了老主任的好处；而李梦华则对许多运动员、教练员为国争光、作出的贡献更念念不忘，挂记在心。

那是在李梦华离休以后，2002 年 12 月的一天，中国乒协为了表彰荣高棠、李梦华等为中国乒乓球事业作出的突出贡献，专门为他们颁发了中国乒乓最高荣誉奖章。在那天的庆功宴会上，众人频频举杯向他们庆贺和感谢。李梦华则说："应该感谢的是你们，是你们的努力拼搏，为祖国争得了荣誉。"说完，他端起酒杯，特意走向一位身材高大的中年男子身边。这位男子正是曾培养过多名乒乓国手的教练郗恩庭。

郗恩庭，河北人。1.83 米的个头，虎背熊腰，是一个勇于挑重担的汉子，人称“大郗”。20 世纪 70 年代曾是世乒赛男单冠军、中国乒乓男队主力之一。他不仅在技术上有很高水平，而且在管理调教、调动队员积极性方面也很有一套，后来做教练，先后培养出陈龙灿、韦晴光、惠军、陈静、李惠芬等多名优秀选手。李梦华走到郗恩庭面前，端起酒杯向他说道：“大郗，咱们俩真是有缘分啊！”对老主任一向毕恭毕敬的郗恩庭，此刻一时摸不着头脑。只听李梦华继续说道：“一是咱们都是河北老乡；二是在几次最困难的时刻，都是你帮助了我，帮助了我们国家，我要谢谢你啊！”接着便提起了第 32 届世乒赛和第 24 届奥运会。

1973 年第 32 届世乒赛，中国乒乓队正处于青黄不接。担任男子团体赛的 5 位选手，都有情况：曾经实力不凡的梁戈亮已经今非昔比；许绍发首次参赛，表现难估；刁文元刚从陪打转为正式选手；郗恩庭改用反贴球拍，效果难料；李景光已成众矢之的，暴露无遗。总之，用当时主教练徐寅生的话说是“5 个人都有难处”。果然“打江山容易保江山难”。上届的男团冠军中国队终于失守。接着，女团考比伦杯也被韩国队捧走。下面是众人瞩目的男单比赛，不想打到前 8 名的选手中，中国竟只剩下郗恩庭一人，也是亚洲仅存的选手。身为中国代表团团长的李梦华十分焦急。出人意料的是，胆大、心细的郗恩庭在欧洲军团的重重包围下，采用“鸵鸟策略”，不管前面赢了谁，也不管后面会碰到谁，只管埋头面对眼前局面拼命打，结果连闯 7 关，硬是为中国队拿下了男单冠军，才使李梦华松了一口气。

李梦华（左三）在第 32 届世乒赛的酒会上（左一：郗恩庭）

真是无巧不成书。在 15 年后的第 24 届汉城奥运会上，再次出现了类似情况。中国代表团在极为艰难的条件下，又是时任乒乓女队教练的郗恩庭带领自己的弟子陈静夺得女单冠军，经郗恩庭一手带出的陈龙灿、韦晴光夺下男双冠军，为中国夺得乒乓 4 项比赛中的两枚金牌，占到整个中国军团金牌的五分之二。难怪李梦华牢牢地记住了郗恩庭。大郗一直认为那两次也没有什么，只是自己的运气好，事后他已经不记得了。可是没有想到老主任却一直记在心上，而且亲自感谢他，与他干杯，着实令他感动。提起这件事，郗恩庭便会说："老主任为我们运动员做的事太多了，他却不记得，而运动员作出的贡献却总挂在他的心头，实在让人敬佩。梦华主任是好人，是个大好人!"

人们总说，李梦华有一颗菩萨心肠，他为人处事，常常设身处地，总为别人着想。"文革"后期，体育事业走上轨道，恢复训练急需大量人才。有一次体操队看上一位外地教练，非常想调到北京，但其爱人因专业不对口，不能同时调进北京。李梦华就说服队里放弃了调人的想法。而队里有一位主力教练，其爱人是上海芭蕾舞团的尖子，芭蕾舞团为了照顾他们的夫妻生活，几次来函要求将男方调回上海，体操队却一直扣住不放。李梦华听到后，对队里干部说：这种事情，我们不能光顾自己，不能因为我们去耽误了人家。不久，长期分居的"牛郎织女"高高兴兴地在上海团聚了。

20 世纪 60 年代，中国女篮姑娘中有一位著名的后卫，她在场上勇猛顽强，技术高超，不仅受到教练和观众的喜欢，同样得到李梦华的喜欢。然而，由于年轻，在政治风云中一度犯错误。根据她的表现，有关部门要把她定为"三种人"。李梦华对此表示了自己观点：这是关系到一个人的政治生命。在教育上，要多做工作，但是组织处理上，一定要慎重。可宽可严，要尽可能宽；可定可不定的，尽可能不定。这不仅是对他们本人，更要考虑到他们子孙后代。为了教育她，李梦华专门找她谈话，要求她"多听、少说、不说"。后来，按照她本人的意愿，为她安排了工作。

80 年代中期，有一位曾破世界纪录的著名运动员，后来被提拔为地方体委的负责人，其孩子在国家体委训练局田径队训练，因偷东西，被派出所拘留。后来这位孩子的父亲专门找李梦华。李梦华为此找有关部门说，孩子小，又是初犯，他今后人生的路还很长，应该给他一个机会，我们还是要以治病救人为主，不要害了他……

李梦华不仅为人正直、善良，而且谦逊谨慎，做人低调。新中国成立之初他就同胡耀邦一起做青年团工作。五六十年代经常有联系。“文革”中，胡耀邦遭到批判、流放，家里也受到冲击，李梦华家距胡家很近，李梦华夫妇和胡家关系很好，那时经常去看他们。但胡耀邦当中央领导后，李梦华就再也没有去过胡家。他认为，胡耀邦很忙，不应该去打扰。

荣高棠是新中国体育元老，但一直是国家体委副主任，李梦华 1960 年就是副部级了，但一直对荣十分尊重。1981 年李梦华提升为国家体委一把手，正部级，而荣高棠则退居二线当正部级顾问。此后，李梦华对荣高棠更加尊重，每次他们出席活动，他总是走在荣的后面，排位也总是让荣在前面，在宣传上，多是让荣出面，自己却很低调。他还专门叮嘱秘书和办事人员，一定要照顾和安排好老领导。

1994 年，中国体育代表团参加广岛亚运会载誉归来。当时李梦华已离休。这天他接到通知，同国家体委的领导一起去首都机场迎接为国争光的亚运健儿。机场草坪，红旗猎猎，当代表团成员缓缓走下飞机舷梯时，迎接的人们手捧鲜花，在中央领导和体委领导的率领下，簇拥而上。李梦华远远地站在普通群众之中，看到那些凯旋的运动健儿，心里一阵激动。他不停地鼓掌，为他们感到骄傲。接着，在贵宾室要同健儿们合影、接受记者采访，可是在这个热闹的场合，却没有见到李梦华的身影。后来从他的日记中人们才发现，他悄悄地叫上司机一个人从旁门离开了。这也许是工作人员对这位中国奥委会主席的疏忽，但我们更相信是李梦华主动所为。他认为表达了自己的心意就行了，不要喧宾夺主。

对于李梦华的平易近人，在《泪洒汉城》一书中有这样一段描写：“他（李梦华）刚上任副主任时，一身布衣，神色和目光又无傲视之处，常引起误会。有次他下乒乓球队，站在墙角看训练，一位裁判说：‘嘿，老师傅，灯太暗，去外面把灯开开。’李梦华跑过去扳电开关，回来又站在原处，若无其事。另一位教练，对指使李梦华的裁判说：‘你怎么搞的？把新上任的国家体委副主任当工友使唤？’那位裁判不好意思地吐了吐舌头。”

前几年著名田径教练黄健写了一本书，叫《挑战高度》，其中有关于他与李梦华的一段文字，现摘录如下：

“李梦华同志和国家体委其他一些老领导很了解我这个行为有点古怪的人，李梦华同志来我家做客时说道，他很喜欢我的直爽性格，说我从来不会迎合领导，也不会利用自己的关系去谋私利。对我来说，我也很喜欢那些久经考验的老领导，他们身上有许多出自人民的东西——率真的见解、充沛的精力、平易近人以及简朴的生活，还有恰当而略有些粗鲁的幽默。

“李梦华同志的突出特点是谦虚、善良和朴实，他要比体委其他的一些领导同志更为深入群众，他经常在他俭朴的办公室里，召集各个体育项目的教练员不拘形式地随便交谈，因此他非常了解我们在训练中遇到的各种不同观点和要求，他在自己的报告和指示中吸收了不少我们在交谈中有益的见解。每个星期我们都能看到身穿蓝布制服、黑布鞋的朴素身影出现在田径场、体操房或乒乓球、篮球的训练场地。每个教练员或运动员都能无拘束地与李梦华同志交谈或提出要求。李梦华同志对我个人也是关心的。‘文革’中，他的‘罪行’是包庇了我这个‘资产阶级反动专家’，许多大字报中都批判了他这样的佳句：‘我们现在不是有十个百个黄健，所以要珍惜他而不是攻击他！’”

黄健从小在苏联长大，大学毕业后在中国驻苏大使馆做过翻译，由于工作需要被调到国家体委担任田径教练，培养出多名优秀运动员，其中打破世界纪录的郑凤荣就是她的高徒。尽管黄健的中国话讲得不好，但他率直、执著，敢于发表不同意见，结果在反右派斗争中，被定为右派对象。就在要确定名单时，李梦华连忙找到主管“反右运动”的蔡树藩副主任，争辩说：“黄健是个难得的人才，如果你们有十个黄健、百个黄健，定一两个右派影响不大，现在只有一个黄健，定了还怎么用？何况他绝不是反党反社会主义的右派分子！”通过他多次做工作，终于把黄健从右派的名单上拉了下来。后来黄健也不负众望，又培养出了打破世界纪录的倪志钦等，为国家田径事业作出很大贡献。

“文革”后期，为了尽快组织队伍，恢复训练，时任训练局局长的李梦华了解了比较有名的教练员去向，并要求凡是能找到的都要尽快调回。在有关部门的努力下，很快就调回了多名技术骨干。但对一位姓黄的教练，体操队领导产生了不同意见，原因是他父亲是国民党，母亲是右派，弟弟因偷渡国外淹死，而本人在“文革”中又犯有错误。李梦华听完汇报后说：“家里人的表现与他有什么关系？他本人年轻犯点错误改了就好，只要我们工作需要，就可以调他！”只是后来因该人出国了才未调成。但此事足以看出梦华同志的爱才之心。

作为一个领导者，李梦华有着体贴下情和平易近人的优良品格；作为一个普通的公民，李梦华又有着心胸开阔，以德报怨的美德。在体育馆路一条街，许多人都知道，李梦华的耳朵不好，是在“文革”中被一个年轻运动员打的。后来李梦华不仅没有查处而且让他做了一个项目的负责人。对此有些人说李梦华是“东郭先生”。后来传到时任中共中央总书记胡耀邦那里，胡立即说道：“这个东郭先生好啊!”。那位后来在训练竞赛作出很多贡献的同志，对李梦华十分感激。

庄则栋，曾是我国著名乒乓运动员，在世界乒乓球锦标赛上为中国夺得很大荣誉。但在“文革”中犯了错误，受“四人帮”指使整过不少领导干部，包括李梦华。20世纪80年代初，庄则栋被处分到山西。一次，李梦华出差到太原，尽管日程安排很紧，看运动员训练，视察学校体育，召开县市体委座谈会，会见省市领导……但他听说庄则栋就在当地体校接受改造时，便要秘书安排了与其约见。

这天，李梦华正在与山西省领导谈话，庄则栋早早来到宾馆等候。只见他原来浓浓的黑发有些已经脱落，浓眉下那双本来炯炯有神的眼睛也显得暗淡无光。李梦华看到有些拘谨的庄则栋，连忙让他坐下，并关心地问起他的情况。面对自己曾经整过的老领导，庄则栋尴尬地说：“李主任，打乒乓球我是大学生水平，搞政治我只是小学生水平。我将来再也不搞政治了。”李梦华笑了笑，安慰他说：“你对我们的乒乓事业是作出很大贡献的。你现在还年轻，要好好学习，接受教训，将来要继续工作，为人民和国家继续作贡献。”一席话，说得庄则栋又兴奋，又感激。

不久，庄则栋的姐姐要从美国回来探亲。他找到李梦华说，我姐姐要见我，但她在海外，也算海外华侨，见面时我没有像样的衣服穿，对外影响可能不好。李梦华听后，立即作为特殊问题批了800元的置装费，并让有关部门为他解决好。就是那一次，李梦华还专门接见了庄则栋姐弟俩，令他们十分感动。

明朝嘉靖年间的郭允礼曾说：“吏不畏吾严而畏吾廉，民不服吾能而服吾公。公则民不敢慢，廉则吏不敢欺。公生明，廉生威。”李梦华正是以自己的清廉正直，赢得体委干部群众的信服，赢得“好人”的美名。

李梦华一贯生活简朴，清正廉洁。新中国成立之初，他在中央团校管总务，基建、施工都属于他管。1953年“三反”运动中，有许多人因贪污腐败成为“老虎”，他手下的一个副处长就因经济问题被关了起来。此时李梦华已调到西南工作，西南的组织部门到他曾管理的工程单位调查，不仅没有查出贪污腐败问题，而且在调查回函中对李的公私分明的作风大加赞扬，说“甚至没有因私用过公家的一个信封”。

80年代身为体育事业的最高领导，李梦华数次出国。每次回来，他带回的都是一些小玩意。夫人说，几次出去凑起来也能买一件大的东西啊！可结果还是那样，后来他说把零花钱给别人用了。难怪多次与他出国的外交部的钱大镛说：“梦华真是一身正气，两袖清风啊！”

和李梦华接触过的人都知道，因为他参加革命早，资格比较老，新中国成立之初，组织上按资历给他定的级别比较高，他坚决不干，主动提出降两级。他认为自己年轻，应该照顾年纪较大的同志。最后组织部门被他说服。80年代初，干部提薪提级，国务院给国家体委部级两个名额。“戴帽”一个给徐寅生，一个给李梦华。李下班回到家，夫人问：“听说要调级，有你吗?”李回答：“有。”夫人听后非常高兴。可是李接着说：“是有我，但我让给陈先了。”陈时任国家体委副主任，也是老干部，当时级别比李低。夫人不高兴地说：“你也就比他高一级，再看看咱家这么重的负担……”“我们虽说困难，但别人也不富裕，再说，把名额让给别人，更能调动别人的积极性。”李梦华当即耐心地说服了自己的爱人，事后还显得很高兴。

西方有句名言：“上帝让你成为好孩子，就是对你的最高奖赏。”“梦华是好人”，这个最朴实的评价，从某种意义上说，就是对李梦华为人做事的一种最高褒奖。对此，无论是运动员还是体育工作者都会有切实的感受。

有一次，李梦华和老伴去颐和园散步，忽然碰到一位中年妇女，当认出面前是当年的老主任李梦华时，十分激动，说她是原四川老女排的。并邀请他们去四川时一定去她那儿看看。后来李梦华去四川参加老年体协会议，住在四川体委的宾馆，经理正是那位老女排。她不仅请李梦华夫妇吃饭，而且每天都往房间送水果，分外热情。牟淑贞问她为什么对他们这么好？那位经理说，她当年17岁到国家女排集训，周日，别的队员都上街的上街，走亲戚的走亲戚，唯独她一人无处可去，只好呆在房间，这时一位领导来到宿舍与她聊了一会儿天。从此她发现，每周日队里都安排娱乐活动。后来，才知道那位领导就是李梦华，是他批评了队领导，一定要关心她们这些年轻在京无亲友的队员。从此她记住了李梦华。

还有一次，李梦华夫妇去南方参加活动。在机场候机时，一位走路不太利索的中年男子，走到他们面前说，你是李主任吧！您不记得我，我却一直记着您。我原来是自行车运动员，由于在训练中受伤，是在您的直接关心下，才安上了假肢。说着，还抬起腿，走了几步，让他们看，那种感激之情溢于言表。

后来李梦华患病住院，经常有一批接一批的运动员、教练去探望，他们每次去都会带许多礼物，而且对李梦华极为热情。梦华夫人总说，你们对梦华太好了！而他们总会说，我们对李主任再好，也报答不了李主任对我们的好啊！因为他们大多数都是受过李梦华的恩惠。是李梦华帮助他们解决了运动伤病问题、家庭困难问题、离开运动队后的就业等问题……

2003 年 3 月，全国老年体育工作会议在重庆召开。曾任安徽省体委主任、时任重庆市委书记的汪洋同志，专门看望了李梦华、张彩珍等老领导。在会议室里，这位当年的省体委主任十分虔诚而郑重地交给李梦华一本纪念册。李梦华打开后感到十分意外：原来这是专门为他印制的纪念册。大 32 开的封面，逐渐淡去的绿色背景中，几个鲜红的大字跃入他的眼帘：《青春的记忆》。扉页上面写着："青春，记忆中美好的一页。即便是几张泛黄的照片、几段简短的文字，也会让人回忆起那难忘的岁月。李梦华同志 1950 年至 1954 年间在西南地区从事体育和青年领导工作。重庆留下了他战斗的足迹。"

纪念册内容分两个部分：一是青年工作。介绍了李梦华自 1950 年初到重庆

省委书记看望老领导李梦华（右：汪洋）

后，先后任西南团工委青工部部长、军体部部长、工委副书记和全国青联西南办事处主任等履历及开展生机勃勃的青年工作情况。同时刊有当时李梦华领导的《西南青年》杂志封面，邓小平、刘伯承为《西南青年》的题词，李梦华在1952年5月4日发表在《西南青年》杂志上的文章《和青年朋友谈谈体育运动》。二是体育工作。这部分介绍了李梦华1950至1954年任西南体育运动委员会副主任的工作情况。文中指出："在老一辈无产阶级革命家邓小平和贺龙等的关心和支持下，李梦华为西南地区体育事业的发展作出了重要贡献。特别是西南地区召开第一届人民体育运动大会，他出任筹委会秘书长，出色的筹备组织工作保证了运动大会取得圆满成功。"同时，刊登了邓小平和贺龙为运动大会的题词。

纪念册图文并茂。在简短的文字中，配有数十张珍贵的历史照片，有邓小平和贺龙在运动大会上的照片，包括贺龙为足球比赛开球的镜头，还有大会的开幕式及比赛的罕见照片。汪洋同志还为李梦华、张彩珍在重庆拍的照片专门做成影集送给他们。

李梦华手捧着这件珍贵的礼物，十分感动。正像册子开篇所讲，"几段简短的文字，几张泛黄的照片"确实唤起了他对那段难忘岁月的回忆。在这个薄薄的册子里，他看到那些一起共事的同志对他的深厚情意；从这个特殊的礼物中，他感到莫大的温馨和欣慰。

当然，这也是大家对他所付出爱的真切回报。

著名诗人雪莱说过，道德中最伟大的秘密就是爱。中国儒家讲"仁者爱人，勿以善小而不为"；佛教传播以慈悲为怀，倡导"奉献你的爱"；基督教自称为"爱的宗教"；伊斯兰教宣扬"宇宙万物是爱的王国"；共产党人讲革命的人道主义、无产阶级感情。虽然各自的目的不同，表达不同，但有一个共同点，就是"爱"。把爱给予别人的人，才能得到别人的爱。正是李梦华这种"爱心"，才获得"好人"的尊称，才得到了人们的尊重与爱戴。

第十六章　幸福的晚年生活

幸福是什么？有人感到难以定义，有人觉得难以追求。其实，在鲜花与掌声中是幸福，归于平平淡淡、远离喧嚣的浮躁不安也是幸福；在位时的前呼后拥是幸福，甘于寂寞、安详自在的晚年生活同样是一种幸福。正像哲人所说："真正的幸福只有当你真实地认识到人生的价值时，才能体会到。"

1988 年 12 月 29 日，根据中央的决定，67 岁的李梦华离休了。他从此离开了那座工作了近 40 年的国家体委办公大楼，离开了那些朝夕相处的体育战线的职工、干部，回到他那个过去很少休闲的王府井八面槽的小院，开始了他的晚年生活。但是，他并没有离开体育。

原《中国体育》杂志总编万伯翱回忆说："卸下国家体委主任、中共中央委员和全国政协常委以后，梦华同志也不再登体委办公楼他的办公室了，参加各种会议和活动也从不发言。他说：'我就是退下来的一位老党员、老体育工作者，让一线同志多讲，我不要影响他们的工作！'但是他一直发挥着余热。

感谢李梦华（左）对《中国钓鱼》杂志的支持（右：万伯翱）

比如我原来所在的中国体育杂志社里的任何一项有意义的创收活动，他都积极参加。他总是这样对我说：‘报刊有困难，我和他们一起活动，有收益就能减少国家负担！’”

那时李梦华还身兼中华全国体育总会主席、国际武术联合会主席等职。除参与体育总局一些重大活动外，更多的是许多基层活动，而且行程并不比在职时宽松。据他 1994 年的日记记载，仅 9 月份就 4 次出差参加外地活动，包括出席陕西西安“王宝山少儿足球俱乐部”挂牌仪式；广东汕头台商“台球基地”奠基仪式；山东“泰山登山节”和河北秦皇岛“元老足球”赛。对于离休后的“闲人”，他几乎没有一天空闲，有时竟一天几项活动。如 1994 年 3 月 8 日，上午 10 时参加“邱钟惠体育用品商店”开业仪式；下午 3 点在人民大会堂出席全国政协闭幕式，听取李瑞环主席报告；晚上 6 点参加黑龙江副省长的晚宴，听取哈尔滨“第 3 届亚冬会”筹备情况。其实，晚上的活动他也可以推辞，但请柬中说得十分明白：“面临大赛经验匮乏及资金紧张的困难，热情期待您在今后给予多方面指导，也恳切期待倚靠您的声望，为我们广识海内外工商界名流，八方筹资，共办盛事。”面对殷殷之情，只能应允前往。

从书法的角度来讲，李梦华的毛笔字有特点，但不算好，然而由于“名人效应”，要求题词的单位和个人应接不暇。这倒不是他乐于挥洒自己的笔墨，而实在出于无奈。他日记中有这样记载：“应一些单位和朋友要求写字，没有办法。我实在不会写字，不写又不好，只能勉强答应下来”。一次为一位唐山的李景云写“马”子，写了若干张，都不满意，最后竟写了数天才交差。

《人民日报》曾对他离休后的生活作过这样的报道：“李梦华主任离休后，他的体育情怀依然如故。每年一次的传统群体活动——北京元旦八达岭万人登长城，人们都会见到他的身影。不管当天是寒风刺骨，还是雪花飘飘，他总是兴致勃勃地宣布比赛开始，为新一年的体育活动拉开序幕。他说：‘只要我走得动，这项活动，我一定年年参加。’

“梦华同志尽管已逾八十高龄，仍为登山运动鼓劲儿。去年岁末他随中国登山协会赴深圳观看国际攀岩精英大赛。有一次晚餐时，李老开玩笑说：‘登协该给我发个奖状。’在场的人无不觉得此话有理。且不说李老作为新中国体育事业的开创者之一，曾指挥过 1988 年中、日、尼三国双跨珠峰的伟大创举，仅离休之后，每逢登山协会有‘任务’需要梦华同志亲临现场指导时，他总是义不容辞。

“前年7月，南京骄阳似火，全国攀岩锦标赛在玄武公园举行，当地条件简陋，临时搭起的看台没有遮盖，上面摆放着几个大冰块，5个立式电扇不停地工作，不少人经不起‘烤验’，时不时跑到空调的地方‘躲藏’，梦华同志却不畏当头烈日，饶有兴趣地从头看到尾，一坐就是一个上午，最后还为优秀选手颁奖。李老的身体力行让现场的干部和观众都十分感动。一位老园工说，李老这么大年纪，对我们一个区办的比赛如此全身心地投入，表现了他对体育事业发自内心的热爱。

“还有一年，他连续作战，先从温州下飞机，坐5小时汽车直奔浙江缙云参加鼎湖峰国际攀岩挑战赛。两天之后，马不停蹄，又坐了近8个小时汽车，跑到安吉，参加首届全国山地马拉松赛。当汽车在‘卧虎藏龙’的外景地郁郁葱葱的竹林树海中逶迤而上时，人们都敬佩地说，梦华同志为了支持登山事业也在人生路上跑马拉松，给人一种生命不息、奋斗不止的启迪。”

自2000年以来，著名三级跳远运动员邹振先在中国田径协会支持下，多次举办“邹振先三级跳远纪录挑战赛”，年过八旬的李梦华担任了组委会名誉主任并亲临现场。比赛前他专门为邹振先题写了横幅“一跃辉煌”，会上他热情洋溢地致辞说：“今天我看到了中国田径的希望，我相信那些有智慧、有能力的青年人，一定能够创造出更好的成绩。不要怕困难，我们要有攀登高峰的勇气。就像邹振先，当年他以非凡的勇气创造了一个纪录，如今他再次站出来希望有人能够打破自己的纪录，作为一个老体育工作者，我要表达对他的敬意。我希望明年后年，我还来参加这样的活动，而且活动的内容是庆祝原有的纪录被打破。”

赛后的答谢宴会上，李梦华非常关心地向邹振先询问比赛的经费情况，当邹振先告诉他这得益于一些朋友和单位鼎力相助时，他才放心地笑了。席间，他主动向赞助举办比赛的企业老板敬酒，并说：“我要感谢你们对中国体育事业的支持。”其实，不仅是这次，邹振先和田径协会主办的“邹振先三级跳远纪录挑战赛”几乎年年都搞，而李梦华年年都会去。

2001年7月13日，这是李梦华和所有中国人一样异常激动、终生难忘的日子。就在这一天，时任国际奥委会主席的萨马兰奇向全世界宣布：“承办2008年第29届奥运会的城市是北京！”这一天，李梦华彻夜难眠……

1993年9月23日，曾是北京第一次申办奥运失利的日子。那些天，中国的上空沉浸在一种失落和无奈之中。8年后却是另一番情景，位于天安门广场的人民大会堂，张灯结彩，到处都是喜气洋洋的人们。

据新华社北京记者李贺普、江涛报道："在北京取得2008年奥运会主办权后的第十天，一场激动人心的报告会在人民大会堂隆重举行。北京奥申委主席、北京市市长刘淇，北京奥申委执行主席、国家体育总局局长袁伟民，北京奥申委常务副主席刘敬民，北京奥申委顾问、国际奥委会执委何振梁，先后作了生动、精彩的报告，阐述北京申奥成功的重要意义和根本原因，回顾了申奥走过的艰辛路程，总结申奥工作的重要经验和体会。他们的报告赢得了首都各界干部群众的阵阵热烈掌声。"

会议由中共中央宣传部、国家体育总局、北京市委、北京市政府等单位联合主办。主持会议的是中央宣传部副部长刘鹏。巧合的是，他在主持讲话中提出："……组织一个精干、高效、博采众长的2008年奥运会组委会，加快实施'奥运工程'的各项建设，为举办一届最出色的奥运会创造最完美、最理想的条件。"6年后，刘鹏调任国家体育总局局长之职，并兑现了他向全世界和全国人民的承诺。

这次会上，李梦华没有坐主席台。他同荣高棠等作为体育界元老坐在观众席的第一排。

在场内响起一阵阵暴风雨般掌声的同时，李梦华的内心也涌起一阵阵的热浪。

最后，七十有二的满头银发的何振梁走上了讲台。这位被媒体誉为"申奥功臣"者在他的讲话中，表达了对北京申办成功的激动心情的同时，特别感谢了中央的正确领导和全国人民的大力支持；介绍了为此做出大量工作的代表团领导，包括北京市的贾庆林、刘敬民、蒋效愚、王伟；国家体委的袁伟民、李志坚和共同战斗的同事吕圣荣、于再清、邓亚萍、吴重远、楼大鹏、魏纪中……

对于他自己，他深情地说："党把我放在国际奥委会委员的位置上，我在国际奥委会中与各国委员相处20年，彼此熟悉，我比别人有更有利的条件争取他们的理解和支持。……我深感自己肩负人民的重托，我责无旁贷，只能鞠躬尽瘁，尽最大努力完成使命。"

在介绍现场投票的情景时，何振梁激动地说："……北京获胜的结果宣布后，全会场内掌声雷鸣。几十位委员排着队来同我热情地拥抱祝贺。我多年的愿望终于得偿，禁不住流下了欢乐的眼泪。7 月 17 日回国，意外的是看见老领导荣高棠同志，他老泪纵横地与我紧紧拥抱。此时，我想起了新中国体育奠基人、已经故去的我所敬爱的贺龙同志，以及领导过全国体育工作的仍然健在的王猛、李梦华以及所有体育工作者。当天下午，体委老领导黄中同志的夫人吴力同志来电话表示祝贺，同时告诉我，她的孩子们已在 7 月 14 日把刊载北京申办成功的报纸送到八宝山黄中同志的骨灰盒前，以此来告慰黄中同志……”

说到这里，何振梁动情地流下了热泪。坐在台下的李梦华也热泪盈眶。他眼前顿时闪现出这位从 50 年代初同荣高棠和他一起开创新中国体育的开拓者，想起这位从 20 世纪 30 年代就叱咤中国体坛、后在著名抗日英雄黄显声带领下走上革命道路、新中国成立后一直耕耘在新体育土地上的“老黄牛”。在洛杉矶奥运会上，正是老黄中见证了中国奥运金牌“零”的突破；留下忘情拥吻许海峰的经典之照；喊出了“为这块金牌，我等了 30 多年”的肺腑之言。李梦华感慨地想，如果老黄中此刻还在那该多好啊！

此时的李梦华百感交集，浮想联翩。他忽然又想起了数年前申办北京亚运会时的情景，想到了为那次申办作出巨大努力的时任体委副主任的陈先、路金栋，国际司的宋中、朱仄、袁载钧……

申办北京 2008 年奥运会付出了 10 年的努力，然而，人们不会想到，当年从申办到举办 1990 年亚运会也竟用了 14 年。

1976 年，亚洲的朋友就希望中国申办亚运会。但那时中国刚刚粉碎“四人帮”，没有条件。1980 年，申办 1986 年第 10 届亚运会的只有韩国、朝鲜，朝鲜有困难，希望中国取代他们申办，战胜韩国。基于国内外条件不成熟，中国未能申办。

难忘的一刻（1984 年洛杉矶奥运会黄中与许海峰）

1982年初，上任半年的体委一把手李梦华召开体委党组会，讨论申办亚运会的问题。

路金栋，1976年从团中央调来主管体委外事的副主任，思维缜密，处事严谨，为人正直。可谓“居处恭，执事敬，与人忠”，曾是王猛、李梦华80年代前后外事工作的主要得力助手。在恢复中国奥委会合法席位的过程中，路金栋以中华全国体育总会副主席的名义，邀请时任国际奥委会主席基拉宁、副主席萨马兰奇来北京，在宋中、何振梁等协助下与国际奥委会的巨头多次会谈，取得积极成果。在此期间为了做国际奥委会委员的工作，从1979年6月起，体委派出多路人马出访各地：体委主任王猛亲自出马，率领何振梁等赴德、法、英等国；由国际司负责人赵启鑫带领楼大鹏赴苏联、芬兰等国；由宋中率魏纪中赴拉美；由李甦光率石天曙等赴非洲……是在中央和体委党组正确决策下，在国际司这些同志的积极努力下，终于在1979年“名古屋”国际奥委会全会上通过了恢复中国奥委会的合法席位。1981年9月，在联邦德国巴登巴登举办的国际奥委会第11次大会上，路金栋主动让位何振梁发言，是在荣高棠“让贤”的基础上，为何振梁脱颖而出在世界体育舞台大显身手，发挥了积极作用。

路金栋几年前就一直在考虑申办亚运会的问题。他认为，从长远考虑，申办亚运会只是举办奥运会的前奏。特别是2000年，是新世纪的开始，如北京能在

战友同行（左起：路金栋、李梦华、黄中）

这种特殊时刻举办奥运，对中国的国际形象，对中国的社会主义建设，对所有海内外华人的激励，都有非常特殊的意义。但如果1990年还未举办亚运会，那就会失去准备的时间，申办2000年奥运也将失去机会。因此路金栋在会上力主全力申办1990年第11届亚运会。然而，由于当时仍然面临韩国、台湾等问题，所以有同志提出需要再等，并认为即使不举办亚运会，也不影响申办奥运会。李梦华认为，亚运会和奥运会是中学与大学的关系，除非不办奥运。从长远着眼，如果考虑举办奥运会，那么先办亚运必不可少。在听取了大家的意见后，他力挺路金栋副主任的主张，把申办第11届亚运会列入了议事日程，并开始了相关准备工作。

此前的1981年10月，由于确定汉城举办1988年奥运会，初步突破了与韩国的体育交往问题。特别是11月11日，在“世界女子排球青年锦标赛”中，我队按照当时规定，拒绝与韩国队交换队旗和纪念品，引起强烈反应。时任总书记的胡耀邦严厉批评指出：“在外事活动中发生这种非常幼稚甚至相当愚蠢的举动，与堂堂大国的形象极不相称。”一年后，与韩国的体育交往问题彻底解决，同时台湾加入亚奥理事会的问题也得以妥善处理。

后又经过半年的酝酿研究，国家体委正式向中央提出由北京举办第11届亚运会的报告。此前，胡耀邦在一次会议上看到李梦华，对他说：“我们应该办嘛！”

1983年6月中央原则同意了申办1990年第11届亚运会。不久，与日本广岛申办的竞争也得到“双赢”的结果，日本同意申办1994年第12届亚运会。万事俱备，一路绿灯。1984年9月28日，在汉城举办的亚奥理事会，通过了北京申办第11届亚运会的决定。至此，北京获得中国历史上第一次举办综合性国际运动会的权利。

有了第一次，后来也就有了第二次。由于国际政治环境等因素，中国申办2000年奥运会未能成功，但有了第一次的失利，也就有了第二次申办2008年的北京奥运会的成功。

奥运会报告会不久，首都体育界老运动员、老教练员、老体育工作者联谊会在北京举办“情系奥运”联欢会。荣高棠、李梦华、何振梁等应邀出席。89岁的荣高棠兴奋地说：“7月13日无比激动，到现在心情还不能平静，体育界几代人的努力，今天终于实现了。可以告慰毛主席、周总理、朱老总、贺老总、陈老总他们的在天之灵了！……我们好不容易把奥运会搬到了家门口，一定要健康快乐地活着！我们到时候一个也不能走！要当个起咨询作用的‘活字典’‘活文库’，不行就当个‘拉拉’队员，喊一嗓子助助威……”

听着荣高棠慷慨陈辞，李梦华不住地点头，因为这也是他的心里话。轮到他发言时，他只讲了几句简短的话：“能在有生之年，盼到奥运会在自己家门口举行，是我们这一代体育工作者的最大追求。到了2008年，我们终于能够高高兴兴地在北京的看台上为我国体育健儿加油助威了……”

离休后的李梦华仍热爱体育，更热爱生活。平时每天晨起，洒扫庭院，植花养草，坚持做操。他按自己编创的健身操逐一锻炼：甩臂、扩胸、踢腿、弯腰、下蹲、转腕、原地跳……然后倒行200步，散步10分钟。晨练之后，如果没有社会活动，便是读书看报，习字、写日记，日子过得充实而有条理。

虽是耄耋之年，他的身体和精神都处在同龄人的最佳状态。他对登山、钓鱼、高尔夫球这些户外活动都很感兴趣。每次中国登山协会组织的老年登山活动，他都脚穿旅游鞋，带瓶矿泉水，和老伴一起积极参与。平时，在香山、在植物园樱桃沟，这些北京老年人户外活动的地方，人们经常能见到他和老伴矫健的身影。

人们赞美李梦华热心体育，积极健身，是大山、森林、江湖、大海陶冶了他的情操；多年的革命实践磨炼，使他养成了严于律己、宽以待人的作风，尤其是他那乐观、豁达的心胸和积极向上的心态令人钦佩。

1988年汉城奥运会不久，67岁的李梦华按中央的通知离休了。尽管上级在他离休的文件中讲“鉴于年龄和身体原因”，但外面还是议论纷纷，一些善于捕风捉影的媒体猜测：李梦华为“兵败汉城”而致“免职”。而不少的人因此为李梦华喊屈。当时许多人打电话、登门造访，有抱打不平的，有安慰宽心的。可是李梦华对自己的离休却显得十分平静，似乎一切都在情理之中。事后在一次国务院会议上，时任总理的李鹏特别解释：“考虑李梦华离休，就是年龄到站、身体原因，不是因为汉城奥运。”美联社对此作了报道。当晚回来，李梦华的情绪仍然很平静，只不过比平常更好一些。他在日记中写道：“行止无愧天地，褒贬自有春秋。”

对社会上的种种弊病以及人们的浮躁，他都有自己的冷静分析。对亲人、朋友的牢骚，他总是说：“社会庞杂，无奇不有，人有高矮、有善恶、有贫富；社会有贪污、腐败，也有公正清廉；有唯利是图，也有爱心慈善，这样才构成社会。要看主流，要相信大多数，相信党中央。我们自己首先管好自己，多做向好的方面转化工作。”在他的日记中，曾抄录了一些社会上流传的段子，如讽刺官僚主义的：“打牌一、二夜不睡；跳舞三、四步都会；喝酒五、六、七杯不醉；办事十有八、九不对。”讽刺不正之风的：“要真理找电台，要清官找戏台，要升官找后台，走后门找茅台。”对此，他认为虽有些夸张，但反映了民心，应引起有关部门的重视，对自己写下了“年迈后回天无力，独善身蓄养精神”。

李梦华夫妇有3男1女，女儿在中年因病去世，3个男孩因“文革”被耽误，失去了读大学的机会，他们没有像一些高干子弟利用关系，或做高官，或做富商，他们没有一个人进公务员队伍，收入大多不高。由于经济条件不宽裕，难免会出现一些矛盾。为此，李梦华老伴难免烦躁不安。但李梦华总是耐心讲道理：“风物长宜放眼量”，到时候就会“柳暗花明又一村”。规劝夫人“想开了，什么事情都无所谓”，“车到山前必有路”。在他的生活中似乎永远没有使他犯难的事情。相反，他对待生活总是充满了乐观和积极向上。

令人难忘的是李梦华75岁登顶西岳华山的佳话。那是1997年，中国登山协

李梦华（左）在华山之巅（右：夫人牟淑贞）

会在华山举办“国际攀岩比赛”。参加完活动，雄心不老的李梦华在老伴牟淑贞的陪伴下，乘索道到了华山北峰后竟提出徒步攀登峰顶的要求。

从北峰通往东、西、南、中四峰，只能沿着北峰绝壁上的一条古道爬。在这“自古华山一条路”上，最艰难的是要经过擦耳崖和苍龙岭。狭窄的石阶路旁，一块将要倒下的巨石横在半空，游人只能紧贴巨石行走，一不留神，很容易擦着耳朵，由此得名“擦耳崖”。过“擦耳崖”难，过后面苍龙岭更难。两边都是悬崖峭壁，道路又极窄，几乎都是依靠铁链和石窟窿垂直向上，一不留神后果不堪设想，所以不是一般人能够挑战的。而李梦华却像一位登山勇士，双手紧紧拽着铁链一步步前行，老牟紧随其后。虽然他们一步三喘，却没有丝毫的胆怯。这时，在他们后面的几个青年人，倒被陡峭的险情吓的退缩了，在连声惊叫中准备半途而退。此时听得另一个青年人喊道：“太没有出息了！你们看看前面的老人，多勇敢！应该向老同志学习！”一席话让退缩的年轻人感到汗颜，他们一边回应“向老同志学习”，一边开始向前攀登。此时的李梦华好像受到鼓舞，劲头更足了，随同的地方体委的同志更是为老主任的壮志豪情发出一阵阵赞叹！

如果说 75 岁的老人攀登华山之巅是对人生乐观健康的诠释，那么 83 岁耄耋老人乘直升飞机遨游蓝天则是积极向上的心态佐证。

直升飞机上的耄耋老人——李梦华

这是真真切切发生在李梦华身上的事。2006 年 9 月的一天，李梦华同体育总局的其他几位老领导到河南国家体育总局安阳航空运动学校考察。

早在 1956 年和 1984 年李梦华就先后到过这里指导工作。他对航空运动十分重视。80 年代初，航空运动刚刚恢复，偌大的停机坪长满荒草，设施凌乱、破旧不堪。李梦华对航校负责人说："你们不要只看到现在，当前国家的经济条件有限，我们的规模可以缩小，但一定要保留骨干，为将来的发展做准备。"21 年过去了。安阳航校发生了翻天覆地的变化，航校已成为一个集航空训练、比赛、娱乐休闲的重要基地。李梦华看后十分兴奋，在参观考察后，谁也没有想到 84 岁的他提出："让我上飞机飞一圈，从空中看看咱们的航校。"此言一出，立刻引起人们的关注，接着是一片好心相劝。特别是体育总局专门负责离退休老干部的秘书李美放，工作一向极其认真负责，此刻心里十分紧张：是啊，毕竟是 84 岁的老人了，出了问题怎么办？"没问题！我这又不是第一次。"李梦华淡淡一笑。真是"老夫聊发少年狂"啊！

现场的人们为李梦华担心是很正常的事。但很少有人知道，李梦华在 30 年前不仅乘上滑翔机，而且后来是中国第一个乘热气球的部长。1982 年 9 月美国福布斯杂志社主编福布斯先生，经邓小平批准来华访问。在北京的八达岭长城脚下，福布斯进行了飞行表演。这是在新中国第一次热气球飞行。随后时任国家体委主任的李梦华宴请了福布斯先生，并同他共同登上热气球系留飞行。这也是新

谈笑风生。20 世纪 80 年代李梦华（右五）在安阳滑校调研

中国的第一位部长级干部乘热气球升空。当时，中共中央总书记接见了福布斯并赠送了礼品。福布斯也将他带来的“中美友谊”热气球赠送给了我国。1985 年 6 月，我国热气球队刘连成等 6 人带着福布斯先生赠送的热气球参加了当年 6 月在法国举办的气球节，从此开始了我国的热气球飞行运动。

30 年过去了。当年的壮年变成了老翁。但身在安阳航校的他，神态、精神却并没有多少改变。当他缓缓从直升机里走下时，仍是当年那样兴奋，脸上的微笑仍如当年那般灿烂。这微笑中，散发着一种极为可贵的乐观向上的人性，让人们感受到一种民族坚韧不拔的力量。

在李梦华的人生字典里，找不到“难”字，也同样找不到“痛”字。在“文革”中，被戴上“贺、荣反革命修正主义集团骨干”牌子的李梦华，成为“造反派”重点批斗对象。他的腰背曾被打出条条血痕，他的左耳被打致残，几近失聪。但他从未哼过一声，从未喊过痛。晚上回到家，老伴看着他背上被打得一道道血印，心疼地说，你要是受不了就喊出来吧！他却说：“我是革命的，他们是反革命的，我不会向他们低头，再痛我也不会出声！”

2000 年，李梦华被检查出了肺癌。面对手术及化疗的痛苦，他未哼一声。2007 年，由于癌细胞扩散并转移到肠道里，不得已又进行直肠手术。后来又扩散到腿上，因癌细胞吞噬，整个右腿肿胀得像烂菜花，流脓、出水，且气味难闻，但他仍然未喊一声痛。子女都心疼地伤心落泪，他却总是面带微笑，关心询问他们的身体、生活，安慰他人。来看望的朋友、同事发现，李梦华除了身体消瘦之外，与常人并无异样。他总是微笑着与人们谈天说地，高兴起来常常会倒上酒，干杯共享。病房里，重病患者经常会因病痛的折磨，发出痛苦的喊叫声，或不时地发脾气。李梦华患如此严重的疾病，其中的痛苦是可想而知的。但医院的大夫、护士却没有听到他的痛苦叫喊，也未看过他发脾气。对此他们十分感慨地说：“从来没有见过意志力这样坚强的人，李老太有忍耐力，心态太好了！”

一天夜里，老伴正在医院卫生间洗漱，忽然听到“咚”地一声。她急忙跑出来一看，只见李梦华趴在床边的地下。老牟一边扶他，一边问怎么回事？只听他说：“可能是药的作用，我把腿的事给忘了，想拿窗台上的报纸，结果掉下来才发觉我的腿不行了！”说着竟哈哈笑起来，让老牟哭也不是笑也不是。

李梦华在外面是一个十分受人尊敬的领导，在家中，他又是一个十分尊老爱幼的家长。老伴牟淑贞是独生女，她的妈妈从 60 年代起就与女儿女婿一起住，一住就是30年。在老岳母眼里，李梦华真是一个好姑爷。平时，由于工作繁忙，李梦华很少顾家。但只要他有空，就会在家扶持、孝敬老人。饭桌上，经常会给老人夹菜送饭，隔三岔五就给老太太买水果、点心和酒。“文革”后期有一年，老太太突然患中风，李梦华连忙叫上出租车到宽街的东直门医院。到医院门口，出租车不能进去，而离门诊还有几百米，李梦华二话没说，背起老岳母就往里跑。很难想到，这背人的是一位大部长。

说起李梦华对老人的关爱，牟淑贞十分感激；说起他们夫妇之间风雨六十载的情愫，牟淑贞更是有说不尽的感慨。他们结婚时，李梦华说“我们是一见钟情”，结婚后说是“恋爱的开始”。他对爱人忠贞不渝，爱得坦然。他对任何事情从不相瞒，即使他在与牟淑贞结婚前交的女朋友也如实相告，并处理得十分恰当，让牟淑贞从心里佩服他的为人。在外出差，看到好的风景胜地，他都写信给她描述，分享快乐，并说：“如果你在这儿该多好，那咱们就一起划船赏景，更惬意了”。每逢牟淑贞的生日，李梦华都会赠送礼物给她，虽然都是一些手帕、头巾、雪花膏之类，但幽默的李梦华不是精心包装就是卖一个关子，常常给夫人一个惊喜。他们夫妇都喜欢京剧，也算是忠实的京剧票友，有时会得到京剧名家的赠票，但他们多数会在周末走到离家不远的吉祥剧院买票去看。前些年，戏票还不算太贵，但他们也还是候在剧场门口，等买退票。有的亲友听到后，说大部长等退票，让人认出来多丢份！可他们却觉得这样自由自在，看完戏，路过“东来顺”每人一份羊杂汤，或一份炖羊肉，有时到“馄饨侯”来两碗香喷喷的馄饨和羊肉饼，吃得有滋有味，这种普通人的生活只有普通人才能享受得到，从中真正体验到人生的幸福。不是吗？

李梦华与夫人牟淑贞参观敦煌留影

投之以桃，报之以李。李梦华对牟淑贞的情意，自然得到牟淑贞的心爱。“文革”期间，李梦华受到伤害，牟淑贞不仅为他清洗伤口，还为他抚平心中的创伤。每天晚上，她边帮他清洗换衣，边谈心开导。每天早晨，她要陪着他走到车站，目送他去挨批斗。当时有许多人因经受不了冲击而自杀，仅国家体委所在的体育馆路就先后有容国团等三人寻短见，引起恐慌。牟淑贞知道，虽然李梦华心态好，但面对“暴风骤雨”她还是很担心。此时她在花市医院当院长，北京卫生局组织医疗队去西北，让她领队，她提出，现在出事的人很多，我走了，万一梦华出了事就来不及了。在她强烈要求下，领队换别人去了。

李梦华在外工作繁忙，持家过日子、四个子女的教育统统由牟淑贞包揽。她要照顾自己多年卧病在床的老妈，还想着李梦华老家的公婆。公婆来京，她好吃好喝招待，跑前跑后带着逛京城，而且经常会把节省的生活费寄到平山，让李梦华十分感激。难怪在家庭聚会的餐桌上，他常常会倒满酒杯，递给夫人，深情地对子女们说：“咱们家能有今天的和谐、幸福，都是你妈的功劳，来，大家举起酒杯，敬你妈一杯！”说完，他举杯仰头，一口为净。子女们也纷纷效仿，一家人其乐融融。

父亲的角色，常常是一家之长。“严父慈母”是中国家庭典型模式。但在李梦华家却是倒过来了。子女们一致认为父亲是一个标准的慈父，对孩子是疼爱有加。父亲对他们总是和声细语，谆谆教诲。即使他们犯了错误，也从未发过脾气，更看不到有些家长的粗暴训斥和拳脚相加。倒是牟淑贞经常是成为“严母”的角色。“文革”动乱，人妖颠倒，四个孩子中，三个是半大小子，让人分外操心。“严母”牟淑贞把他们看得紧紧的，每天要求他们必须在下午7点以前回家。有的稍微晚了一会儿，“严母”就会严厉批评。有时发生一些矛盾，李梦华则作和事佬。对此牟淑贞有意见，李梦华会说：“我是配合你，咱们两个一个唱红脸，一个唱白脸，你看多好！”牟淑贞听后只能一笑了之。

“慈父”虽慈，但孩子们从“慈父”身上却得到极好的教育和熏陶。李梦华数次去过发达国家，他十分了解发达国家学校的教育方式。他总给爱人说，教育子女必须开放式，启发式；对孩子们讲，人生在世，第一是要学会做人，善待别人，尊老爱幼；第二要善于创造，不循规守旧，敢于创新。在饭桌前，他常常会向他们讲丘吉尔、罗斯福等名人逸事，让他们受益匪浅。

人生之路，总是会有坎坎坷坷的。李梦华的家庭虽然幸福、和谐，却经受了一些苦难。唯一的女孩英年早逝；其他孩子工作不顺，自己身患癌症。对此，李梦华总会向孩子们讲起美国总统约翰·肯尼迪家族的故事，以激励孩子们乐观地面对现实。

约瑟夫·肯尼迪育有四个儿子，长子小约瑟夫·肯尼迪，二战期间牺牲于欧洲战场；次子约翰·肯尼迪在任美国总统期间遇刺身亡；三子罗伯特·肯尼迪于竞选总统期间遇刺身亡，；四子爱德华·肯尼迪中年时12岁的儿子小泰迪生了骨瘤，女儿卡拉被诊断患有“无法通过手术治疗”的肺癌。他自己晚年被诊断为脑瘤。这个家族可谓历经磨难，灾难深重。但他们没有放弃，而是勇敢地与灾难抗争。后来爱德华·肯尼迪的小泰迪挺了过来，成为一位商人兼律师，还是两个孩子的父亲。女儿卡拉同样挺了过来，后来成了两个孩子的母亲。而他自己是美国资深参议员，后来在美国参议院和民主党发挥了重要作用。

李梦华还与他们讲起约瑟夫·肯尼迪教育爱德华的故事。11岁那年，爱德华获准驾船出行。他的搭档是一个13岁的男孩。但航行不顺。当他们到达目的地后，大雨滂沱，又冷又饿，好不容易挨到天亮，两人弃船上岸，找到一个电话让司机接他们回了家。刚进家门，父亲问：“怎么了，你不是去航海了吗？”回答是，因为太冷而回家了。当得知船还停在巴斯河时，父亲转身吩咐司机：“把他们送回船原处。”此时的爱德华感到，再也没有比自己更倒霉的人了。但是，当他们到达河边时，太阳出来了，清风拂面，天气转暖，他们在海上乘风破浪，度过了难忘的一天。那一天让他难忘的是：“在我生命的每个角落，每当我想放弃的时候，父亲总会出现在那里，把我送回去做必须做的事情——去找回自己的船。”

永不言弃是肯尼迪家族的品格象征。而这种品格的培养正源于老肯尼迪对子女的严厉苛刻的管教。李梦华的孩子们每当想起父亲给他们讲的肯尼迪家族的故事，都会激发起他们挑战困难的勇气，进而获取前进的动力，都会面对现实，扬起生活的风帆，勇敢前进。

感恩是一种处世哲学，是生活中的大智慧。李梦华还经常给子女们讲起罗斯福的感恩故事。一次，美国前总统罗斯福家失盗，被偷去了许多东西，一位朋友闻讯后，忙写信安慰他，劝他不必太在意。罗斯福给朋友写了一封回信：“亲爱的朋友，谢谢你来信安慰我，我现在很平安。感谢上帝：因为第一，贼偷去的是我的东西，而没有伤害我的生命；第二，贼只偷去我部分东西，而不是全部；第三，最值得庆幸的是，做贼的是他，而不是我。”对任何一个人来说，失盗绝对是不幸的事，而罗斯福却找出了感恩的三条理由。

李梦华夫妇孙辈的祝福

李梦华饭后茶余的这些故事和笑话让孩子们换一种角度去看待人生的失意与不幸，对生活时时怀一份感恩的心情，就会永远保持健康的心态、完美的人格。

“伟人之所以伟大，就在于他存在于我们普通人之中”。当代中国的毛泽东、刘少奇、朱德、周恩来等，一生革命无私无畏，为劳苦大众奉献；一世生活克勤克俭，保持劳动人民本色，就是对伟人的最好注释。很少有人想到，身为中国体育界最高领导的李梦华，却过着普通平民式的生活。尽管他乐观豁达，但有时不免像普通人一样，为生计而忧愁：为夫者愁，怕妻子生活压力太大；为父者愁，怕孩子受委屈；为子者愁，怕老人晚年不开心。

20 世纪 80 年代，国家号召买公债，部级干部李梦华拿出了 100 元。有些人不解，认为他小气。岂不知，他当时每月 300 元的工资，要养活老婆和四个孩子及母亲、岳母两个老人，儿子结婚还是他借的钱。与他同时期的干部，住房大多与时俱进，而他仍住在八面槽 50 年代初的一个大院，住的仍是一套当年修建的平房。直到 2005 年拆迁，他才搬到北京南城一处 150 平米的楼房。

李梦华的生活很简朴，平时几乎不花钱，吃、穿、用极为简单，都是老一套。老家来人，他都是热情招待，每次都要留客吃饭，饭菜却很简单，弄点素菜、米粥，陪客喝点小酒。孩子们在时，常常感到不好意思，就到超市或饭馆专门采买些肉类食品。

李梦华的一生几乎没有积蓄。在他病危之际，他没有给家人留下遗嘱，也没有给子女留下什么遗产。看到为自己和孩子辛勤了一辈子的老伴，满头银发、满脸憔悴，他感到一阵阵的不安。他对她常常是无言以对，只有满含热泪的双眼，会默默地透露出他的感激之情。他知道自己的时日不多，便向老伴问道："家里有存钱吗?""……有"老伴有些支吾，但还是点了点头。李梦华已从她的的回答中看出一些端倪。他沉吟良久，随后轻轻地说到："家里可能也没有什么值钱的东西，那一年日本朋友送的一套高尔夫球具，当时说能值一万元，把它卖了吧！管不了大用，做给你和孩子们补贴用吧！"这样的话他竟重复过几次。每当他说起时，牟淑贞都是眼含热泪，每次想起这件事，牟淑贞都会感到一阵阵心酸。

李梦华当第三任国家体委主任只有 8 年，但在体育战线上，工作生活了 60 年之久，几乎占据了他的一生。李梦华的体育之路，是坎坷之路，充满着风雨、荆棘；李梦华的体育之路又是成功之路，经历了阳光和彩虹。他曾说过："最让我开心的是在中国搞体育工作，应该说非常幸福，非常愉快，尽管遇到了不少困难。最让我遗憾的是我所做的事情太少了，没有使更多的项目达到世界水平……"

尾　声

2010年11月9日上午，我正在北京体育馆的网球馆参加中央直属机关网球队活动，忽然接到体育总局人事司的电话，说李梦华同志去世，希望我马上去总局参与撰写李梦华同志的生平介绍。我顿时蒙了。挂了电话，我又立刻接通梦华主任的大儿子李黎峰的电话，想立刻赶往医院，最后再看看李老，但对方回话说，不要来了，人已经送太平间了。

我脑子一片空白。傻傻地站在那里，呆了许久。接着便是心里一阵阵后悔：

同一年初春，我的《鸣共体育文学集》即将由人民体育出版社出版。在我的老领导张彩珍的建议下，我贸然向李梦华主任提出请其为书作序的要求。那时李主任由于肺癌扩散，术后一直住在北京医院。没想到时年88岁的老人不仅欣然应允，而且对序言逐字审阅修改。他看着84万字约半尺厚的文稿，握着我的手深情地说："你给新中国体育开拓者写传记，为体育界做了一件大好事，谢谢你！"

30年前，在我就任荣高棠秘书时，是梦华主任亲自找我谈的话；是梦华主任亲自决定让我兼任国家体委党组秘书，后来又把我推向领导干部岗位。在那些朝夕相处的日子里，梦华主任的言传身教，为我开启了人生新的道路，使我迈上新的起点……

数年前，我曾撰写了数万字的人物传略《李梦华的体育之路》，连续在《体育文化导刊》发表。在送审稿上，梦华同志几次写道"非常满意""很满意"及"务必注意身体"之类的鼓励关切之语。在这次为《鸣共体育文学集》所写的《为能文能武的体育作家叫好（代序）》中又给予了很高的评价……

10月1日，当我第一时间拿到《鸣共体育文学集》后，即刻送到南城方庄李老家。此时李老仍在医院，家里只有他的老伴牟阿姨。我心里盘算，等到11月10日（阴历）李老89岁生日时，我把书作为生日礼物，送到他的病床前，亲自拿给他看，读给他听。可是，竟没等到这一天，他却先走了！后悔不迭！

11月10日，我和夫人王淑琴去看望牟阿姨。只见她面容憔悴，神情疲倦。在听到我们的安慰之后，她慢慢地讲起给李老看《体育文学集》的情景。她对我说，那天，我把你的书送到他的病床前，他很高兴。我先翻着书里的照片给他看，然后准备给他念念里面的，他摇摇头说："不要读了，以前我看过一些。铭共同志是个好人，他写得好，也实事求是，不像有些人胡编乱造，张冠李戴……"听到这些，我的心头一阵阵发热，喉头哽咽，黯然欲泪。我更加后悔不迭！如果世上真有后悔药，如果真能穿越时空，回到李老生前，即使用我的生命换回那一刻，我也在所不惜！可惜，没有如果！

那一段《购物导报》的《书市周刊》正在连载《鸣共体育文学集》中的几个人物传记。当得知李梦华主任去世的消息后，该报即刻又转载了梦华主任为我的体育文学集撰写的《代序》，并专门加了一段"编者按"："中国奥委会荣誉主席、中华全国体育总会荣誉主席、原国家体委主任、体委党组书记李梦华同志于11月9日上午溘然去世。本文是李梦华同志为体育作家周铭共的《鸣共体育文学集》所写的序言，也是这位88岁的老人生前所写的最后一篇文章。文章的字里行间充满对体育作家的关爱与支持，饱含着对繁荣体育文学艺术的期望与希冀。"

梦华同志向来很低调，不太主张别人宣传他自己。但他对体育宣传工作却十分重视。即使在他的晚年和病重期间。2010年6月，河北霸州市为筹建荣高棠纪念馆搜集资料，我和筹备组的王晓中、总设计师鄢和曦、总局体育信息中心毛军等在北京医院对梦华同志进行采访。那天，他对他的领导、师长、战友荣高棠给予很高的评价，谈到他们艰难创业和战斗友情时，十分兴奋。采访结束后，梦华同志不仅与大家合影留念，而且让牟阿姨打开桌上的茅台酒，给每一个人斟满，他逐个碰杯，表示谢意，让在场的人十分感动。

著名诗人臧克家曾为纪念鲁迅先生作诗云："有的人活着，他已经死了；

有的人死了，他却活着……”。梦华同志走了，但他的形象一直鲜活而生动。

“仰之弥高，钻之弥坚”。与梦华同志相处的桩桩往事，历历在目；谆谆教诲，言犹在耳。他那严谨的工作态度，睿智的思维，宽厚的胸怀，仁慈的大爱，朴实忠厚的为人，如刀刻，似斧凿，永远留在我的心中。

2011 年端午节

于龙潭湖畔

现保留的李梦华第一张照片，时年14岁

李梦华1940年在阜平井尔沟

李梦华1945年冬在河北张恒

担任中央团校（良乡）校务主任的李梦华，时年24岁

1949年11月，在北京市后圆恩寺胡同中央团校担任校务主任的李梦华

70年代的李梦华，在屯留干校回京时的照片

80年代的李梦华

1947年平山建团实验小组留念（左一为李梦华）

1950年10月，李梦华（前排左五）与中华全国民主青年联合会西南办事处同志留念

1952年，李梦华（前排左三）出席中华全国体育总会成立大会，与西南区代表合影留念

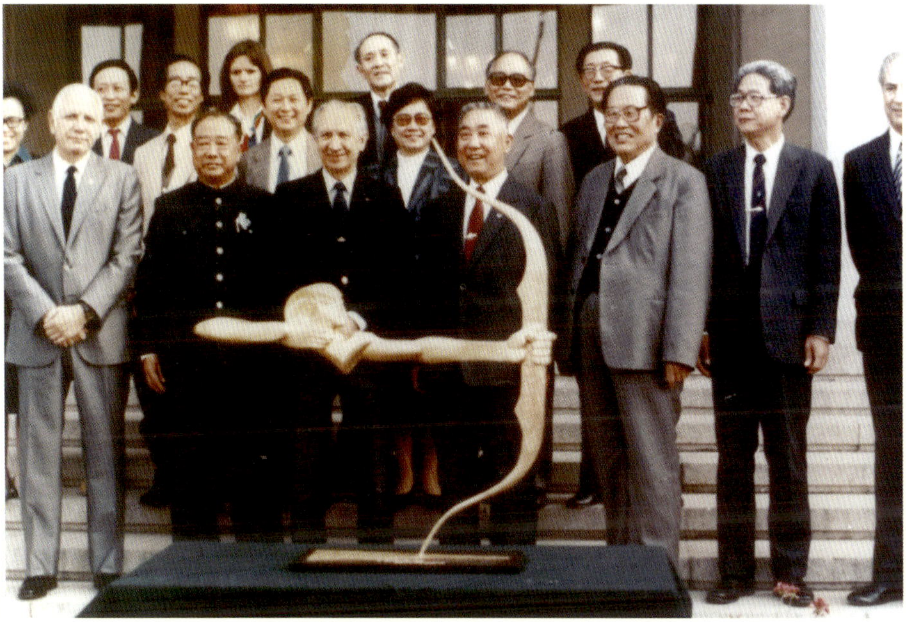

1984年，荣高棠、李梦华代表中国奥委会向国际奥委会主席萨马兰奇赠送两件体育艺术雕塑作品

李梦华（右三）率中国围棋代表团首次访问日本关西棋院

1980年，李梦华（右二）率中国体育代表团访问澳大利亚

李梦华主任（中）访问日本东京

1952年，李梦华同志在中央团校讲话

1962年7月，李梦华（前排左四）率中国围棋代表团访日

1995年，李梦华（前）在中国海南高尔夫球公开赛开幕上致辞

2002年，李梦华（右一）与荣高棠（中）在《体育之子荣高棠》首发式上

李梦华夫妇（中）、荣高棠夫妇（右四、三）、徐才夫妇（左四、三、）、何振梁夫妇（左二、一、）、张彩珍夫妇（右一、二）在屯留考察期间留影

1993年第七届全运会期间，李梦华（前排左四）与体育界领导合影。
前排：薛明（左五）、荣高棠（右五）、王猛（右四）、黄中（左三）
后排：伍绍祖（左六）、袁伟民（左三）、徐寅生（左二）、张彩珍（左四）

1995年，李梦华（右四）与日本女排合影

2008年10月，李梦华（中间坐轮椅者）出席《走自己的路——杨伯镛与中国篮球》一书的首发式后，与篮球界老中青运动员合影（前排右三、右二为杨伯镛与夫人杨慧芳）

2004年教师节，基层体育老师巧遇李梦华主任（左五），并与老主任合影

李梦华、荣高棠与中国老女排队员合影

李梦华与孙女李焱、孙子李岩依偎在一起

离休后的李梦华参加健身活动

李梦华夫妇着少数民族服装在云南大理合影

李梦华夫妇在全国钓鱼赛上获老年组金牌

元帅的烟斗

贺龙元帅的骨灰移葬桑植老家后，薛明将元帅的烟斗赠给李梦华主任，这是李梦华手持烟斗在同仁医院住院期间的留影

深切缅怀梦华同志

承前启后　开创体育新局面的好班长

袁伟民

2010 年 10 月我去广州出差前，到医院看望梦华同志，医生护士告诉我，他已经睁不开眼了，但当时我大声叫他“梦华同志，袁伟民来看你啦”，连喊几声后，他终于睁了一下眼，右手还轻轻地抬了一下，我把手插到他的手中，我们轻轻地握了一下手。想不到这竟是我们的最后诀别……

梦华同志是我的老领导，除了在我当运动员、教练员阶段的交往，从 1984 年底我当国家体委副主任以后，与梦华主任共事五年多。他既是我的老上级和好领导，又是我值得信赖的好班长。在他身上，我学到了不少可贵的东西，留下了许多珍贵的记忆。

梦华同志思路宽、点子多，勤于钻研、务实敬业。1971 年梦华从干校回来，刚出来工作，那时正是拨乱反正、正本清源的关键时期，他以高度的战略眼光，就向王猛同志提出三项重要建议：一是将体委的一些大的工作计划写报告给中央；二是召开五项球类运动会；三是开体工会，把工作布置下去。这些战略举措对全国的体育工作走上正轨起到了很大很好的作用。

梦华同志扶持年轻干部，大力培养并给以锻炼机会，使之在实践中增长才干。他提携年轻人，关心他们，包括对我的培养和使用上，梦华为我的发展进行了多方面考虑。他曾提议，准备安排我到下面挂职锻炼，尽管后来由于奥运会备战等原因没有成行，但是从这一点上，我深深地感受到梦华对我的爱护和期望。

还有一个明显的例子就是，为什么当时徐寅生向中国乒乓球女队作的一次看似平常的讲话，能够成就日后轰动全国的经典《关于如何打乒乓球》？是梦华同志独具慧眼把这次讲话记录送交贺龙同志，贺龙同志非常高兴作了批示要各运动队学习，并把这篇讲稿呈送毛主席……这里也看到了梦华同志敏锐的观察力。

梦华同志勤于调查研究，善于总结，实事求是，科学严谨。上世纪 60 年代他与荣高棠等领导同志一起蹲点中国乒乓球队。后来“百花齐放，以我为主”的战略指导思想的形成，“全国一盘棋”思想的确定，“男陪女练”训练方法的实行，“胜不骄，败不馁”“打出风格，打出水平”“从‘零’开始”等思想的提炼和升华，都是这次蹲点活动的丰硕成果。

梦华善于用辩证法指导训练和竞赛。1964 年他在上海组织召开 300 多人的训练工作现场会，集中学习观摩大松的训练。他坚持国内练兵，一致对外，发展自己的特长，创造自己的风格，走自己的路，带领体育界总结出了很多运动队成长的规律，给各项目提高与发展开出了处方。

他为人低调，宽容、正派、廉洁奉公。他具有平易近人的民主作风，所以在讨论问题时，大家可以各抒己见，无所顾虑。他经历了不少磨难，但我没有听到他发过牢骚，也没有听到他骂过谁。在他病后，我多次去看他，他的脑子还是那么清晰，精神依然是那么乐观，每次总要叫我喝一小杯。

梦华同志从事体育工作 30 多年，参与了中国体育事业的创建，是新中国体育不可多得的组织者和领导者之一。他在制定并组织实施体育工作方针政策和发展规划，加强体育队伍建设、尤其是优秀运动队的建设、提高运动技术水平、发展体育科学研究和体育理论建设、促进国际体育交往等方面，都作出了重要贡献。

任何一项事业的发展与成功，都是一代一代人不懈奋斗的结果。梦华同志在这项接力跑中，跑得很好，为下一棒打下了很好的基础。他是开创新中国体育事业新局面的有功之臣。我们永远怀念他。

1987 年，李梦华（左一）在会议期间与袁伟民（右一）、徐才（左二）、吾如仪（右二）交谈

一位令人尊敬的好领导

徐寅生

最早接触梦华同志，我还是运动员。无法忘记，那是自己在北京工人体育场参加国家队集训备战第 26 届世乒赛，当时集训队员多达 108 人。为了组织好集训，赛出好成绩，贺老总让荣高棠和李梦华等一批干部到乒乓球队蹲点，几乎半个国家体委领导班子搬到了工体，与队员们同吃同住。我当时觉得梦华同志非常深入实际，重视队员们的思想工作，注意解决他们的实际问题，与教练员和运动员的关系都很好。看到他平易近人，为人随和，丝毫没有领导架子，性格活泼的我有时就跟他开玩笑，甚至还拍打他的肩膀，而他从来不生气。倒是后来队里的领导私下提醒我："你怎么能跟领导动手动脚。"

李梦华（右一）与徐寅生（左一）、陈先（左三）、宋中（右二）等在一起

梦华同志为乒乓球花了不少心血。1973 年，他率中国乒乓球代表团前往南斯拉夫萨拉热窝征战第 32 届世乒赛，当时我的身份已经是男队教练。由于担心住处有窃听器，每次在决定上场名单时，他总是把教练们组织到公园里，弄些吃的，摆出休闲游玩的样子开会商量，很民主，而不是以领导的身份拍板。这一届世乒赛中国男团输了，但他没有责怪任何人，而是主动承担责任。

“文革”期间，梦华同志受到很大冲击，但当他重新恢复体委领导工作后，在用人方面他不计较个人恩怨，甚至使用和提拔在“文革”期间打伤他的年轻干部。他的宽容和大度给我留下深刻印象。

当我被提拔到国家体委领导岗位上后，我依然像当年当运动员和教练员一样爱动脑子思考问题。那时发现全国竞赛工作安排不断发生矛盾，我大胆提出了改革措施，对一些热门项目的全国比赛进行招标。这在当时可算是非常超前，也引起了一些人的不理解。然而梦华同志非常赞同并积极支持，他拍板决定以招标为主、结合竞赛计划对全国竞赛进行安排，成功解决了竞赛安排“大锅饭”的问题。这种做法一直沿用至今。

梦华同志很关心对年轻干部的培养和成长，他总是放手让他们去做工作，当他们在工作中出了成绩就热情鼓励，一旦出现失误，他也不埋怨。这样一来，我们一批年轻干部也就大胆工作，敢于拍板作决定，而不是事事请示汇报、缩手缩脚。1965 年，我给中国乒乓球女队讲了一次话，梦华同志看了讲话记录给予充分肯定，并且把其中的一些好的工作想法和思路向中央领导打了报告。后来毛主席看到这份报告并作了批示。

第 6 届全运会某项目两支运动队发生矛盾，其中一支队伍威胁要罢赛，在决定派谁做这支队伍的工作时，梦华同志决定派我去。这说明他相信我的工作能力，也敢于让我去勇挑重担。

在梦华同志的手下工作多年，我自己也养成了实事求是、工作务实的工作作风以及待人宽厚、大度的做人原则，这些从他身上学到的东西，成为我人生的一笔宝贵财富。他是一位令人尊敬的好领导。

为建设体育强国打下坚实基础

张彩珍

2010年7月14日，我带着108名乒乓小将半世纪后大团圆的纪念品和一把为他签满名字的球拍，到北京医院看望病痛不能应邀参加团聚的梦华同志。他是上世纪60年代初备战第26届世乒赛被贺老总派到乒乓球队蹲点的领导小组的第二把手，是由此开拓中国执世界乒坛牛耳走上长盛不衰之路的顶级功臣。我指名介绍：这是梁丽珍代表大家写的："李梦华主任，我们想念您!!!"这是徐寅生、李富荣、张燮林、邱钟惠、林慧卿、郑敏之的签名；这是我请出席昨夜盛会的体育总局副局长蔡振华为您签的名。李梦华呆呆地听着，默默地看着，久久地沉思，似在怀念渐行渐远的那段激情燃烧的岁月。这使我产生了不祥的预感，但仍没想到相隔不满4个月就进入伤逝时刻……

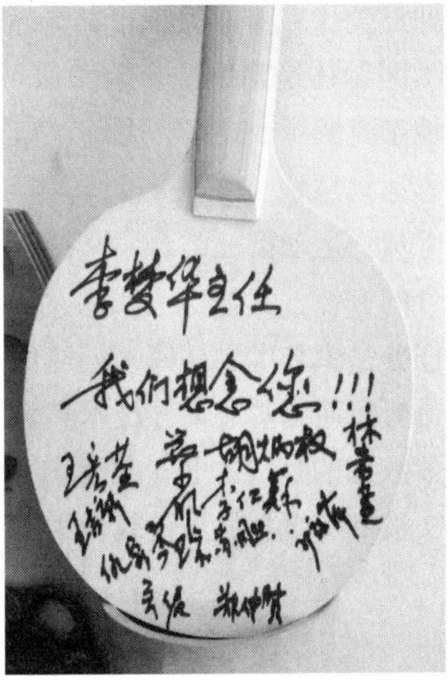

"开拓中国执世界乒坛牛耳走上长盛不衰之路的顶级功臣"签名送给李梦华主任的球拍

梦华同志为人厚道，行事低调，严于律己，有很强的亲和力、凝聚力，善于团结不同意见的同志。他能包容犯错误的同志，对整过他的人不仅不记仇，该提拔的还提拔，该保护的还保护，乐于接受有些过激的同志称他是"东郭先生"。他不争功、不诿过，还能为领导班子担责任。"文革"前，他曾为主持国家体委常务工作的荣高棠揽过，当有关领导部门有人说"业余体校培养什么体育苗子？只要管孩子们玩好就行了"。他不去争辩业余体校不是托儿所，也不申明这是体委的既定方针，而是坦言是自己提出的业务要求，若有不妥我负责。"文革"

中，“四人帮”对王猛横加批斗，他不顾江青已放言“李梦华势力太大了，我们要组织自己的人马”，在批斗会上站出来替王猛负业务领导责任。

这位忠厚长者并非平庸之辈，而是聪明干练，常有创举亮点，更多的是扎扎实实地做奠基工作，从长远战略考虑。实现中国在奥运金牌榜上“零”的突破，是他担任参加第23届奥运会的中国代表团团长；乒乓外交成功，他是中国乒乓球访美代表团副团长兼党支部书记。周总理特别交代：“团长是年轻运动员，出了问题还是要你这个老家伙负责！”他是名副其实的体育队伍建设的总工程师，他亲自撰写、支持、参与、审定、实施的一系列体育基本规章制度，特别是《优秀运动队伍工作条例》等呕心沥血之作，至今仍有示范效应。如实行领导、教练员、运动员三结合，坚持以训练为中心，思想教育、专业训练、文化学习相结合的方针，实施“三从一大”训练，必须有医疗监督和科学保障；运动队的主要任务是攀登世界高峰，创造优异成绩，带动群众性体育运动的开展，并规定运动员要定期到基层辅导技术和表演。他发表过一系列体育运动训练文章，只是绝大多数用的是“木子”等笔名而鲜为人知。他与我合作的《勤学苦练攀高峰》一文被不少报刊文集转载，用的是笔名“佳农”。

首都体育“三老”联谊会为李梦华庆祝80华诞。
右，李梦华；中，牟淑贞（李梦华夫人）；左，张彩珍

他是锐意体育改革的领导人，明确提出“以革命化为灵魂、以社会化科学化为两翼，实现体育腾飞”的指导思想，以社会化为体育体制改革的突破口，革除旧体制过于集中于国家办体育这个主要弊病，逐步实现国家办与社会办体育相结合的格局。他采纳中国体育发展战略研究会提出的“全民健身战略”与奥运战略协调发展，迅即组织力量实施，提高了体育发展水平，扩大了体育发展规模。

梦华同志当年力主建设体育强国，只是当时所提出的体育强国的内涵和发展模式等不可避免地受到时代的局限。在2008年北京奥运会取得历史性突破之后，胡锦涛总书记在北京奥运会总结大会上响亮地提出从体育大国向体育强国迈进的号召，为体育强国赋予了更加丰富充实的内涵，富有与时俱进的特征，更符合当今国情民意。全国体育界同社会各界通力合作，体育强国之梦必将圆满实现。回顾历史，应当说，是李梦华这一代人为建设体育强国打下了坚实的基础。

学习继承他的优秀品质和优良作风

李富荣

梦华同志是我的老领导，他看着我长大。在我成长进步的过程中，得到他太多的关心、支持、鼓励、教育和帮助。在我眼中，李梦华是体育战线一位非常优秀的领导人，为中国体育事业的发展作出了突出贡献。

说起关心与帮助，我想起一件小事。记得1961年第26届世乒赛在北京举办期间，我们都住在工人体育场。当时，梦华同志和荣高棠同志等领导在乒乓球队“蹲点”驻守。有一天，我身体不太舒服，走路到医院看病，恰好梦华同志的车路过，得知我的情况后，赶忙让我上车，把我送到了医院。当时我感到非常温暖，这件事虽小，却反映了梦华同志对运动员的关心以及他的平易近人。

梦华同志非常重视对年轻同志的培养，各项工作也做得非常到位。在我的工作与成长中，梦华同志给予了我热心的帮助与关心。记得1983年，我从教练员的岗位退下来后，被梦华同志派到体育学院学习了两年，这次学习让我受益很大。特别是在我学习期间，梦华同志专门安排我担任1984年洛杉矶奥运会中国体育代表团副团长，让我有机会开阔视野、锻炼能力。

1985年，我从体院学成归来，被任命为训练局局长，当时任务很重，9个项目的国家队驻训于此。梦华同志充分信任我这个“新兵”，把重担交给我。我也努力工作，没有辜负他的期望。

因为我是运动员出身，对竞技体育比较熟悉，但对体育的其他领域相对陌生。而梦华同志告诉我，体育工作不仅仅是竞技体育，还有方方面面的事要做，不熟悉的一定要去熟悉，这样才能成为一个成熟的领导干部。他让我参加体工会，并且鼓励我发言。这些都对我影响很深，可以说，我的成长离不开梦华同志的关心。

2002 年，在纪念中国乒乓球队成立 50 周年大会上，李瑞环（右一）向李梦华（左二）、荣高棠（左一）、徐寅生（左三）、李富荣（右二）颁发最高荣誉奖

翻看中国体育史和外交史，“乒乓外交”赫赫有名。1972 年，中国乒乓球代表团访美。当时，梦华同志担任代表团副团长兼党支部书记，很多大的问题由他来把关。这次访问非常成功，小小银球为打开中美关系大门作出了贡献，而梦华同志功不可没。

在运动队管理方面，梦华同志非常重视。梦华同志要求运动员全面发展，不仅要运动技术过硬，更要培养优秀品德，提高文化修养，成为全面发展的人才。中国乒乓球队这么多年来能保持长盛不衰，和梦华同志的工作是分不开的。他的这一理念，与今天大力开展运动员教育和保障工作可谓不谋而合，我们要一如既往地恪守。由此也可看出，梦华同志是多么的高瞻远瞩。

我很怀念他，我的老领导、好老师。现在虽然我也从体育一线退下来了，但我会一如既往地学习继承他的优秀品质和优良作风，继续为中国体育发挥余热。

中国体育界的一颗巨星

吴寿章

梦华同志已经永远地离开了我们，他的音容笑貌仿佛就在眼前，他的谆谆教诲仍旧回响在耳边。他的高尚品德和卓越贡献深深地留在我的记忆里，久久不能忘怀。

1983 年 7 月，我在出任天津市体委主任之后开始认识梦华同志。当时，我是体坛新兵，还没有更多直接的接触，但他在几次会议上的报告或发言却引起了我特别的注意。梦华同志有很强的逻辑思维能力，看问题透彻深刻。概括起来，他的讲话有三个鲜明的特点：有条理、有系统、逻辑性强；善于从实际出发，大话套话少，针对性强；语言简洁、朴实、幽默，启发性强。1987 年 7 月，我被调到国家体委，在他的直接领导下工作两年多，对他有了更多的了解。他的正直为人、党性原则、高度的事业心责任感、无产阶级革命家的胆识和魄力，以及深入实际、密切联系群众的优良作风，都给我留下了极为深刻的印象，他对体育工作的精通熟谙，对哲学、历史的通晓博识更使我无比钦佩。

历史上，他是新中国体育的开拓者。进入改革开放的新时代，他已成为中国体坛当之无愧的奠基人。梦华同志主政国家体委，正值我国改革开放的第一个十年。经历了“文革”的浩劫，我国的体育事业百废待兴，困难重重。为了适应改革开放的新形势，梦华同志带领国家体委的一班人坚决贯彻党的方针政策，经过大量的调查研究，从宏观层面制定了大政方针，采取了一系列强有力的措施，依靠广大群众，整合全国体育资源，在短短的十年内从根本上改变了我国体育事业落后的面貌。现在回忆起来，我认为起码有四个方面是值得肯定的：一是拨乱反正，正本清源，努力挽回“文革”给体育事业造成的损失；二是将体育事业工作重点转移到发展事业、提高水平、推动群众体育上来；三是明确了建设体育强国的奋斗目标，确立以青少年为重点的群众体育发展战略和以奥运会为最高层次的竞技体育发展战略，提出了以革命化为灵魂，以社会化和科学化为两翼的战略指导思想；四是下大力气改革体育体制，以社会化为突破口，以训练体制和竞赛体制为重点，通过改革增强体育事业发展的活力和动力。

那个年代，在梦华同志的主持下，经过了励精图治，开拓进取，中国体育进入了全面复苏和快速发展的时期。群众体育蓬勃发展，到80年代末，全国已有3亿人经常参加体育锻炼，有4.5亿青少年达到国家锻炼标准，新建各类体育场馆22万多个，群众体育呈现出欣欣向荣的局面。在竞技体育方面，实现了亚运会和奥运会两大突破：1982年新德里亚运会，我国第一次雄居榜首，1986年又成功巩固了这个优势。1984年的洛杉矶奥运会上，中国体育代表团实现了金牌“零”的突破。这是中国体育史上的一个重要里程碑，它标志着中国体育已经开始融入国际体育发展的潮流，成为中国体育全面走向世界的新起点。中国运动健儿在国际大赛上的优异成绩和上乘表现，在全国掀起了前所未有的“体育热”和爱国主义热潮，振奋了民族精神，增强了社会凝聚力，由体育引发的“团结起来，振兴中华”的口号已经成为那个时代的最强音。

2008年8月初，李梦华（坐轮椅的老人），由吴寿章（右四）等陪同参观奥运村

80年代，是我国体育史上的重要时期，它为90年代和新世纪中国体育的腾飞，全面、协调、可持续的发展提供了充分的理论根据和丰富的实践经验，为建设体育强国奠定了坚实的基础。体育界有句老话，叫做“国运兴，体育兴”。党的工作重点的转移和改革开放的方针对体育事业的恢复和发展起到了决定性的作用。党的亲切关怀和正确领导，广大群众和社会各界的强力支持，全国体育人的共同奋斗，都是这一时期体育事业发展的根本动因。作为全国体育界最高领导人的李梦华，以他的高瞻远瞩和雄才大略始终把握着事业的全局，运筹帷幄，奋力践行，最终赢得了事业的辉煌。他的历史功绩是不可磨灭的，他的名字已经与80年代的中国体育紧密联系在一起，是时代造就了中国体坛这颗熠熠生辉的巨星。

在日常工作和生活中，梦华同志的个性特征是人所共知的：开明、仁厚、宽泽。他的民主作风很值得钦佩，在汇报工作或个别交谈时，他总能耐心地听取意见，循循善诱，启发你独立思考，让你放手工作。曾记得，有两位领导同志发生意见分歧，我被夹在中间，感到很棘手，便去请示梦华同志。他不动声色地听取了我的陈述，而后从多方面提出问题让我思考，但他没有表示倾向性的意见，最后只说了一句话：“你要考虑周到，妥善处理，相信你会有办法的。”事后想来，梦华同志的做法很高明，既能打开你的思路，又能放手让你去做，还能在实践中考察干部，可谓一举三得。

梦华同志很重视调查研究，而且方式独特，讲究实效。1984年夏天，当时我还在天津工作。梦华同志来津调研，首先明确了约法三章：一是先不听工作汇报，调研后再安排；二是不许现职领导干部陪同，只要离退休干部1人带路即可；三是不许圈定调研对象，由他自由选择。三天的调研，梦华同志不顾疲劳，走遍了体委所有下属单位，亲自与运动员、教练员和基层干部交流，询问他们的训练、比赛、学习、生活等情况，掌握了大量的第一手材料。在最后的汇报会上，梦华同志针对天津体委的工作讲了很多发人深省的意见。当时我想，梦华同志的讲话之所以深刻、中肯、生动，一个重要原因，就是他深入实际，密切联系群众，真正了解群众的思想脉搏，所以言之有物，有很强的针对性。事后，他在个别交谈中鼓励我：“群众对你反映不错，好好干！”我很受感动。

梦华同志乐于助人，很多运动员、教练员、干部，都因他的帮助取得了进步。他体恤下情，帮助很多人解决工作上、生活上的困难。一位“文革”中犯了错误的干部被分配到外地，因家庭困难要求离京近一些。梦华同志亲自过问这件事，让秘书给我打电话询问是否可在天津安排。此事照办了，这位干部很高兴，对梦华同志很感激。梦华同志身居高位，能够不计前嫌，亲自为一个受过处分的工作人员解决生活困难，这种宽厚待人、随和大度的胸怀是我永远效法的榜样。

1987 年夏天，经梦华同志亲自操办，我从天津调到国家体委任球类司司长。来京之前，我听到调动的消息，有些诚惶诚恐，忐忑不安。新中国体育事业的光辉成就已为国人所青睐，世界所瞩目，其中必是藏龙卧虎，人才济济。我多次扪心自问，为什么要调我这既不懂体育业务，又缺乏领导经验的“半路出家”之人？我带着疑惑，抱着“不能不识抬举”的念头步入了国家体委的大门。梦华同志热情地接见了我，谈话却只有 20 分钟。我记得梦华同志有两句忠告：一是你新来乍到，不要急于让别人尊重自己；二是慢慢熟悉情况，工作不要着急。仔细揣摩梦华的话，透彻而深邃。正确地辨别环境，尽快熟悉业务，摆正位置，稳步行路，逐步视情况开展工作，这才是我入门的向导。体育界名人居多，是因为他们的贡献而成名，理应尊重他们，向他们学习，为他们服务。本人不是名人，自然不能计较别人是否接受自己。梦华的话发人深省，道出了做人的奥秘。为此，我订出了几条法则以规范自己的言行：事业有成不必论功，事有所急知难而上，大事面前拾遗补缺，不论机遇甘居微职。此后二十多年里，他的忠告成为我一直奉行的信条。

他是我最可敬仰的恩师，他的英名和事业将永远存活在我们的心中。

留给人间一片情

都浩然

1955年，我从大连调到国家体委，先在外事部门工作，“文革”后进入体育科教管理部门，在梦华同志领导下工作达15年之久。在工作实际中我深深感受到，梦华同志对体育科研高度重视，积极倡导，对体育科研工作的恢复和发展起了至关重要的作用。

“文革”期间，“5·12”命令宣判国家体委是“独立王国”，要统统砸烂。军管会进驻以后，首先将贺龙元帅当年一手创立起来的体育科研所撤销，认为体育就是蹦蹦跳跳，根本用不着科研，将新建的科研大楼挪作他用，科研人员全部遣散。1971年8月，周总理点将王猛将军入主国家体委，梦华同志积极建言献策，指出撤销科研所是严重错误，体育离不开科研。王猛同志从善如流，大刀阔斧地拨乱反正，很快成立了体科所恢复筹备小组，并于1972年6月指派我担任筹备组负责人，抓紧开展工作。当时千头万绪，首先抓的是人，把遣散的科研人员统统召回。

梦华同志有高度的战略眼光，他认为要以任务来推动工作的开展，他批准了“中国青少年儿童身体形态、技能与素质研究”课题。这是会同教育部、卫生部，有全国十六个省市的科研人员参加的一项大工程，体科所各部门都动员起来，投入了恢复科研工作，历时3年完成，共有论文150多篇，受到广泛好评。

这项大规模、多指标、多学科的综合研究成果，对我国学校教育、卫生保健、体育教学训练、经济、国防建设等方面都有参考价值。被国家科技委员会列为国家“科学技术成果报告”第0205号出版，在全国推广，国家科委授予科技二等奖。

为了进一步推动国家体育科研的发展，在梦华同志的积极倡导下，成立了中国体育科学学会，充分调动社会各界的积极性，同心协力地从事体育科研。并在国家体委机关增设科教司，加强对体育科技教育的领导和管理。1985 年 2 月，梦华同志在云南海埂训练基地主持召开全国体育科技工作会议，在会上发表了《振兴体育必须加强体育科技工作》的重要讲话，总结成绩、指出问题，提出今后工作的方向和要求，开创了体育科技工作新局面。

1988 年 11 月，李梦华率团参加联合国科教文卫组织举行的第二次体育部长会议。前左，李梦华；右，郝浩然

还有一件令我记忆深刻的事，就是 1988 年 11 月，我随梦华同志率领的中国体育代表团参加在莫斯科举行的联合国教科文组织第二次体育部长和高级体育官员国际会议。共有 118 个国家的代表团参加，人数达 478 人，这是有史以来世界各国高层体育领导人最大的一次聚会。梦华同志代表中国在大会上发言，介绍了我国开展体育运动的概况，阐明我国对开展国际体育的宗旨和责任，受到与会者的热烈赞扬。与会期间，他与一些国际体育组织领导人、各国体育部长广泛接触，增进了双方相互了解和友谊。他的风度和气概，展示了泱泱大国的风范。

在与梦华同志多年接触中，我深深感到他站得高、看得远，有战略思想，对业务钻研得深，常有许多独到的见解。他廉洁奉公，不谋私利，被人誉为“两袖清风，一身正气”。他平易近人，作风民主，大家在他面前敢讲真话、实话，即使在会议上也可当面与其争论，他能听得进不同意见。他非常关心群众，爱护运动员、教练员，关系十分密切，教练员、运动员可以直接闯入他的办公室。尤其难能可贵的是他惜才、爱才，胸怀宽广，即使在“文革”中斗他、打他的人，他也不计个人恩怨，依然量才重用。他的高贵品格和个人魅力，体育界有口皆碑。

去年 10 月中旬，我和老伴康维到北京医院看望卧病已久的梦华同志。我们到时，他正好不在病房，治疗去了。稍后，护工推着轮椅送他回来。他气色很好，精神饱满，满面笑容，举手与我们打招呼，对我们的到来非常高兴，问寒问暖，问子女，拉家常，气氛特别温暖。

那天梦华同志兴致极高，叫护工拿出茅台酒和干红葡萄酒，要我们喝。他说少量饮酒有利健康。我们俩确实都不能喝酒，但为了不扫他的兴，就拿起杯来尝了尝。我们担心累着老领导，向他致以深深的祝福，便起身告辞。这次温馨相聚，令人难忘！

真是“天有不测风云，人有旦夕祸福”。离我们相聚不到一个月，竟传来噩耗，梦华同志去世了。我心情十分悲痛，脑海中萦绕着对梦华同志无尽的怀念，写了一首小诗寄托哀思：

仁者驾鹤归西去，清廉淡泊写人生。
民主作风称楷模，实事求是座右铭。
鞠躬尽瘁为事业，发展体育有大功。
宽宏大量君子度，留给人间一片情。

2011 年 6 月 19 日

体操界永远怀念他

陈风平

“梦华同志”，是我们老一辈同级、下级共同对他的称呼。我们大家从不叫他“主任”，因而备感亲切。梦华同志一直是平易近人、为人朴实、好学而谆谆善诱、关爱下级的领导者。

我是从中南大行政区撤销时调到国家体委来的，当时梦华同志比我早几个月从西南调来分管运动司，他让我去体操班当主任。几个月之后他让我率中国体操队第一批运动员到苏联莫斯科斯大林体育学院学习与训练。按照贺老总的指示，他交给我们的任务是：一定要把男子6项女子4项技术学到手。那是我国初建不到一年的体操队伍，旧中国没有完整的这10个项目，更没有哪位男女运动员全项都练过，如何把各项技术和教法都学到手，我们丝毫不敢放松，每天都将苏联专家所讲的动作要领、保护方法、辅助和诱导手段都记录下来。既学技术动作，又学教学方法，经过4个月的系统训练后回国，又请了苏联男女专家普洛特金和伊万诺娃来华教练一年多，为中国体操打下一个坚实的基础。梦华同志对体操项目很关心，不断过问。他升任国家体委副主任并兼任运动系党委书记后，成了我们的直接顶头上司，我接受的教育就更多了。

梦华同志非常好学。他初中没读完就参加了革命工作，但他在工作中处处注意学习，阅读的文件、内参、清样等最多最全。我们各班主任都乐意参加梦华同志召开的会，会上他不是就事论事上来就布置或检查工作，而总是先讲讲国际国内形势，让大家开阔眼界。我们体操队当年在北京体院内，离机关25公里，当时没有公共汽车来去，靠骑自行车。不论刮风下雨，只要通知说梦华同志开会，我就会骑上车赶来参加。连我爱人见我那样来回跑都产生怜悯心。

1991 年 10 月，李梦华考察广东省河源市万绿湖水库水上基地。
中，李梦华；左二，陈风平

梦华同志关心下属，体贴部下。“文革”时他下放到山西屯留五七干校，与体操教练员叶贻达在一起养马喂猪，劳动中他仍关心体操事业的发展，关心青年教练的前途。他问叶贻达将来准备干什么？当听到叶说准备在干校干一辈子时，梦华同志严肃地对叶说“不对”，应当准备回去当体操教练才对，给了叶贻达深刻的启示和动力。后来他回机关当了一把手，对运动员出身的一般干部照样关怀备至，有个别处的领导不让懂业务的运动员干部去考国际裁判，反映到他那里，他亲自接见，鼓励运动员出身又努力学英语的干部考上了国际裁判，如孙孝贞同志一辈子都感激梦华对她的关心和帮助。

由于梦华同志对体操事业特别关心，在他生病的时候，到病房探望他最多的是体操班的同志。当我们告诉他大伙准备在体操队成立 60 周年出回忆录时，他欣然提笔题字“中国体操六十年”。他虽然没等到体操 60 周年时就离开了我们，中国体操界却永远不会忘记他对我们的关怀和支持。让我们以不断取得好成绩来纪念他吧。梦华同志永垂不朽!

中国篮球发展的领路人

张长禄

对于中国篮球的发展，梦华作出了很大的贡献，可以说他是中国篮球发展的领路人。

梦华关心中国篮球的发展，时时都在思考中国篮球的问题，有时候走在路上他会突然叫住你，问：“你说中国篮球走什么发展道路?”梦华提出“亚洲的技术，欧洲的身体，中国篮球的发展就应该走这条路。”1955 年他又在天津组织的训练工作会议上提出“快速”的指导思想。受到梦华的启发后，1957 年广州全国篮球甲级队联赛后的训练工作座谈会上提出了中国篮球发展战略——积极、主动、快速、灵活、准确的指导思想。在这种战略的指引下，中国篮球运动迎来了高峰，1959 年男篮、女篮都取得了突破性发展，分别战胜了欧洲一些强队。

梦华这个人有自己的思想和见解，尽管工作很忙，但是他想得很深，管得很宽。记得 70 年代的一天，梦华把我和其他三位中国篮球的老教练陈文彬、杨福鹿、程世春叫到他的办公室，专门谈教练员培养的问题。他说：“我看，优秀的运动员不等于优秀的教练员。”新中国成立之初的优秀运动员文化水平普遍较高，很多都是大学生，所以在短期内我国的各项运动较快地攀登上世界高峰，后来逐渐呈下降趋势。梦华看到了这种情况，他想得很深，他当时就设想为运动员上文化课。

梦华关心干部、培养干部，关心运动员。80 年代初，他就提出要给老运动员伤残补助的问题。

大家对他都比较亲，也都很尊重他，那时很少有人叫他李主任，通常都是称他“梦华同志”，或者直接叫梦华。张之槐同志和梦华都是从西南来国家体委工作的，之槐比梦华年龄大，梦华很尊重之槐，之槐也很尊重梦华，在布置工作时也总是说：“梦华指示，……”

梦华爱才，不拘一格使用人才。梦华心胸非常坦荡，对犯错误的同志挽救，对反对过他的人也不计较，很多人在后来的工作中都得到提拔任用。

梦华长我四岁，但是我总把他当长者，他是我工作上的领路人。1978 年前后，有人写信告我的状，梦华让之槐把信交给我，让我把事情讲清楚。我一条一条地写出来，解释清楚了，误会解除了，我和那位同志后来关系很好。从这件事的处理上，我深深地感受到梦华对我的信任。在十运会期间，有一天在吃夜宵的时候，梦华和老伴儿招呼我："长禄，来喝一杯酒，你是有功的……"梦华不忘过去的老同志所做的一些工作，我很受感动。

梦华同志是中国体育卓越的领导人，虽然不是学体育的，但他的思想很超前，他爱动脑筋，想问题想得很深。他真心实意地关心干部，关心运动员，大家都对他有很深的感情，我们永远怀念他。

体育人的光荣和骄傲

季明焘

梦华同志是新中国体育事业的组织者和领导人之一，他为自己一生所追求的理想和事业忠诚奋斗、忘我工作，终因积劳成疾，匆匆离开了我们。梦华同志的逝世，使我失去了一位崇敬的老领导、好领导！我闻听此讯时，悲痛万分，久久不能平静。梦华同志的高大形象、优良作风，时刻在鞭策激励着我们。

我与梦华同志相识是在1955年的全国体工会上，那时我刚刚调入体育系统工作，才27岁，对体育工作的性质、任务和规律还缺乏深入的了解，更面临着共和国各项事业百废待兴的艰巨形势。在同梦华同志的交谈中，他鼓励我不要惧怕困难，要把党的体育事业作为自己毕生的奋斗目标，安心终生从事体育工作。我记得在我们最初见面的那次谈话中，他曾满怀深情地对我说："你知道吗，最让我开心的是在中国搞体育工作，毛主席为我们制定的任务是发展体育运动、增强人民体质，这可是一项利国利民、万古长青的事业噢！"在与梦华同志长达半个多世纪的接触中，他的这些话一直像座右铭回响在我的耳边，时刻鼓舞着我，激励着我，使我坚守在体育工作的光荣岗位上，恪守着体育工作为增强人民体质服务的信念，直到离职休息。

梦华同志对党的体育工作的根本任务有着独到和深刻的理解，记得1988年在山东举办全国城运会期间，他在来山东检查指导工作时说："山东群众体育基础好，要继续多关心群众体育，使之成为与竞技体育协调发展的基础。"他还不止一次地同我谈过："体育工作的首要任务，是增强人民体质，提高民族的健康水平。"他在实践中始终把关心人民群众的健康放在首位，强调体育工作必须面向大众、为人民服务。上世纪80年代，他就带领我们大胆探索体育管理体制改革以及训练与竞赛体制改革的新渠道、新途径，以求建立一种多渠道、多层次、多形式兴办体育事业的体育社会化之路。他多次来山东，深入基层，调查研究，

1993 年 9 月第 7 届全运会期间在北京，梦华（左一）与薛明（右二）、季明焘（中）、李凯亭（左二）等合影

亲自倡导和支持了我省为振兴山东体育而集资建设体育场馆的尝试，在我省体育场地设施建设上逐步形成了政府主导、社会支持、群众协办的格局。仅用了 3 年时间即建成了山东省体育中心。梦华同志亲自出席了省体育中心纪念碑的揭幕仪式，他说，这是一块人民群众支持体育事业的丰碑，我们要把它立在每一个体育工作者的心上，时刻不要忘记人民群众的支持，全心全意地为人民服务。翌年，国家体委批准在山东举办首届全国城市运动会，作为对人民体育事业的一个回报。

梦华同志十分关心体育队伍的思想建设和组织建设，他经常告诫我们要尊重科学、尊重人才，他亲自抓干部培训工作，亲自上课当教员。我就曾多次参加过国家体委举办的这种短期培训。梦华同志讲课深入浅出，入情入理。每次听他讲课我都会有新的收获。我们按照梦华同志的要求，在 80 年代将县区体委主任普遍轮训了两遍，有效提高了这些基层干部的管理水平。梦华同志朴实而又严谨的工作作风给我留下了深刻印象，在每次参加全国体工会时我都喜欢抽空到他家聊上一会儿，梦华见到我总是那么亲切，一句“老季”，一杯清茶，使我们一下子拉近了距离。梦华同志最关心的是运动队的思想建设和基层体育设施的建设情况，他说，这两个建设哪一个也不能放松。放松运动队思想建设，就不能打胜仗、出成绩；放松基层体育设施建设，群众就不满意，为人民服务就是一句空话。他援引邓小平同志的话说：“要两手抓，两手都要硬！”梦华同志是这样说的，也是这样做的，他每次来山东考察，首先要看的是我们的运动队和训练基地，最关心的是市县级的体育场地设施建设。在他的关心下，山东以创建全国体育先进县为抓手，加速了基层体育设施建设的步伐。上世纪，山东的全国体育先进县的数量曾在全国名列前茅。

梦华同志严以律己、宽以待人，十分关心体育战线的同志。在一次交谈中他偶然得知我这个“老兵”还从未观瞻过奥运会等重大赛事，他便指示有关部门安排我参与第10届亚运会中国体育代表团的工作，担任代表团副团长，使我得到了学习锻炼。他每次来山东，总是轻车简从，下基层也不让过多的人陪同。他来山东，从没有接受过任何礼物或馈赠。“一身轻松来，两袖清风去”，这就是梦华同志的真实写照，正是一个真正共产党人这种坦荡作风，使我们之间保持了半个多世纪的朋友和同志关系。梦华同志是我们体育人的光荣和骄傲！

敬仰怀念好领导

魏振兰

梦华主任是一位令人十分敬仰、怀念的老同志。他毕生献身给中国体育事业。他的音容笑貌给后人留下的敦厚、诚实、亲切的深刻印象，深深铭刻在我心中。

梦华主任长期领导国家体委工作，我作为一个地方——广东省体委的工作人员，在长达40年中有过不少接触。受教育最深的是在广东承办第6届全运会期间，那时梦华主任亲自担任组委会主任，我是组委会副秘书长兼竞赛部长。

1983年，我陪同省政府杨德元副省长去上海学习第5届全运会的经验。期间，向李梦华主任汇报广东对承办六运会的框架设想。梦华主任说，六运会交给广东办，是首次不在一个大城市里办，你们应当从广东的实际出发，广东省是我国率先实行改革开放兴办特区的省份，要充分利用政策优势，用足政策，要充分利用好改革开放政策给广东带来的经济发展成果，办出有新意、有特色的成功的运动会，达到隆重、热烈、精彩、圆满的目标。在谈到国家体委如何支持广东的事项时，梦华主任说，一是给你1000万基建补助，1000万行政经费补助；二是政策方面，你们提出来凡是合理的国家体委给予支持。至于如何完成承办任务，靠你们去想办法。

对广东来说，尽管经费尚不尽满足，但梦华主任的讲话对如何办六运会，已指出了明确的指导思想和目标，这比经费更重要。

据此广东省作出部署：

在场馆建设方面，一定要改变广东的落后状况（当时，体育设施在全国排名第22位），为办好六运会提供一流的场馆，提供物质保障。第一，要建天河体育中心，以省政府投资为主；第二，赛事任务以广州为中心分散到周边有条件的、经济发展比较好的市县办，设20个分赛区；第三，给各分赛区场馆建设一些优惠政策，可免征建筑税，鼓励企业、外资投资参与建设，解决经费困难。这些措施，调动了各地的积极性，新造场馆44座，改建56座，根本上改变了广东体育场馆落后面貌，为六运会提供了物质保障。

1984年，李梦华主任听取六运会筹备情况汇报，说广东省充分利用改革开放的大好形势，想办法解决了场地建设问题，改变了过去由国家大包大揽的做法，很好，为全运会创造了好条件。他强调办好全运会的大量工作还在后头，要重视办好开幕式，办得精彩、有新意。开幕式办好了，就是大会成功的一半。

广东迅即组建了筹办开幕式的班子，特别是团体操创编团队。在认真研究分析历届全运会团体操表演的形式、特点的基础上，提出要实现精彩、有新意，必须结合4个要素：一是紧跟发展形势，体现改革开放精神成果；二是要把体育元素与文化艺术元素结合起来，改变过去的以徒手操、器械操和队形变化为主调的表演形式，才会有更大的想象空间来表达时代精神；三要认真挖掘广东民间的文化艺术体育的精华，融入团体操表演；四要采用大型背景画面，与表演团队及6万观众互动的立体情感交流表演效果。梦华主任观看表演，给予了很高的评价。萨马兰奇深有感慨地说：体育与艺术的完美结合，是我过去看过的最好的运动会开幕式的表演。并说这个运动会是一流的设施，一流的组织，一流的人员。

广东通过承办六运会，大力推动了社会参与办体育，开创了新局面。如发行六运会基金奖券（对后来发行体育彩票、福利彩票起了先导作用）；成立六运会服务总公司，统筹社会捐赠、集资，制作和销售六运会会徽、吉祥物、各种纪念品；开发体育广告、产品，为广东名、优、特产品生产企业有偿使用六运会标志；给企业捐赠投资搭建平台，调动了社会办体育的积极性。这不但解决了经费困难，而且提高了广大群众参与体育事业、参加健身活动的意识，推动了群众体育运动的开展。

六运会的许多创新，产生了深远影响，为后来举办大型运动会所借鉴，并日臻完善。这充分显示出梦华主任作为优秀领导的高瞻远瞩、深谋远虑的大智慧和战略眼光，令人万分敬佩，久久不能忘怀！

最后一个称我“小年”的老领导走了

年维泗

我和梦华同志是在1954年8月的匈牙利世界大学生运动会上认识的，那时他才30来岁，很年轻。几十年来，在日常工作、业务中，我和梦华同志接触的机会并不是太多，而他给我留下的印象却是非常深刻的。记得我刚进体训班的时候，大家都称呼“小年”。到训练局当教练以后，有些人称呼为“老年”，到棋院任职党委书记的时候，我被称呼为“年老”。每回梦华同志见到我，都亲切叫我“小年”。如今，我已是步入古稀之年的老体育人了，能够叫“小年”的老领导，梦华同志是最后一个，也走了。

几十年相处，我从来没见过梦华发脾气，从来没见过他在我们面前诉说什么困难，从来没有听过他对手下发牢骚，也从来没有严厉地批评我们。足球的问题，不是一个、两个人能够解决的，就算成绩再不好，梦华仍然耐心地听取我的意见。这些事使我感到梦华同志宽广的胸襟。

记得有一次，我在对白俄罗斯队比赛中，腿被对方守门员铲断了，伤后住在积水潭医院诊治。多位领导都去医院看望我，梦华同志也在其中，他来到我病床前安慰我说：“运动员在球场上是锻炼，受伤以后，到病床上，也是锻炼。”他还劝我利用这段时间多看书，多学习。在那个年代，那个条件，运动员必须按照教练的要求一日三练，晚上还要开会，没多少时间看书。梦华同志这些言语深深鼓励了我，增强了我治伤和养伤的信心和耐心，充分利用病休的时间学习和思考，我看了不少书，写了不少笔记并且常和大夫交流治病和养伤的知识，使自己感觉突然成熟了。

我的伤口恢复以后，已很难再在国家队踢球了，于是我要求回到北京队。但是，梦华依然劝我留在了国家队，并安排我当国家队二队的助理教练，1963年时，安排我到一队当助理教练。1964年，我又被派到湖南足球队当了7个月教练，而且获得了“模范教练”的荣誉。当年9月份，我从湖南回京，参加“四清”工作组，去了山东海阳县大沟店乡工作。1965年年底回京，正值重新组建国家足球队，梦华等领导在征求意见后确定我为国家队的主教练。当时这批来自五湖四海的运动员，体质和素质都非常好，在1966年柬埔寨的亚洲新兴力量运动会上获得了亚军，五星红旗第一次在国际性综合大赛的绿茵场上升起，也是直到现在为止我们国家足球队取得的最好成绩。当时从运动员到教练员，意气风发、气势很盛，下决心下次一定要得到冠军。遗憾的是回国后遇上了“文化大革命”，球队被解散了，我的主教练生涯也被停止了。想想这一段往事，梦华同志惜才爱才，如果没有让“受伤”的我担任主教练，那么我就不可能有机会为足球而奉献，更不可能取得后来的成绩。

1988年，我当选足协主席。那时候，女足的经费没有列入计划，女足国家队的经费都是用男足的部分经费，条件确实很艰苦。当时已经有人提出体育社会化，让体育与社会经济结缘，但在那个年代国家队不能挂名企业，不同于省市队。但为了发展女足国家队，解决她们的困难，我就积极寻求赞助，提出了“中国足协和广州奇星药厂共建女足”的想法。这种标新立异的想法遭到众多人质疑和反对。但梦华听取不同意见后毅然支持我的想法，支持我去勇敢地试试，对我说：“小年，也可以算是革命行动吧！”他的这个决定，给“四面楚歌”的女足带来革命性的变化，这样女足才有了后来的节节攀升，才有了后来享誉全国的“铿锵玫瑰”美丽绽放。

梦华对我们退休的老同志非常关心。他曾经多次问我老同志生活怎么样，待遇怎么样，身体怎么样。他跟我讲：“退下来的老运动员，可能已经没有其他的能力了，学习耽误了，身体受伤了，但一定要保证他们生活在中等水平以上。”我就根据梦华指示，推荐那些二十七八岁将要退役的、各方面表现较好的运动员去国外踢球。例如，我们就推荐了沈祥福去日本的富士通俱乐部踢职业足球，而且后来他是唯一一个在日本当上主教练的中国人。

每当想起梦华同志，他的一段话总在耳边萦绕：“怎么样衡量一个干部？能够提出问题，又能够解决问题的是好干部，能够提出问题，但不能解决问题的是一般的干部，不能提出问题，又不能够解决问题的是没用的干部。”而他就是我们永远怀念的“好干部”。

很痛心，最后一个称我“小年”的老领导，也走了。

梦华同志虽然离开了我们，他留下的精神财富，永远指引我们前行。

难忘知遇之恩

杨伯镛

我最敬重的一位国家体委的老领导梦华主任，已离开我们快一年了，但是跟随梦华主任一起工作的那段时光恍若昨日，历历在目，而梦华主任对我的知遇之恩和谆谆教诲，更是让我时时铭记在心，不能忘怀。

在我的执教生涯中，经过自己的认真总结和探索，提出了一些新的观点，篮球界一些同志是持反对意见的。记得在杭州举行的全国篮球训练工作会议上，我结合在篮球王国——美国考察的结果，从中国篮球运动的实际情况出发，提出了“要树立以防守为主的训练指导思想，通过防守训练促进攻守技术的全面发展”，否定了过去“以快为主，以攻为主，积极，主动，快速”的指导思想。当时篮球界的很多人都反对我，说是违背积极主动的原则，不符合毛泽东思想。在这关键时刻，梦华主任给予我全力的支持，鼓励我大胆改革和创新，去探索符合中国篮球运动发展的道路，让我有自由的空间去舒展才能，提高中国篮球竞技水平，后来中国男、女篮球队在亚洲和世界篮坛取得的一系列优异成绩，证明了改革和创新是正确的，是符合中国篮球事业发展的特点和规律的。

在 1980 年亚洲篮球锦标赛上，中国女篮以负 33 分惨败于韩国队，正当我国的篮球事业跌入低谷之际，当时的国家体委党组领导任命我担任中国国家女子篮球队主教练，当时有人反对说：“女篮的教练怎么让一个男队的教练当?”但梦华主任对我充分信任，鼓励我大胆放手去干。通过我们团队近两年的艰苦训练和顽强拼搏，中国女子篮球队在 1982 年印度新德里亚运会上勇夺冠军；1983 年巴西圣保罗第 9 届女子篮球锦标赛上获得第三名，使五星红旗第一次在世界篮坛冉冉升起；1984 年 8 月参加在美国洛杉矶举行的第 23 届奥运会，中国女子篮球队再次获得第三名，使五星红旗又一次在世界篮坛和奥运会的竞技场上冉冉升起，为祖国争得了荣誉。这是中国篮球史上迄今为止取得的最好成绩，我也成为我国第一批被国务院批准的高级教练员。

1986 年，我在教练的工作岗位上由于种种原因，受到了不公平的待遇，不让我继续担任女篮主教练。我去找梦华主任，他认真听取了我的汇报，在充分了解了情况后，他仍对我委以重任，把我调任国家体委篮球处处长，让我继续为发展我国篮球事业作贡献。在国家体委机关工作的这 10 年中，我从篮球处处长升任训竞二司副司长、司长的职务，在国家体委的正确领导下，在全国篮球工作者的团结努力下，国家男子篮球队在世界锦标赛和奥运会上两次进入前八名；国家女子篮球队在澳大利亚世界锦标赛上和第 25 届奥运会上两次获得第二名，使五星红旗再一次在世界篮坛和奥运会竞技场上冉冉升起，完成了奥运会争光计划，为祖国争了荣誉。1989 年我被国家体委授予全国体育运动荣誉奖章。

对于梦华主任这样一位精通业务、知人善任的好领导，我永远心存感念，不只是感激梦华主任对我的知遇之恩，更多的是感念梦华主任对中国体育事业的杰出贡献，他对事业的那份热爱和执著，对人的那份关爱和宽厚。他永远是我最尊敬的老领导，没有梦华主任，就没有我的今天。知遇之恩，终生难忘！

我永远是他眼中的“小鬼”

郑凤荣

对于我来说，梦华不仅仅是一位领导，更是我的一位良师益友，每次见到我他都叫我“小鬼”。

与梦华第一次见面的情景，我现在依然记忆犹新。那是1953年国家田径队刚从天津回到北京训练，一天，我们正在田径场土地的跑道上训练，他来到训练场，当时我还不认识他。我记得很清楚，他竟然下来和我们一起起跑，当时的他还穿着皮鞋，起跑后差点摔倒，好在当时年轻，很快就调整过来了，没出什么意外。后来，他经常到训练场来体验基层生活，这样平易近人的好领导，是我来北京后头一次见到的，给我的印象非常深刻。

1984年访问苏联期间，李梦华（中）与郑凤荣（右）、朱建华（左）在一起

梦华曾是我这个“小鬼”的救星。记得大概是1960年的六七月份，那时候由于每天我都训练到很晚，很累，到食堂时基本上已经没什么菜了，有时就凑合着吃点白米饭加点白糖。有一天晚上八点多钟，我肚子疼得厉害，自己还不知道是阑尾炎，整整痛了一夜。第二天早晨，梦华同志正好来运动员宿舍查看，他见到我疼痛难受的模样，立刻用他的车把我送到了友谊医院。由于及时抢救，做了手术，病情没有恶化。之后的几天他还常派人来看我，关心我。后来医生说：“多亏送医院送得及时，否则就有生命危险了。”

他非常体恤运动员，经常会来看我们训练，问我们吃得怎么样，医疗设备怎么样。他用心去关心爱护每一位运动员，决不是当官做老爷，他淡泊名利，对人宽容，心胸开阔，生活中严于律己，勤俭节约，是中国体育界杰出的领导人。他以身作则，用他的一言一行作表率。在长时间的潜移默化中，他的言谈举止对我的影响很大，影响着我的一生，他经常教育我们要谦虚谨慎，戒骄戒躁，夹着尾巴做人。

梦华对工作兢兢业业，注重实践与经验，这个精神对我的影响很大，在工作中，我也是下场地比较多的，总想着为大家做点儿实事。后来在中国体育服务公司成立之初，梦华任命我为公司副总经理，充分发挥我作为运动员的影响，中国体育服务公司在国内第一个举办了国际马拉松比赛、555汽车拉力赛，还第一个引进了门球、台球比赛等。

原来梦华眼中“小鬼”的我，现在已经75岁了，身体虽然有伤病，但我的精神很好，我还在不停地努力，希望还能为老运动员们多做些事情。梦华没有做完的事情，我希望能继续做下去，来回报社会。

在那登山事业的关键时刻

王富洲

我们敬爱的老领导梦华同志逝世快一周年了，体育界都深深地怀念他。梦华同志当年没有分管过登山，因而我们直接的接触并不多。但在登山事业发展历程中遇到过几次重大难题的关键时刻，都得到梦华同志的热情关照，并圆满解决，对恢复和发展我国登山事业起了关键作用。这是我们终身铭记在心的。

上世纪 60 年代初，我国登山运动取得辉煌成绩，先后征服了世界最高峰珠穆朗玛峰和最后一座 8000 米以上无人登过的西夏邦马峰。可是在 1964 年开展的“四清运动”以后，有一种舆论认为：“登山、登山，登山队应该回归山里，呆在北京干什么呢?”于是就要成立西藏、新疆、成都等 5 个地方登山队，把国家登山队撤销。当时我是国家登山队的党支部书记，多年的实践使我深切感到，成立 5 个省市登山队是好的，有利于发展登山事业，但是撤销国家登山队不妥。攀登世界高峰必须有中央各部的协同作战，需要军事、外交、科技、器械生产等部门的密切配合，没有在北京的机构和人员，光靠省市是无法解决的。我向有关领导反映我的意见，没有得到认可，心里十分焦虑。后来终于在食堂吃饭时遇见了梦华同志。

当时，我们登山队居无定所，尚未建立怀柔登山基地之前，也是梦华同志批准我们住在体育馆路东楼，到马路对面训练局的运动员食堂用餐，解决了食宿问题。梦华同志深入群众，经常到运动员食堂查看，那天我抓住机会，在饭桌上详细讲述我的看法和意见。他点头说：“你的想法是对的，我们会考虑你的意见。”不久国家体委果然保留了国家登山队的机构和骨干，在机关也确立了登山的管理部门，使工作正常有序地开展。

1965 年，贺老总提出了再次攀登珠峰的任务。因为 1960 年 5 月 25 日我和屈银华、贡布三人登上珠峰顶时，虽然取得了峰顶的 9 块岩石，但当时正值黎明前的暗夜，没有留下任何影像资料，这是一大缺憾。贺老总指示，这次一定要留下五星红旗在珠峰顶上飘扬的镜头，而且还要争取有女队员登顶。西藏登山队主动承担这个光荣任务。我和许竞等前往拉萨协助搞训练工作。可是正当我们紧密有效地备战时，“文化大革命”爆发了，一切都乱了套，任务取消，队伍解散。我们就回到了北京。

1968 年“5·12”命令下达，国家体委成了“钻进不少坏人的独立王国”，要彻底砸烂，实行了军事接管，把干部、群众统统赶到了山西屯留“五七”干校。体育事业遭到了灭顶之灾。1971 年形势有了转机，毛主席开创“乒乓外交”，周总理点将 38 军政委王猛到国家体委当主任。王猛同志到任后拨乱反正，气势恢宏，把军管人员撤回部队，将屯留的体委干部全部解放调回北京，充分依靠体委干部大力恢复体育工作。梦华同志成了王猛主任的得力助手，提出了许多重要的战略建议。

在华山攀岩活动现场。左二，李梦华；左一，王富洲

那时，梦华同志亲自找我谈话，要我考虑如何恢复登山事业。他说，我们要以任务来带动事业的恢复和发展。他要我们拟定重登珠峰的计划，当年贺老总提出的任务，因“文革”而中断，现在贺老总已被林彪集团迫害致死，我们一定要

实现他的遗愿。我怀着一种崇高的责任感，带领几位同志下省市作调查研究，经过反复酝酿讨论，拟出了重登珠峰的计划，报国家体委和国务院，得到了复出工作的国务院副总理邓小平的批准。在社会各界的大力支持下，经过登山健儿的精心准备、顽强拼搏，终于在 1975 年 5 月 27 日北京时间 14 时 30 分女队员潘多和男队员索南罗布、罗则、侯生福等共 9 名运动员再次登上世界最高峰，出色地完成了各项任务。

回顾历史，梦华同志在我国登山事业的关键时刻所发挥的关键作用，是我们永远不能忘怀的，他的领导思想和工作作风，值得后人很好地继承和发扬。

指导我人生关键“棋”的好师长

聂卫平

李梦华主任离开我们了，我失去了一位宽厚而正直的师长，他对我的教诲让我终生受益，至今铭记在心。

1973年的春天，发生了一件决定我一生命运的大事。由周总理提议、邓小平副总理批准，中国国家围棋队重新组建了。我荣幸地被选入由三十多名全国各地的高手组成的集训队，这是中国围棋也是我个人围棋生涯中的一件大事。作为围棋集训队的一员，我也重新认识到了自己的社会价值，恢复了做人的尊严。

1974年4月，我的名字被列入访日的中国围棋代表的名单。访日比赛，这是当时多少棋手梦寐以求的事啊！那时候每两年才能去一次日本，参加中日围棋对抗赛，我本来以选拔赛第一名的成绩入选，就等着出发去日本参加比赛了。

但就在我翘首以待时，却突然传来了我插队的黑龙江山河农场拒绝为我作政审鉴定的消息，我当时真的就像掉进冰窟窿一样，凉透了心。当时全国正在进行“批林批孔”运动，特别是1974年初，报纸上发表了一个叫钟志民的反对他爸爸“走后门”让他当兵的事迹后，全国掀起了反对“走后门”的高潮。时任国家体委副主任李梦华原想保我，可在这风头上他自身难保，也就爱莫能助了。当中国围棋代表团乘上赴日的航班的时候，我痛苦绝望得几乎要崩溃，万念俱灰。

李梦华及时找到我，和我谈心，他说：“你的情况我都了解，但你不能就此颓废，要勇敢面对，回农场参加劳动，取得农场的谅解。”经过他这一番开导和教诲后，我坐上了返回山河农场的火车。回到农场后，我只语未提出国参赛夭折一事，而是积极投身劳动，任劳任怨。农场对我的表现大为吃惊，对我的误解也烟消云散。

我对李梦华那次给予的语重心长的教诲终生感激。如果不是他开导我，当时年轻气盛的我很可能自暴自弃，从此破罐子破摔。很难想象，如果我不坐上回农场的火车，那将会产生怎样的后果？我还能下好棋，成为一位对国家和对社会有贡献的棋手吗？

每盘棋关键的着手只有那么几步，人生之路最关键处也只有那么几步，发生在 1974 年那件事情对我来说就是人生关键处的一步，是李梦华帮我过了那道关。

1985 年发生的一件事情则令我有些哭笑不得了。当时有人到国家体委告状，说我在镇江赌博。李梦华当即找我谈话，问我怎么参与赌博？我当时愣住了，因为我长这么大，还没有去过镇江，而且我从小到大，从不参与赌博，在镇江赌博又从何说起呢？李梦华一听，顿时也哈哈大笑起来。

以上两件事，我记忆深刻。李梦华对后辈成长的关心程度亦可见一斑。一旦后辈身上发生重大事情，他很着急，马上就做出反应，及时处理，对我如此，对其他后辈也是如此。

李梦华（左一）陪同阿沛·阿旺晋美（左二）、方毅（右二）等到机场迎接凯旋的聂卫平（中）

1988 年，国家体委授予我“棋圣”称号，这件事我至今都不知道原委。在我内心里，我一直认定是李梦华操办此事。这件事惊动了邓小平、万里等中央领导，万里对我说：“由中国政府授予‘圣’的称号还从来没有过。”邓小平还特地让我将棋圣证书带给他看一看。当时邓小平对我说了句“圣人不好当呀！你还是当老百姓好。”这句话给我的印象非常深，后来我经常想这个问题，我不是什么圣人，也有犯错误的时候，早晚要把这个称号辞了。

但当时国家体委授予我“棋圣”称号，对围棋形象的提升、围棋地位的提高也起到了一定的积极作用，这也是国家体委及李梦华主任为围棋所做的一件添柴加薪之事。

李梦华一生光明磊落，坦荡无私。我们两家是世交，他和我爸爸很熟，我弟弟聂继波还曾在他家住过几年。但他担任国家体委副主任和主任这么多年，却从来没有为我搞关系、走后门。我曾多次想请他吃顿饭，他都予以拒绝。晚年他的经济状况不太好，但他却从未给自己谋私利。他对党忠诚，为人宽厚，做领导兢兢业业，做人坦坦荡荡。

李梦华离开了我们，我失去了一位尊敬的师长，从此再也不能亲耳聆听他的教诲，亲眼目睹他宽厚的笑容，不胜痛惜！

终生铭记的关爱

胡祖荣

2010 年 11 月 9 日，梦华同志走了，生命中最关爱我的老领导走了。听到这个消息，我的内心久久不能平静，往昔的一幕一幕像电影一样，不断地在我头脑中闪过。

我在国家田径队，是梦华同志看着我成长起来的。但更多的直接接触是在我严重受伤之后。1971 年夏天，我在举重房练习杠铃负重深蹲时，不幸硬膜外微血管破裂，血肿压迫脊髓神经，使胸部以下大半个身体失去知觉，造成了严重瘫痪。

我出院之后，领导安排我住到了体育科研所大楼一层最东头的那间屋里，梦华同志马上就来看我了。在以后的岁月里，他对我的关爱无时不在。有时他在科研所四楼开会，会后就来看我，关心我的病情和生活，经常问我有什么困难。他的每一句话都让我暖在心里，让我感到党和组织对我的关心。在梦华同志和各级领导的关怀下，解决了我许多实际问题。例如，我当时住在科研所办公大楼内，生活上很不方便。后来体委第一次专门给著名教练员盖了栋两层楼，一共才 24 套，梦华同志就想到我，特批了一套住房给我。而且在我受伤后，继续让我享受运动员的伙食待遇，还给我派了护理人员照顾我的生活。这一切我要特别感谢梦华同志，感谢历届体委领导，感谢历届田径管理中心的领导对我的关心，让我感受到了党的关怀，感受到体委领导对受伤运动员的关心，感受到了社会主义制度的优越。

梦华同志不仅在生活上关心我，而且还鼓励我要勇敢面对现实，鼓励我在身体力所能及的情况下，可总结以往的训练经验，为体育事业继续作出贡献。我很感动，很受鼓舞。我决心身残志不残，坚强地生活，过好特殊的下半生。受伤前，我已经是亚洲撑竿跳高纪录创造者，当时在田径队里，我和倪志钦、崔麟、陈家全曾对党宣誓，要冲击世界水平和世界纪录，我因受伤没能实现自己的理想，但我想可以为后面的年轻运动员当铺路石，所以我一直很关注国外训练动向，利用我住科研所的有利条件，经常去图书馆查阅资料，也常给《田径》杂志写稿。在查阅外国资料中我发觉有许多身体训练手段图案，十分形象，易于理解。于是我决定要编写一本图文并茂，可供青少年和运动队的运动员，在发展专项身体素质训练中，选择更有效的训练手段和方法的教学参考书。

有一次，一位体育界的老前辈顾尔承老师，来探望我时，翻阅到我案桌前一大叠已写好的图文并茂的身体训练手段文稿，感到很有参考价值，马上报告了梦华同志。梦华同志非常支持我的写作并作了重要批示，《体育报》记者陈克敬还对我进行了采访。在写作中，由于我高位截瘫，时常突然发生痉挛，墨水泼到写好的稿纸上。梦华同志听说国外有一种特效药能缓解痉挛，于是就让秘书张一沛出国时给我买回来。我使用后效果非常好。那时候体委外汇很紧张，为一个运动员专门到国外去买药，太难得了。梦华同志还专门请了一位祖传的老中医来给我看病，使我恢复健康，继续从事写作活动。

1980 年 6 月人民体育出版社出版了我写的《身体训练 1400 例》，受到广大中小学体育教师和业余体校教练的喜爱。被誉为身体专项训练的“体育词典”。国家体委领导为表彰我做出的成绩，授予我中国体育界最高荣誉——“体育运动荣誉奖章”。当时的国务院副总理万里同志颁奖后指出：“如果各条战线上能有千千万万胡祖荣这样的青年，我们的四个现代化就大有希望，我们的国家就大有希望……”我受到了莫大的激励与鼓舞。

之后，梦华来探望我时又鼓励我说：“要好好总结撑竿跳高训练。”后来我又出版了专著《撑竿跳高》，并参加编写了《田径百科全书》《残疾人与体育》《中国残疾人手册》等书。

梦华对中国体育的贡献很大，是中国体育事业的奠基人之一。梦华同志生前对我非常地关心，是我生命中特别要感恩的人，我永远怀念他。

现在，梦华同志已离我们而去，但他对我的关爱我将终身铭记在心！

振兴武术　功不可没

赵双进

我 1978 年调到国家体委机关武术处工作，任中国武术协会秘书长，直至 1992 年离休，这十多年正是我国武术运动发展的关键历史时期。我亲历和见证了中华武术从“文革”后的低谷崛起、重振雄风并走向世界的光辉历程。现在面对武术在五大洲 140 多个国家和地区蓬勃开展的兴旺景象，饮水思源，首先怀念的是我们的老主任梦华同志。

梦华同志在上世纪 80 年代初接任国家体委第一把手之后，对武术情有独钟，他以高度的战略眼光、强劲的引导魄力，在党的改革开放的路线指引下，充分依靠广大干部群众，成功地抓了堪称改变我国武术历史的 3 项工作。这 3 项工作，概括地说，就是：开了一个好会；办了一件大事；树了一面旗帜。

所谓开了一个好会，就是在 1982 年 12 月 6 日至 12 日，国家体委在北京召开的全国武术工作会议。由政府机关出面邀请社会各界人士专门研究武术问题，这是新中国成立以来也是第一回，这个具有深远历史意义的会议，就是遵照梦华同志指示经过精心准备，并由他亲自主持召开的。

会议规模很大，围绕弘扬民族文化遗产、振兴武术运动、造福人类这个大主题，集思广益，共商大计，成果丰硕。会后下发的《全国武术工作会议纪要》，成为 80 年代我国武术运动发展的纲领。会议结束时，代表们受到党和国家领导人的接见。

第二项工作，是根据梦华同志指示，于 1983 年至 1986 年间在全国开展的“摸清家底、挖掘整理武术遗产”的大规模调查研究工作。这项大工程在全国除西藏、台湾外共动员了 28 个省、自治区、直辖市的 7814 人，深入到城市和广大农村，寻访了 14881 位拳师，历时 3 个年头。

通过艰苦细致的普查，摸清了我国千百年来流传民间的，符合“源流有序、拳理明晰、风格独特、自成体系”标准的拳种共 129 种，初步摸清了我国武术的“家底”。经过各地初步整理，已编写出地方拳械录共 651 万字。为各拳种流派代表人物录制的技术录像 394.5 小时，为后世留下了可资借鉴的技术资料，最大限度地避免了“人琴俱亡”的危险。

同时，还通过开展以“献拳经、拳谱，献兵器实物，献功法技艺”为内容的“三献”活动，收集了较有价值的文献资料 482 部，古兵器等习武器材 392 件，有关武术历史活动的实物 29 件。

1986 年 3 月，在北京故宫午门东朝房举办了“武术挖掘整理成果展览会”，引起了社会广泛关注，各界人士参观者络绎不绝，扩大了影响。正如新华社通稿《中华武术甲天下，千年瑰宝今生辉》中所说：“这一内容丰富的展览表明，我们无愧于后人，中华武术将在这一代发扬光大，它正以崭新的风姿跻身于世界体坛。”

1986 年 3 月 25 日，李梦华（前左一）陪同程子华（前左二）参观在故宫午门东朝房举办的武术挖整成果展览时，赵双进（前左三）在作介绍

第三件工作是树了一面旗帜。这面旗帜就是“让武术走向世界，为人类服务”。这是中国武术界的宏图大计，并写入了 1982 年召开的全国武术工作会议纪要，成为80年代我国武术工作的重要内容。1984年11月，在武汉召开了有13个国家和地区武术团体代表参加的座谈会。会后，向全世界发表了呼吁建立国际武术组织备忘录，点燃了武术国际化之火，迈出了武术走向世界的第一步。

在1985年和1986年分别在西安和天津举办了两届国际武术邀请赛。应国际武术界的要求，在济南和杭州举办了国际武术教练员、裁判员训练班，为开展正式的国际比赛做好技术准备。并经酝酿协商成立了“国际武术联合会筹办委员会”。

第一步是于1987年9月在日本横滨市宣告成立亚洲武术联合会，同时举行了第一届亚洲武术锦标赛。两年后在香港举办第二届比赛。经多年努力，武术被列入1990年北京亚运会的正式比赛项目。古老的中华武术终于跨入国际体坛的殿堂。

趁亚运会的东风，于1991年在北京举办了第一届世界武术锦标赛，一个崭新的国际体育组织——国际武术联合会也同时在北京宣告正式成立。为武术走向世界作出突出贡献的梦华同志当之无愧地被选为第一任国际武联主席。

人们常说“十年磨一剑”，在梦华同志的指挥下，国家体委各部门通力协作，经过十多年的努力，办好3件大事，终于使一个险遭灭顶的古老项目恢复了生机，并跨出国门走向世界，跻身于世界体育之林。这是个了不起的巨大成就。这项工程的总指挥梦华同志功不可没。

在振兴武术走向世界的历程中，梦华同志还给我们留下了许多闪光的思想，也可以说是他的武术观，如——

他认为武术不是一般的项目，在我国具有特殊地位。他曾多次强调：“我们现在开展的项目有40多个，但武术不是四十分之一，它应是二分之一。”特别是在“文革”后拨乱反正、百废待兴的时刻，他郑重地说：“武术要是丢了，就要犯历史错误，成为历史的罪人。”

他说武术是体育又是文化，具有中华文明的丰富内涵。因此开展武术运动，既要贯彻“普及与提高相结合”的方针，又要贯彻“百花齐放、百家争鸣”的方针。他提倡“推陈出新”，认为在武术的技术上没有精华和糟粕之分。他呼吁武术界要加强团结，经常向民间武术界人士强调：“可以抬高自己，但不能打击别人。”

他认为，开展武术活动的形式、组织形态、传承方法，都要符合民族体育的特征。他主张沿用传统的“院、馆、社”等组织形态，不一定非要走运动队的道路。他认为武术的功能已从技击为主转变成健身为主……

梦华同志这些关于武术的思想，是宝贵的精神财富，值得我们学习、继承和发扬。他虽然已离开了我们，但对武术的贡献将永载史册。我们深深地怀念他，武术界衷心地感谢他，他永远活在我们心中。

梦华同志与击剑运动

许光黎　陆　佺

得知新中国体育事业奠基人之一、原国家体委主任李梦华同志逝世的消息，我们的心情很悲痛。梦华同志一心一意扑在体育战线，在全国体育系统有着很高的威信，他有一副菩萨心肠，平易近人，经常与教练员、运动员促膝交谈，大家都能无拘无束地向他敞开心扉。在我们的心目中，他永远是一位好领导、好老师、好朋友、好兄长。回顾我们几十年的击剑教练生涯，深深感到梦华同志对我国击剑运动的发展也有很大贡献。

我们都是 50 年代后期考入北京体育学院，成为新中国第一批专修击剑运动的本科毕业生，后来成为国家级教练。击剑运动是单人对抗性很强的竞赛项目，场地设施要求高，花钱多，被称为贵族化运动。国际剑联成立后的几十年中，历届世界比赛的前列名次虽全部被欧洲的选手垄断，但我们中国人有灵巧和速度，在这项运动中也有发展。1958 年，世界冠军匈牙利击剑队来华访问，在男子佩剑比赛中，许光黎打败了世界大学生运动会的冠军，引起轰动。

我们毕业时，国家处于困难时期，国家体委对运动项目进行调整。有些人认为击剑运动是洋项目，应取消，现在连饭都吃不上，哪有财力和精力搞这种贵族化的运动？学击剑的学生都急了，纷纷联名给时任国家体委运动竞赛司司长的李梦华同志写信，力陈要保住这个项目，血气方刚的我们言辞甚至有过激之处。就在 1960 年底，38 岁的李梦华同志升任国家体委副主任。他说：取消一个项目很容易，可是要搞起一个项目就很难了，我们已经培养了一些击剑人才，他们的热情和积极性很高，要保护。

困难时期过去了，“文革”的冲击来了，我们又不得不中断酷爱的击剑事业。1973 年击剑项目才得以恢复。

当时在全国，江苏省击剑队是一支训练刻苦有素的劲旅，率先在世界比赛中创佳绩，取得历史性突破。1978年，栾菊杰在世界青年击剑锦标赛上带伤获得亚军，作家理由先生的一篇《扬眉剑出鞘》更是让亿万国人扬眉吐气。1983年、1984年栾菊杰连续获得世界比赛女子花剑冠军，在李梦华同志率代表团参加的第23届奥林匹克运动会上又获女子花剑冠军。

击剑教练员进一步提出要全面发展我国的击剑事业，不满足于“一花独放”，女子要上，男子也要大发展；花剑上去了，重剑、佩剑也要搞上去。梦华同志认真听取了我们的意见，认为体育需要竞争机制。他创造性地提出发挥地方的力量，宣布连续拿了4届全国运动会冠军的天津击剑女队为国家黄队，与国家红队（江苏队）竞争，以利于发现、培养更多的人才。红黄两队与全国多支击剑队加强了相互学习、交流比赛经验，比肩走向世界。天津队的王会凤是继江苏栾菊杰之后的又一位中国最杰出的女子花剑运动员，在1992年巴塞罗那奥运会上，仅以一分之差获得女子花剑银牌，令我们夫妇感到欣慰。那时陆佺是天津女队主教练，许光黎是击剑队总教练。

如今我们已经退出剑坛十几年了，回忆亲身经历和李梦华同志对击剑事业倾注的心血，感慨万千。新中国的击剑运动从无到有，两下两上，发展壮大到今天成为世界击剑运动四大强国之一，与梦华同志的坚持努力是分不开的。我们十分钦佩敬仰他毕生的体育情怀和优秀品质，永远缅怀梦华同志。

有口皆碑的良师

郝克强

梦华同志离开我们快一年了，他亲切和蔼的音容笑貌至今仍映现我的眼前。

梦华同志 50 年代中期随贺龙元帅从西南调来国家体委主管竞赛和运动员训练工作。他与荣高棠同志一起在中国乒乓球队蹲点卓有成绩，促使我国乒乓球队在国际体坛大放异彩。70 年代初，他率领中国乒乓球队访问美国，为促进中美恢复邦交，增进中美人民间的友谊发挥了积极作用，受到周恩来总理的表扬。80 年代开始，梦华同志担任国家体委主任。从那个时候起，我一直在他的领导下工作。我感到很幸运的是，我遇到了一位良师。

我至今难忘一件事，那是在 80 年代初。一天，梦华同志约体委三个直属单位负责人谈话。有训练局副局长张钧汉同志、体委科研所长王汝英同志，还有新体育杂志社总编辑的我。这次谈话，梦华同志讲的很多话记不起来了，但他着重讲的是要做好本单位的工作，一是要重事业，二是要重团结。这两条给人印象很深。多少年后，看梦华同志在体委的所作所为，给我突出的感受也就在这两条上。他是说到做到的。

梦华同志主管运动员训练工作，始终兢兢业业，认定目标，努力排除干扰，坚定不移。在改革开放初期，他提出了“以革命化为灵魂，以社会化、科学化为两翼，实现体育腾飞”的指导思想。在日常工作中，他总是强调要“以训练为中心”。

梦华同志是我国围棋协会第一任主席。由于他的积极支持，使我这个围棋协会副主席得以干成一些事。从 70 年代开始，为了响应陈毅元帅号召振兴我国围棋，我曾想学日本报刊的做法，由新体育杂志社办了《新体育杯》围棋赛，给围棋国手们提供锻炼才华的场合。我找了梦华同志，他热情地给予支持。当时有人认为我搞此事是“不务正业”，梦华同志说只要对事业有利，不必听这闲言碎语。于是，我国第一个由社会传媒办的围棋赛事就由此诞生了。

要讲团结，梦华同志在体育界内外是有口皆碑。他待人大度宽厚，处处以团结和谐为重，从不整人。我亲历的一件事，至今难忘。那就是对待台湾围棋活动家、企业家应昌期先生。应先生受聂卫平在中日围棋擂台赛的胜利感动，毅然回大陆在上海创办应氏杯世界围棋赛。当时中国棋院负责人主张应氏杯赛在北京举办，但应先生坚持要在上海办。双方争持不下，弄得很不愉快，《中国体育报》还以大版文章批评应先生。应老一怒之下索性把应氏杯赛放到新加坡举行。梦华同志和我都不同意这样对待应老。后来应老邀请梦华同志和我，还有人大法律委员会副主任、北京棋院院长宋汝英同志到新加坡观光比赛。梦华同志和我们在新加坡与应老坦诚攀谈，应老说他办围棋赛事为传承和发扬中国这块传统瑰宝，梦华同志表示支持应老的想法，后来经多方工作，终于使应氏杯围棋赛在我国大陆举行，一直持续至今。这件事的成功，梦华同志以大局为重，从中斡旋，起了很大作用。

1984 年郝克强（左）在香港向梦华介绍围棋情况

80 年代开始，梦华同志积极主张改革开放，面向世界，我国成功地举办了奥运会。我国体育健儿努力拼搏，为祖国赢得荣誉。我们新体育杂志社同日本有关方面合作，成功举办了中日围棋擂台赛。办这个比赛，也受到梦华同志的支持。每次聂卫平凯旋，他都要亲自到机场迎接，问长问短，深表关切。梦华同志出访过许多国家，见多识广。我曾随他带领的体育代表团访问北非突尼斯，归来在德国柏林等候转机的几个小时，他还抓紧时间带领我们到马克思故居参观，使我深受教益。

梦华同志平易近人，生活简朴，乐于帮助同志。很多同志有事都愿意找他谈。我看见有的同志出的书，是由他题写的书名或作的序。我离休后将历年撰写的文章选集成一本册子《体坛杂话五十年》。我请梦华同志写序，没想到，他立刻答应下来。没几天便送来写的序文，其中对我的工作颇多鼓励。这是我珍藏的也是他留给我的一个最后的永恒的纪念。

务实又开明

鲁　光

有的人还活着，就忘掉他了，或者说，就不愿想起他。有的人，去了天国，还常惦记着他。梦华同志，就是一位这样让人惦着念着的好人、好领导。

我在上个世纪60年代进《体育报》时，他已经是国家体委副主任。作为一个普通记者，似乎没有机会与他直接接触，只是远望或者仰望而已。质朴无华、威严、实干，这是我对这位副部长的最初印象。“文革”中，我在山西屯留“五七”干校见过他。他在饲养班劳动，养猪养羊。80年代初，我在国家体委机关上班。其时，他已接替王猛同志，出任国家体委主任。我有较多机会接触这位正部级领导干部。

“质朴无华”的印象依旧。“威严”却被“随和”代替。他善于出点子，很精干，思想解放，很开明。

1985年，根据萨马兰奇的建议，我国举办了一次全国体育美术作品展。筹备工作落到了宣传司教育处。当时，我是教育处处长。国家体委专门开过一次办公会议研究体育美展的事。会上，我提出了承担这次展览的两个要求：一、给资金30万元；二、在评审作品时，如果领导看不懂某些艺术作品时，请不要发表意见。因为中国美术正处于多元时代，届时什么流派的作品都会出现，如果领导过分介入，就比较麻烦。梦华同志完全同意这两个要求，并说：“经费再加20万。50万办下来就行。”领导这次展览筹备工作的有徐寅生副主任和何振梁、吴重远等同志。我们处的几员干将温文、邵世伟、周铭共、杜盛来，跟我一起策划、筹备了一年多时间，终于把展览办成功了。这是一次高水平的全国艺术展览，其中荣获特等奖的两件雕塑作品，被国际奥委会收藏陈列。美术界对国家体委领导的重视和开明，给予了极高的评价。

1985年秋天，我奉命调回《体育报》社工作。

有一个传言，真假未加证实。说是党组会研究干部提拔时，干部部门提名“徐世成”为《体育报》社常务副社长兼副总编，梦华问：“从哪里调来的?”干部部门同志说：“徐世成就是鲁光。”梦华笑道：“就是鲁光呀。”半年之后，我又被任命为这家报社的社长兼总编辑。

到报社上任之后，碰到了几件棘手的事。

一是当时还处于计划经济时代，报纸售价 5 分一份，而成本价已是 1 角。其时，发行量是 60 多万份。发行量愈大，赔钱愈多。有一年，亏损达 700 余万元。1987 年 3 月 3 日上午，体委开办公会议，专门研究报社问题。梦华说：“《体育报》是宣传体育的主要阵地，体委离开这张报纸是不可想象的。各部门都要关心支持。经费上的困难，要帮助解决。贷款还不了，体委要背起来。下决心解决，卖掉裤子也要解决。”他又说“不能板起面孔办报，宣传政治思想要结合实际，要生动活泼。大块文章要少，小题不要大做，大题可以小做……”

有这样务实又开明的领导，有这样思想解放的领导，我们的胆子就壮了，士气也足了。头两年的亏损，财政部按政策都给补上了。1988 年在国家体委领导，尤其是在主政的李梦华主任的支持下，《体育报》更名为《中国体育报》，从周 4 刊改为日报，大胆走市场，社会效益和经济效益都出现了可喜的变化。《中国体育报》成为当时争相阅读的一份报纸。

1987 年，李梦华主任（前排中）接见《中国体育报》地方记者。前排左一，鲁光

二是“文革”后，干部调整配备情况比较复杂。提拔干部常常会碰到如何对待“文革”中比较“活跃”的一些人。如，我们拟提拔的一位副处业务干部，“文革”中曾是“李梦华专案组组长”。为此事，我去找梦华主任，征询他的意见。梦华说：“不影响使用，你们视情况定。”他的宽容和大度，使我们没了包袱，将此人提拔使用。这对团结使用在“文革”中有过错误的人，起到了良好的作用。

三是上海市有一位校长因抵制有关部门占用学校操场盖房被撤职。我们发表文章为他鸣不平，并要求上海有关领导加以纠正。此事连续报道了数次。据说，上海市有位领导给梦华主任打招呼，要求制止体育报再刊登稿件。梦华只跟我说了此事，但未表态。之后，我们又登了一回，直到那位校长复职。在是非面前，梦华的原则性是很强的。

1988 年汉城奥运会，梦华是中国体育代表团团长。成绩不理想，只夺得 5 枚金牌，与洛杉矶奥运会夺得 15 枚金牌相比，大失所望，舆论哗然。“兵败汉城”的指责满天飞。我率领《中国体育报》采访团经历了这次大赛。梦华让新闻发言人转告我，别的报纸管不了，希望体育报把握分寸。我们采访组开了会，认真研究了梦华的意见。在洛杉矶奥运会上夺得 15 枚金牌固然可喜可贺，但那是在苏联和东欧各国未参赛的情况下取得的。汉城奥运会，苏联和东欧各国都参加了，夺金的难度肯定要大得多。我们承认失利，承认不足，承认暴露出来的问题，但又不跟风。我们集体（阎乃华、沈子毅、缪晖、黄伟康和我）写出了一篇有分量的评述《圣火熄灭后的思考》。此文，被《新华文摘》全文转载，给全国观众一个实事求是的客观剖析。

汉城奥运会后，有一天国际司魏纪中来电，说：“梦华让你们体育报写出检查……”真是莫名其妙，写什么检查呀！我跑去问魏纪中怎么回事，魏纪中说：“有人说，你们在日本逛红灯区。”告状者不知出于何种心理。我马上找梦华主任，说明情况。去汉城路经东京，在新宿住了一晚，半夜到一早走，逛什么红灯区呀，真是胡说八道。梦华听后，说：“乱反映，别管它了。”梦华的坦诚、率直、果断，让人感动，令人敬佩。

过了不久，便传来梦华离休的消息。在人们的心目中，他的离休，多少与“兵败汉城”有关。其实，从洛杉矶凯旋，中国体育代表团团长也是李梦华。不以胜败论英雄，说起来容易，实践起来却很难。其时，有广东企业家找我，想请李梦华参加一个活动。我去八面槽登门找了梦华，他痛快地答应了。我们一道南行。我想，让老主任出去散散心也好。

梦华好喝一点酒。在民族饭店庆祝首届全国体育美展成功举办的宴会上，美术界几位好酒的画家，频频与梦华碰杯。梦华杯杯一饮而尽。画家刘勃舒是全国品酒委员，自恃有几分酒量，几杯下肚后，悄声对我说：“李主任好酒量，为人真豪爽。”我曾兼任几年《中国钓鱼》杂志主编。梦华离休后，曾约他一起垂钓京野。便餐时，我们也一起喝过酒。他豪爽地与我碰杯，我故意问：“我们是什么关系喝这个酒呀？”他说：“钓友、酒友呀！”我以当老领导的酒友为荣。没了官位的隔阂，喝酒的氛围是最佳的。正如林语堂说的，“眼前只有知心友，两旁全无碍目人”。

写此回忆文章时，正好是一年一度的清明节。回想起头年冬天到八宝山为梦华送行的情景。寒风中，悼念的队伍排出好几百米。我与梦华主任的老秘书张一沛和夫人曾淑银排在一起。我们边往前挪动脚步边想起梦华的一生。梦华主政国家体委时，提出了一个宏伟的目标——体育强国。随着北京奥运会的成功举办，强国梦正在实现。梦华这个名字，不知是哪位高人给起的，但起得真好。梦华梦华，梦系中华。他为中华民族的伟大复兴奋斗了终生。

好人走了，但他依然活在我们心中。

“梦华梦华，梦系中华”

2011 年 4 月 5 日清明节之晨

恢宏大度的老主任

万伯翱

在和癌症进行了十多年顽强斗争后，梦华叔叔终于在2010年11月9日以八十又八的年龄永远地西去不归，但他宽大为怀公而忘私的形象却永远活在我们广大体育工作者心中……

在病重住进北京医院最后一年多时间里，晚期的癌细胞加快扩散，疯狂地吞噬着他的生命。在和癌细胞痛苦的斗争中，他清楚来日不多，但他老人家还像过去一样，毫无沮丧心情，豁达而充满了革命乐观主义精神，照样常看看《中国体育报》，甚至还看《中国钓鱼》等杂志。孩子们照样买来成箱的茅台酒："老人一辈子钟爱国酒，就让他喜爱的这一口到终点吧……"

所有的老体育工作者都颂扬他从不居功自傲，不为名利所动。这就是中国优秀知识分子、中华民族传统的优良品质"淡泊名利，宁静致远"。

"文革"中，作为国家体委副主任的李梦华叔叔也是逃不过"四人帮"所指挥的"造反派"无休止地批判斗争。作为忠实执行邓小平和贺龙"反革命修正主义滔天罪行"的他，实际上是位出生于河北平山县的一个贫苦孩子。至今他的家乡解放前党中央所在地西柏坡，纪念馆中还有一幅小青年李梦华在台下聆听刘少奇同志讲解中国第一个土地大法的黑白照片。

大约是1967年初，"四人帮"煽起了"狠批贺龙反革命修正主义路线在体委的黑班子"的狂风暴雨，大字报铺天盖地地贴满了国家体委办公楼的走廊和办公室。1968年，"造反派"在北京体育馆召开体育界几千人的批斗大会，这种暴风雨似的袭击，使这位16岁走上革命道路，1938年入党的老同志防不胜防，深为中国体育事业担忧。这种大批判还不够给他抹黑，又在现在的训练局礼堂进行"面对面内部深挖猛批"（此时的李梦华副主任还兼任运动系即训练局党委书记）。"造反派"口口声声地称李梦华为贺龙、荣高棠的"黑高参"，破坏体育事业的罪魁祸首。不谙世情和历史上没有任何革命经历的青少年被这股强劲的极左思潮鼓动到了极致。“造反派”喊出了“打倒反革命修正主义分子李梦华”的口号，在狂呼乱叫中，一名身穿运动服的十几岁青年运动员突然冲向弯腰低头的“反革命”李梦华，“啪”就是一个大嘴巴，李梦华还未来得及看清是谁，就又被一阵口号声和两个“造反派”踢弯了腿，摁下了头。李梦华刹时觉得两耳轰鸣，眼冒金星。回到家里右耳还是轰鸣不止，最后发现此耳已经穿孔，不幸不过不惑之年就失聪了，这真是“有力一掌”啊！

时过境迁，1973 年小平同志再次复出，为了扭转体育界混乱局面，小平打电话给当时主管体育的副总理陈锡联下达了命令：“要坚决排除干扰，你再不恢复李梦华同志工作，我就亲自去国家体委宣布解放李梦华同志！”第二天，陈副总理即在体委干部大会上宣布中央决定，解放李梦华同志。一天下午李梦华正在办公室批阅文件，突然有一位二十几岁的青年轻轻地叩门进来，一进来后深深地鞠躬并说：“李主任我十分对不起您，1968 年‘文革’中我少年无知，受‘四人帮’毒害，那个上台打您耳光的青年就是我呀！请您处分我吧！”李梦华惊讶地说了一声：“是你?!”随后忙让这个青年坐下，还让秘书给他泡了一杯新茶。这位青年紧张的心情顿消，泪花四溅。梦华还拍了拍青年的肩膀：“青年人谁不犯错误，知错改错就好，回去放下包袱好好工作，党组织会对你既往不咎！”

这位青年回去后真是“放下了包袱，开动了机器”。后来不断奋发进步，带领队伍屡建奇功，在亚运会、奥运会赛场上夺取了很多金银铜牌，李梦华不计前

李梦华（左）给荣获《中国钓鱼》杂志征文特等奖的万伯翱（右）颁奖

嫌，提拔他到重要的领导岗位。后来他也成为中心主任，还当上了全国政协委员呢！当时身为中央组织部长的胡耀邦知道了此事，表扬梦华同志："好，梦华有无产阶级革命者的胸怀，像个老同志呀！"

梦华同志不计前嫌已成为了佳话，1977年至1978年，李老和王猛主任一起主抓拨乱反正，迅速恢复国家队正规训练，同时选拔使用有能力的业务干部。当时有一位"四人帮"时期的体委"造反派小将"，"文革"中"造反"表现积极，面对这位有错误的年轻干部，李老专门约她到办公室，当面撕毁了她在"文革"中有关她的造反材料，对她说："好好工作吧，不要有后顾之忧了。"这位一时受了"四人帮"蒙蔽的青年喜极而泣，一直努力工作，直到光荣退休。

卸下国家体委主任、中共中央委员和全国政协常委以后，梦华同志也不再登体委的办公楼他的办公室了，参加各种会议和活动也从不发言。他说："我就是退下来的一位老党员、老体育工作者，让一线同志多讲，我不要影响他们的工作！"但是他一直发挥着余热。比如我原来所在的《中国体育》杂志社里的任何一项有意义的创收活动，他都积极参加。他总是这样对我说："报刊有困难，我和他们一起活动，有收益就能减少国家负担！"从书法的角度来看他的毛笔字不算好，但也是"名人书法"呀。我们举办的很多活动，都有他老人家留下的珍贵墨宝。全国新闻界网球大赛这样的业余性质的全国比赛，一线领导很少来。每每请他，他都会乐意参加新闻发布会和开幕式，而且还拿起毛笔为大赛题写苍劲的大字："文坛妙手、网坛健儿"等等题词以鼓励全民健身运动。

对于《中国钓鱼》举行的各种名人比赛，梦华叔叔总是以一位老渔翁身姿，携带夫人牟阿姨，不顾年老辛苦，又是参加垂钓又是频频为获奖者发奖，真是一头革命老黄牛，给文体军界钓手们都留下了难忘的印象。

李老西去了，作为一个体育工作者，我的心很沉痛。特写此文以表哀思。他的音容笑貌时常萦绕在我的脑海，他从谏如流、宽宏大量的高尚情操永远值得我们后人学习。安息吧李老，您永远活在我们心中！

2010年11月于北京苇花书屋

振兴体育的带头人

熊斗寅

梦华同志离开人世已经快一年了。我们体育系统的老同志们都深深地怀念着他，他的音容笑貌，他的和蔼可亲，特别是他为体育振兴所付出的巨大努力和特殊贡献，都牢牢地印刻在我们心中。

50 年代初，正当百废待兴的时刻，中央决定成立中央体育运动委员会，并任命无产阶级革命家贺龙同志担任主任，这是我国现代体育史上的划时代的重大事件，可以说是振兴我国体育的重要决策，为新中国体育在短时间内赶超世界先进水平起到不可估量的作用，奠定了新中国体育发展的基础。干部决定一切，贺老总受命之后的第一项措施就是从原西南区和其他大区调来几员“大将”，分别担任国家体委的竞赛、球类、群体、教育和外事的领导骨干，支撑起国家体委这座大厦。李梦华同志被调来担任竞赛司司长。这在当时是体委的重要业务部门。

如果新中国高水平竞技体育的发展以参加和举办奥运会为标志的话，大体上可以分为 3 个阶段：从 1952 年象征性地参加赫尔辛基奥运会到 1988 年汉城奥运会，中间经历了艰苦而复杂的漫长历程，只能算为新中国高水平竞技体育初创或发展阶段；1992 年巴塞罗那奥运会到 2004 年雅典奥运会是跃进阶段；2008 年举办北京奥运会开始，可以认为是振兴阶段。尽管我们的竞技项目发展还不平衡，但我们的整体实力已经达到世界先进水平。可以自豪地说，我们用了不到 60 年的时间走完了西方发达国家一二百年竞技体育发展的历史。这当然要归功于党和国家对体育的重视，改革开放带来的勃勃生机和整体国力的增强以及广大体育工作者，特别是运动员、教练员的奋斗。但作为体委的老同志，一定不会忘记梦华同志在体育事业上所建立的功勋。他是当之无愧的振兴体育的带头人。

大家都还记得，梦华同志1954年调来体委，1960年他38岁时担任副主任，“文革”后辅佐王猛同志拨乱反正，使体育工作迅速恢复正规。1981年至1989年担任主任。这正是我国体育大发展的准备时期，没有这一准备就不可能出现从1992年到2004年的跃进，更不可能申办成功2008年北京奥运会。所以说梦华同志的贡献恰恰在于承前启后。在这期间，中国体育事业开始走向法制化、社会化、科学化和国际化轨道，成为奥林匹克运动的重要成员，为未来发展奠定了坚实基础。

梦华同志十分强调全面发展体育的方针，我曾不止一次听他在报告中提出要一手抓群体，一手抓竞技，但迫于形势和政治的需要，我们不得不优先发展高水平竞技体育，使我国体育首先冲出亚洲、走向世界，从一个方面凸显中华之崛起。

我早期在国际司担任秘书，与各位司长都有所接触，和梦华同志也并不生疏。他的艰苦朴素和平易近人的作风给我们留下深刻的印象。最使我难忘的是在“文革”后期，一次我因在干校劳动中不慎腓骨骨折，返京疗养，有一天当我去训练局医务室治疗途中，见到刚从干校调回协助王猛同志工作的梦华同志。他很关心我的伤情，并说当时对国外情况很不了解，马上就是慕尼黑奥运会，问我能不能利用在京疗养期间提供一些国外体育动态。我说当然可以，但是科研所解散了，只有国际司有外国体育报纸。他马上表示设法给我送来。第二天上午，果然王猛同志的秘书就送来一大包法国《队报》，于是我就摘要翻译最新的消息，每周提供一份国外参考资料，大约有两个多月。可见梦华同志是如何重视体育情报。

慕尼黑奥运会前夕，我在干校和武福全同志值夜班，听他说由于信息闭塞，我们有的队伍参加国际比赛上场就犯规被罚下来。我听了很不是滋味，就当场在煤油灯下给王猛主任写了一份报告，建议尽快恢复科研所情报资料室，提供国外体育情报。这份报告由武福全返京参加党代表会亲自交给王猛同志，不料仅仅一周时间，体委就下了调令，调回原科研所情报资料室的我们6位同志返京。这时梦华同志已经在体委上班，但尚未任命。我们的调回肯定是他的建议。当我返京之后，我去看他，他和我聊了一个多小时，除了谈论国际体育形势外，他非常惋惜科研所被取消，人员流失。记得他说：“像高大安这些吃过苏联洋面包的科研人员现在不少流散在各地，对事业是很大的损失。一定要想办法把他们调回来。早日恢复科研所。”果然不到一年，科研所在委领导的关怀下恢复了。

1984 年体育科学学会在昆明召开理事会扩大会议，并表彰体育科研工作者，李梦华（右七）与体育科研所人员合影。左一，熊斗寅

1979 年元月，在党的十一届三中全会召开的鼓舞下，国内正蓬勃兴起向四个现代化进军的高潮，我在体工会召开时，写了一份报告，题为《关于加速发展我国体育事业的几点建议》，送梦华同志并转王猛同志。提出了 9 条建议。内容涉及体育工作宏观的方方面面。受到他们的重视，王猛同志亲自批示作为《值班简报》印发司局长传阅。这对我是极大的鼓舞。后来我把这些建议经过补充修改写成论文《现代体育与体育现代化》，作为我研究体育现代化的开篇之作，在全国有较大的影响。可见他们是如何重视知识，重视人才。这也是梦华同志的一贯作风。

今天，当我们这些老同志在怀念梦华同志的时候，我们衷心希望他的这种热爱体育事业、苦心钻研业务的敬业精神和高尚情操；艰苦朴素、平易近人的领导作风；相信科学、尊重知识、尊重人才的崇高美德，能为继任者和体育界传承和发扬，为振兴体育不断作出新的贡献。

梦华同志精神不朽，他永远活在我们心中！

重视关怀体育科研

王汝英

2010年11月9日，一位平易近人、艰苦朴素、对事业兢兢业业、不断开拓进取、为我国体育事业作出巨大贡献的梦华同志离开了我们。我们十分怀念他！

梦华同志非常重视我国体育科学研究和体育理论建设。他不仅大力支持“中国体育科学学会”的发展，还亲自主持建立了“中国体育发展战略研究会”。经过座谈研讨，他提出了：“以革命化为灵魂，以社会化、科学化为两翼，实现体育腾飞”的体育改革和发展的指导思想，以及“以青少年为重点的全民健身战略与以奥运会为最高层次的竞技体育战略协调发展”的著名观点。

梦华同志一贯对体育科技工作高度重视，给予了巨大的关怀与支持。

一、1964年底根据贺龙副总理的指示，梦华同志在上海主持了以观摩日本贝冢女排大松博文教练训练现场为主的全国训练工作会议。在观看了大松教练的大强度、大运动量及滚翻救球新技术等的训练后，经过与会者的热烈讨论，连同先前大学解放军的“从难、从严、从实战出发”，加上大松的“大运动量”训练，梦华同志最后总结成“三从一大”训练原则。

但对大松这套“魔鬼”训练法是否科学，中国运动员能否适应？仍存有质疑。

1965年四五月间，大松博文应周总理的邀请，再次来到上海对山东和四川女排训练一个月，组织全国广大教练员进行现场观摩。为从科学上判断其可行性，特指派国家体委科研所6名医学、生理科研人员，对每位受训练的运动员进行了跟踪测试与观察。国家女排和上海女排，则以观摩大松训练，自练为主，科研人员对她们也进行了同样的测试与观察，以资对比。

经过一个月训练，大松的训练取得了明显的进步。训练初期，全体运动员都出现尿蛋白阳性；66.7%的运动员还出现尿潜血，甚至有4人出现明显肉眼可见的血尿；少数人出现心肌供血不足等现象。在训练中还普遍出现口唇发紫、脸色苍白、呼吸困难、极度疲劳的现象。甚至还有的出现恶心呕吐、肝区痛等症状。这些症状经过3～4天后，逐渐减少，中后期，已很少出现，甚至不出现。说明绝大多数运动员能承受大松的“极限”训练，反映出人的适应能力是很强的。但也有个别运动员适应较慢，或完全不能适应，反映出大运动量训练需要区别对待。大松对不同人也是有区别的，他的“大极限”和“小极限”的训练，也是有交替的。对比国家女排和上海女排的训练存在较大的差距，主要在训练的质量上(包括数量、强度、密度等)。

李梦华（左二）与夫人牟淑贞（右二）在中央团校老干部联欢会上。左，王汝英；右，王汝英夫人郭莲笙

1965年5月的全国体育工作会议上，高棠同志代表国家体委党组的报告中，再次确认了“三从一大”的训练原则。此后，“三从一大”训练原则，便成了我国竞技体育攀登世界体育高峰的重要基石。

二、1984年在梦华同志领导下，中国竞技体育全面登上世界舞台，并在洛杉矶第23届奥运会上，取得历史性的突破。洛杉矶奥运会除由梦华同志亲率体育代表团参加外，还组织了以黄中同志为团长的参观团，其中特意给了科研所一个名额。我们利用这一机会组织了23届奥运会的调研课题，除现场观察、收集资料，写出综述报告外，还对各运动项目比赛情况进行了分析评述，连同赛前情报调研的各方面资料，汇总成《1984年第23届奥运会的调研报告》，印成单行本，在国内发行。

在洛杉矶参观奥运会期间，参观了美国著名的运动生物力学专家艾瑞尔的实验室，很有启发。回国后，科研所给国家体委打了报告，请他来华讲学，并引进他所研制的仪器。立即得到批准。

三、梦华同志非常重视优秀运动队后备力量的培养，在他的领导下，提出了“从小培养，打好基础，系统训练，积极提高”的方针。

国家体委在1985年组织研制游泳教学训练大纲的基础上，于1986年初又组织了田径、游泳、体操、举重、篮球、排球、足球、乒乓球和羽毛球9项教学训练大纲的研制，历时近5年，完成了《大纲》《教法指导书》和《声像教材》。

四、在梦华同志的主持下，1987年7月，建立了“国家体委体育信息研究所”和“国家体委运动医学研究所”，扩展了研究领域，增加了科研力量。仅以为1990年在北京亚运会服务为例，共提供情报信息约90万字，近500条，撰写了《专题报告》和综述文章25篇（主要是各运动项目的实力分析、成绩预测等），还收集和录制近千小时的声像资料。

最后形成了《北京第11届亚运会主要国家获金牌情况分析》的专题报告，国务委员李铁映同志批为“国阅文件”，送中央政治局委员和国务委员参阅。这在体育科技成果中，尚属首次。

五、梦华同志对体育科技人员的工作和生活也非常关心。及时关心和支持科技人员的技术职称的评定；国家体委科研所的主要科研仪器设施，也都是在上世纪80年代引进的。那时，国家体科所的职工，基本上都有了住房。

安息吧，梦华同志！您对体育科技工作和科技人员的高度重视与关怀，我们永志不忘！

他是一位体育战略家

吴焕群

梦华同志1954年任国家体委首任竞赛司司长，后任体委副主任、主任，直到2010年辞世，生活在体委56年。与荣高棠、黄中等老一辈体育领导及他们的团队一道，辅佐贺龙元帅，开拓新中国体育事业，成为体育战略家。

我也是从1954年开始从事体育工作的，当了中学体育教师，是最基层的小兵。1956年，我考取北京体育学院，毕业后分配到国家体委科研所从事乒乓球科研工作，直到1997年退休。我感到梦华同志对我国竞技体育事业的发展，既是战略家，又是指挥员。他善于审时度势，运用竞赛的杠杆作用推动体育事业的发展。其中一个我见证的实例是关于全运会与奥运会安排顺序的选择。

全运会对推动全国体育事业发展、调动各省区市体育部门积极性的作用巨大。自1984年我国重新进入奥运会后，与全运会一样，都是每4年一届。但全运会只能在奥运会前一年或后一年举行，否则会与亚运会冲突。原先许多同志主张全运会在奥运会前一年举行，以为可以选拔奥运选手，可以早发现、早训练。

梦华同志主张召开听证会，我有幸参加。会上谈到，奥运选手如果从前一年的全运会的尖子中产生已经来不及了，实际上几个优势项目的奥运选手早已集中于国家集训队，他们多是长周期的训练，目标就是奥运会。全运会当然要代表省区市参加，但奥运会之前一年的全运会，对第二年的中国奥运兵团的直接贡献率不会很大。经过深入研究，反复推敲，将全运会调整在奥运会后一年举行。

胸中有全局，手中有典型。梦华不仅思路开阔，掌控全局，部署与建立各项竞赛、裁判制度，与时俱进地高效运转起来，也善于抓好典型。在荣高棠抓乒乓球的团队中，梦华是二号人物。2002年，在纪念中国乒乓球队及中国乒协成立50周年的大会颁奖中，当时的中共中央政治局常委、政协主席李瑞环，向荣高棠、李梦华、徐寅生、李富荣等7位体育界领导颁发了最高荣誉奖。体育总局局长袁伟民，向庄则栋、张彩珍等 47 人颁发了中国乒乓球运动杰出贡献奖。

梦华在抓乒乓球典型的过程中，有一个对技术矛盾的处理影响深远。在 70 年代初召开的一次乒乓球训练工作会议中，我亲自领略了梦华的高明。

事情是这样的：当时乒乓球界的核心层内出现了矛盾。矛盾的双方是徐寅生和庄则栋。文革停训 4 年后，徐寅生率队访欧归来，即将参加在日本举行的第 31 届世乒赛。发现中国队的传统直板正胶近台快攻，对付欧洲的横板快攻结合弧圈和弧圈结合快攻的打法有些吃力，想试用直板反胶打快攻结合拉一板小上旋。中心思想是“打得了就打，打不了就拉”。他的这个思路，与李富荣完全一致。他们二人分别在全国乒乓球教练员训练工作会上作了发言，以他们二人是直板正胶、近台快攻球星的身份，说明此项技术已有些不符合当代技术发展的要求了，要求稍加变革，允许反胶打快攻结合一板正手上旋球。这一下引起了争论，有的还“上纲上线”，说徐派观点是“洋奴哲学”。庄则栋的思路是保持原有直板近台快攻的风格，“打得了就打，打不了就练”。当时乒乓球领导成员认识也不一致。我发言的中心思想是：无论哪一派技术，只要技术结构符合人体运动力学规律，进行科学训练，就能解决问题。在理论上支持新设想、新打法。

梦华多次与我们在最后写总结报告及会议纪要的人讨论，他不主张支持一派，压制一派，他主张海纳百川，百花齐放。他说：既要继续发展直板正胶、近台快攻像庄则栋那样的攻势凌厉的小老虎风格的打法，又要支持徐寅生提出的试验直板反胶快攻结合旋转的新型打法（即在两年后第 32 届世锦赛男子单打世界冠军郗恩庭都是这式的打法），并且指定两个省队进行试验。大大缓解了时任总教练徐寅生的压力，也保护庄则栋一派的积极性。

历史进程证实了梦华的远见。根据徐寅生的训练思路与时俱进地进行了改革，直板打法增加了“直拍横打”，才保住了活路。出现了刘国梁、马琳、王皓式的使直板打法重攀高峰的新打法。

梦华关于继承和发展优良传统，不断扩大优势；关于面对新形势、新任务，不断学习和创新，努力攀登世界高峰的战略思路，已经产生了深远的影响。他不愧是一位杰出的战略家。

斯人已逝　风范长存

张一沛　吴侠飞　郭　敏　肖　天

在秋日洒满金色的阳光里，梦华同志匆匆地走了，他给自己深爱而执著的体育生涯划上了休止符。我们失去了这位新中国体育的杰出领导人，这位良师益友，感到无尽的哀恸。他毕生的体育情怀和优秀品质值得我们钦佩敬仰、永远缅怀。

梦华同志出生于河北省平山县，是从苦难中成长起来的，自幼参加革命，经历了残酷的战火磨炼。新中国成立伊始，梦华同志就与体育结下了不解之缘。从西南团工委军事体育部部长兼青工部部长、中华全国体育总会西南分会秘书长，到中央体委竞赛司司长，再到 1960 年 12 月，国务院任命李梦华为国家体委副主任。此时，他刚刚 38 岁，成为当时国务院最年轻的部长之一。1981 年，李梦华任国家体委主任，至 1989 年离休。我们几位秘书先后陪伴梦华同志工作，不仅见证了他几十年为中国体育鞠躬尽瘁，更感受到他的人格魅力。他淡泊名利，严于律己，一身正气，两袖清风；他大公无私，甘于奉献，勇于实践，善于创新；他心胸开阔，度量宏大，善于团结群众，用人之长处。梦华同志学历不高，又是半路出家搞体育，但他奋发努力、刻苦钻研，一边工作，一边读书，自学成才。曾记得，他在担任国家体委副主任兼训练局党组书记之时，经常到运动队看训练，到省市搞调研。他总是深入群众之中，默默地观察、记录、归纳、分析。久而久之，他成了既有实践经验又有理论知识的体育行家，掌握了许多项目的竞赛、训练规律和管理科学方法。这让广大体育干部和教练员钦佩不已。

上世纪 60 年代，是新中国体育腾飞的初始阶段。梦华同志在制定并组织实施体育工作方针政策和体育事业发展规划，加强体育队伍，尤其是优秀运动队伍的建设，提高运动技术水平，发展体育科学研究和体育理论建设，促进国际体育交流等诸多方面作出了基础性贡献。这一时期，在他的主持下，《运动员、教练员、裁判员等级制度》《优秀运动队工作条例》《科学安排运动量》等规章制度相继发布。在奠定新中国体育基础建设中，可以说，贺龙是统帅，荣高棠是总指挥，李梦华是总工程师。

梦华同志工作作风严谨，十分重视实践和经验的积累。没有经过实践检验，他从不贸然决策。他调查研究之认真、扎实也被广为称道。他了解情况往往不是就现象谈现象，而是对问题的前因后果打破砂锅问到底，一知半解或不懂装懂在他面前是过不了关的。在工作中注重效率，坚持原则性与灵活性相结合，解决矛盾，推进工作。他能够从战略高度，从中国体育的发展全局，破解问题。特别是在上世纪 80 年代，他担任国家体委主任期间，拉开了中国体育改革的大幕，促进了体育事业的全面、协调发展，并取得了显著成绩。应该说，他成功地完成了中国体育改革的"第一棒"。

作为一个党员领导干部，他最难能可贵的是富有战略思维和辩证思维的哲学素养。他犀利、思辨和睿智，受到过贺龙同志的表扬，被高参们赞为"内秀"。

李梦华与夫人牟淑贞（坐者）与历任秘书。
左起：郭敏、肖天、于开先、万骊华、张一沛、吴侠飞

他又是一位非常务实的人。他在主持国家体委工作期间，提倡开短会、讲短话，要求发言的同志说话要有个人看法；上会的议题要有材料、有观点，更要有解决问题的建议方案，拿不出方案的议题一般不上会讨论。他敢于讲真话，敢于负责，敢于听取不同意见，从不为了迎合某种势力去作秀，从不讲所谓的官话、套话、空话。他的讲话与文章不多，但都是经过深思熟虑，常常亲自“操刀”，饱含着认真、扎实调研的结晶，具有充分的逻辑和实证性。他之所以站得高、看得远与其辩证的思想方法有直接关系。他的工作触角并不局限于运动训练，而是涉猎方方面面，包括体育科研、“宝塔式”梯队建设、群众体育、体育文化等。这些都为体育事业的可持续发展奠定了坚实的基础。

梦华同志一心一意扑在体育战线，在全国体育系统有着很高的威信，重要原因之一来自他处理工作的原则性。在我们的记忆中，梦华同志对待工作中的不足，批评人是不留情面的。他不仅批评司局长，而且敢于并善于批评领导班子成员。另一方面，他的平易近人也是出了名的，是大家公认的好人。人们总说，梦华同志有一副“菩萨心肠”。他在工作中对下级要求一丝不苟，但涉及个人切身利益的事，他总是设身处地为别人着想。他是1938年入党的老同志，曾任不少官职，但体育圈内很少有人称他的官职，而是亲切地叫他“梦华同志”。

对于为国作贡献的运动员和教练员，梦华同志有着特殊的情感。他经常在他简朴的办公室里，召集不同项目的教练员、运动员不拘形式地促膝交谈，大家都能无拘无束地向他敞开心扉。梦华同志工作时代的运动员、教练员如今均年事已高，但每逢大家提起他，哪怕是他离开领导岗位多年之后，都会竖起大拇指。

干事业，梦华同志忠心耿耿，兢兢业业；待家人，他关怀备至、牵肠挂肚。对母亲和岳母，他孝字当头；对妻子，他们相濡以沫，风雨同舟60载；对子女，他严格要求，从未搞特殊安排。在生活中，他极为简朴、简单，家具、日用品都用到不能再用为止。

梦华同志为新中国体育事业奋斗了半个多世纪，几乎占据了他的一生。他的体育之路，是坎坷之路，经历了风雨和荆棘；他的体育之路又是成功之路，充满着绚丽的阳光和彩虹，成为蜚声中外的体育家。往往事业上成功的人，到了晚年会犯刚愎自用的错误，甚至带来悲剧，而梦华同志对这些问题看得很淡。他曾说过："这一生最让我开心的是在中国搞体育工作，人一辈子能够干自己想干的事，应该说非常幸福，非常愉快，尽管遇到了不少困难。最让我遗憾的是为党和国家所做的事情还太少了，没有使中国更多的体育项目达到世界水平……"

梦华同志离我们而去，中国体育界痛惜失去了一位好领导、好老师、好朋友、好兄长。斯人已逝，风范永存。他将永远活在广大体育工作者的心中，活在中国体育事业的发展中！

梦华同志，我们永远缅怀您！

（笔者曾先后担任李梦华同志的秘书）

六十年风雨情

牟淑贞

我和梦华的钻石婚纪念，是在医院中度过的，请大家吃糖，很愉快。但过后仅一年，他就离我而去，天塌下来了，我悲痛欲绝。我和梦华 60 多年的风风雨雨，从初识，到相恋，从二人世界，到四世同堂，从京西的良乡到北京、到大西南，从解放到“文革”、到改革开放，一切都历历在目。

梦华常说：“我们是一见钟情”，我想也是这样的。初识梦华是在中央团校，1949 年初，我 20 岁，组织送我到中央团校学习，梦华是中央团校校务主任，当年他 26 岁，正值青春年华，意气风发。我听他作报告，很敬佩。后来在一个党小组听他发言，更觉得他了不起。他的生活很朴素，一个小衣服包当枕头，一条战利品的毯子、一条战利品的灰棉被是他全部家当，更叫我钦佩。他那庄重的风度、落落大方的为人，我很快就喜欢上他，被他革命者的性格所征服。

1949 年农历八月十五，经组织批准，在中央团校党委副书记张凡同志的主持下，我们在院子里摆了三桌糖果，举行了简单的革命化的婚礼仪式，我和梦华结婚了。我现在还清楚地记得，那天晚上六点钟，下了一场小雨，雨后的空气是那样清新，空明澄碧，明月如洗。在老乡的院子里，同志们围绕着我们，笑声满堂，非常快乐。新房是老乡的房子，满屋都是同志们的贺词，用毛笔写的条幅、画的画……仿佛这一切就在昨天。

婚后 60 年，我们真诚相待，梦华不曾对我说过一次假话，感情上忠实于我，同样我也不会说假话，我们长相知、不相疑。

梦华性格很好，遇事不急躁，处事讲方法，对我影响很大。结婚后一年多，我们就有了孩子，必然事情多了，我有时脾气急，对他说难听的话，他从不跟我

相濡以沫的老两口

吵，过后跟我说："咱们结婚不是恋爱的坟墓，是恋爱的开始。"他说的对，之后我注意了。

婚后，梦华支持我继续学习。1951年在重庆，我又上了5年学，尽管他平时工作已经很忙，但为了不影响我的学习，两个孩子都是他管。

梦华对我母亲很尊重，也很照顾。大区撤销到北京时，我们已有4个孩子，我妈妈从唐山过来帮忙。因为我是独女，我妈这一住就是30年。梦华对我妈好，很尊重她、关心她，他曾背着我妈看病，我很受感动，越发感觉自己没有看错人。

梦华待人处事运用辩证思想，对我影响很大。如孩子们长大后，娶妻生子人多闹家务，我就爱生气，他对我说："咱们是大人，风格高，不能跟孩子较真儿，一切让着他们，感动他们。"

他常说："急事缓办，否则易出错。"社会上和自然界都充满矛盾，要利用有利的方面，看到光明，尽量做好矛盾的转化工作。

改革开放后，有些老同志思想跟不上，说这不是要走资本主义道路吗？纷纷上书，梦华思想超前，他说："要看主流，主流是对的，其他措施是可以控制的，要相信领导，相信党中央会办好的。"正因为他有辩证思想，他很乐观，很少发愁，任何时候都能调整好心态。在他病重时很受折磨，他也总是替别人着想，没发过脾气，还安慰我。住院期间，他心态好，对大夫、护士非常亲切有礼貌，全病房都夸他心态好。

他一切以一个共产党员的标准要求自己，工作第一，国家利益第一。他严格要求自己，他出差回来有时生病了也不休息，总是立即上班，上班开会从来不迟到、不早退。我们住家离胡耀邦家很近，“文化大革命”时，梦华常和一些老同志去看耀邦，耀邦当书记后，他不去了，他说：“谁领导我，我就向谁反映情况。”

梦华严格遵守党的纪律，绝不背后议论别人，在家没跟我说过别人或发牢骚，我有时不注意，背后说别人，他非常严厉地斥责我，不能背后说人。

梦华对群众特别好，这是家传，他母亲就是村里的好心人，乞丐来要饭都给，有时候还叫到家里吃，梦华说：“我这一辈子能帮别人一定帮助。”

当时有同志心里不平衡，星期天经常找他谈，他都耐心地听，尽量帮助别人，如参加过长征的老干部李克如，曾和朱德一起工作过，调到体育单位工作他不认可，来找梦华，一说就是半天。好几个星期日都来，梦华都热情接待，耐心地跟他聊，能解决的事就帮他解决，后来成了好朋友。还有运动员、教练员找他谈他都欢迎，所以关系都非常好。有一次在机场到云南去，遇到一位自行车教练，对梦华特别亲切，他对梦华说：“你不记得我吧？我的假肢是你批的。”

文化大革命时有人劝他给江青写信，说解铃还得系铃人，他说：“要写我给毛主席写也不给她写。”

上世纪70年代初“乒乓外交”时梦华去美国，他回来后跟我说：“外交部同志说我一身正气、两袖清风。”有一年，梦华到瑞士看足球世界锦标赛，回来给孩子们带来两块玩具表，我问他你不买一块真的表，他说钱给另一个同志买了。1954年我们调回北京住未英胡同，一个人送来一只火腿，他立即让人退回去了。

1984年出访日本，我也去了，当时中国买不到电视和电冰箱，在日本每人可以买一件，我和他登记了两件：一台电视、一个小冰箱。梦华对我说：“咱们的零用钱只能买一台电视。”团里说有人赞助可以买两件，他还是坚持只买了一件。有人就说：“老牟当不了家。”

梦华病重时知道没有多久了，还曾两次问过我家里有存钱吗？甚至说：“以后有困难，你就把日本吉村送的高尔夫球杆卖了吧。”他一生坦坦荡荡，没有占

李梦华与夫人牟淑贞在湖南游览、漂流

公家一分钱的便宜，对物质生活看得很平淡，但为了我以后的生活，他想得那么多。我听了，心里很感动，也很自豪。

我和梦华在一起 60 年，同舟共济，相濡以沫。尽管几多风雨，但是能与梦华共度此生，我心足矣！如果有来生，我想，我们还会在一起。

梦华，我们天上见！

在中国搞体育工作非常幸福

——追忆我们的父亲李梦华

李黎峰　李海黎　李小英　祁志强　李　伟　马芳芳　张　杰

2010年11月9日10时50分，在家人的陪伴下，父亲安静地走完了88载的人生历程，永远地告别了他热爱并为之奉献一生的体育事业。

父亲离开的时候很安详、很从容，因为自从15岁加入中国共产党走上革命道路以后就从来没有停止过脚步，无怨无悔地走到生命的尽头，尽管经历了坎坷，蒙受了冤屈，但他从来没有改变过自己的信仰，坚定不移地走在这条道路上。

在我们的眼中，父亲永远是一位对子女疼爱有加、谆谆善诱的慈父。如果说母爱是太阳，温暖而炽热，那么父亲对我们的爱就如同月亮，冷静而深邃。父亲要求我们低调做人，踏实做事，不许搞特殊化，用平和的心态看待世间的一切。父亲疼爱我们，更希望我们意志坚强，奋发向上，经得起风浪。

父亲的爱是博大的。生活俭朴的他却一向是慷慨助人的，不管是对朋友，还是对素不相识需要帮助的人。他说过，要懂得做人的责任与爱心，懂得“滴水之恩，当涌泉相报”的道理。

父亲是乐观开朗的。无论是身处困境，还是面对挫折，庄子“超然于物外，宠辱不惊，任其自然，无往而不乐”的学说使父亲始终保持着乐观、积极的心态，即使在与病痛抗争的日子里，在弥留之际，父亲仍然达观、泰然，还经常安慰身边的亲人和朋友。

父亲是豁达、宽容的。父亲的人生字典里没有“难”与“怨”，无论做什么事情都没有为难过，也没有抱怨过。他经常告诉我们，“退一步海阔天空”，父亲正是用这种宽大的胸怀，包容了所有的对与错、是与非，用善良的心对待周围的人。

李梦华与儿孙合影

父亲是平易近人的。儿时的记忆中，父亲总是一身布衣，目光坚毅却无傲视之处。父亲尊重他人，他说过，只有真正尊重别人，别人才会真正透露自己的心声，你尊重别人，才能看清楚这个人的优缺点。正是如此，每个教练员或运动员都能无拘无束地和父亲探讨问题或是提出要求，而父亲也会吸收和采纳交谈中有益的见解。

父亲是热爱体育运动的。退居二线后，父亲的体育情怀依然如故，自己编创了一套老年健身操，每天早上坚持晨练，只要身体条件允许，父亲总是积极参加登山、钓鱼、高尔夫球等户外活动，身体力行地支持和参与全民健身活动。

父亲微笑着走了。因为他说过，“最让我开心的是在中国搞体育工作，应该说非常幸福，非常愉快，尽管遇到了不少困难。”

父亲没有任何遗憾地走了。因为他说过，“能在有生之年，看到奥运会在自己家门口举行，是我们这一辈体育工作者的最大追求。”

父亲永远离开了我们，然而他的自信与坚强、乐观与豁达、善良与谦逊却足以让我们受用一生。

父亲，一个温暖的名字，从来不需要想起，却永远也不会忘记。

在此，我们感谢医院的医护人员；感谢中央领导；感谢体育界的领导和同志们；感谢老同志、老朋友以及社会各界对我们的关心和帮助。

父亲，安息吧。

李梦华体育文稿

和青年朋友们谈谈体育运动

青年朋友们，今天想同大家谈谈开展体育运动加强身体锻炼的问题。

我们生长在毛泽东时代的青年的道路是十分广阔、十分光明的。每一个青年必须毫不懈怠地锻炼自己，充分准备为建设美好社会尽自己最大的力量，这是人民赋予我们不容推诿的重任！而要很好的准备，就必须学习文化科学知识，学习马列主义毛泽东思想，提高思想觉悟，并且还必须锻炼坚韧的体力，就是说要具有强壮的体格。这个道理是很简单的，假如一个疾病缠身弱不禁风的人，即使他有着高尚的理想、愿望和满腔的热情，但这些理想、愿望和热情又如何能实现呢？假如你一天只能支持三点钟的劳动，又如何能给祖国创造更多的财富呢？假如你作春季旅行走了三十里路而疲惫不堪，坐车晕车，坐船晕船，又如何能在艰苦的战斗生活中，驾驶近代化的武器为祖国而战胜敌人呢？这样的教训在我们青年中怕是很深刻吧！前年参加军干校不是有很多很多青年热情很高，但由于身体不及格而未被录取吗？有的同学甚至还伤心地说："身体不好连保卫祖国的资格也没有了！"

关于体育锻炼的重要性，朱总司令在《论解放区战场》中曾告诉我们："练兵三方面：一是智力，二是体力，三是技术。"又说："打仗是格斗，是角力，所以体力锻炼很重要。""我们有了政治觉悟，再加上体力好，技术好，就可以打更大的胜仗，更少伤亡。"在劳动战线上，一方面需要工人群众具有高度的阶级觉悟和主人翁劳动态度；另方面需要合理地劳动，改进和提高技术。但是广大工人身体健康也是不可缺少的条件，三者结合起来，才能为祖国生产出来丰富的物资。我曾经调查过一个工厂，由于身体健康的增进，劳动生产率有了显著提高。在工作、学习方面也是同样的。这里不必我去列举例子，只要大家想一下，为我们所尊敬和热爱的、具有高贵的品质的战斗英雄、劳动模范，哪个没有强健的体魄呢？

没有健康的身体，便不可能很好地为祖国服务！同时，我还要告诉青年朋友：没有健康的身体也不能建立幸福美好的家庭生活。

增进身体的健康，开展体育运动是非常重要的方法。伏罗希洛夫元帅说得十分尖锐："谁不从事有计划的体育锻炼，那他就是故意使自己活到四十五岁，并愿使自己衰老的人。"对于人的身体健康，丰富的营养、适当的休息、卫生环境和习惯，是必需的条件，但这些条件只是消极的，只有经过体育锻炼，才能把这些条件的作用充分发挥起来，把身体锻炼得更强壮。

"流水不腐，户枢不蠹""人之血脉似长江，一处不到一处伤"，都是很有道理的话，运动使我们的呼吸更急、更深，血液循环加快，这样就促进了人体细胞的新陈代谢，使各器官健全地发育和成长。使我们的肌肉强壮有力，动作协调。运动也锻炼了神经。不运动的人，他们身体的各个器官，一定会逐渐萎缩，以至死亡，身体的抵抗力和免疫力也会降低，容易生病。充分地运动，使体力劳动过多的人可以矫正在劳动中形成的身体发展畸形状态，也可以消除疲劳，提高劳动率，也可以使体力劳动过多的人身体健壮，从而可以促进脑神经的发达，有疾病的人还可以用体育运动来逐渐恢复。

体育运动不仅是"健强体格的方法"，也是以共产主义、爱国主义精神教育青年、培养青年的革命品质的一种重要方式。通过体育运动，可以培养青年的组织性、纪律性与集体主义的精神，勇敢、机智的品质，乐观、自信的性格和坚毅的耐劳的习惯。

青年朋友们，我们既然对生活充满了热爱，对未来充满了信心，而建设祖国的任务摆在我们青年一代的面前，一个具有爱国思想的青年，谁又愿意使自己过早地衰老下去呢？锻炼身体是祖国对我们的要求，是我们应尽的义务。我们就必须扫除一切不正确的思想和顾虑，例如"影响学习""耽误生产"等等，并且不能单纯地从兴趣出发，不能要求太急，企图在一个早上就锻炼出一副强健的体格，要在日常生活中安排下一定时间参加体育运动，下定决心，长期坚持下去。

原载于1952年5月4日《西南青年》杂志

打出风格　打出水平

许多人为我国乒乓球队在第26届世界锦标赛中取得优异成绩而欢欣鼓舞，同时交口盛赞我乒乓球健儿的风格好，充分发挥了技术水平。有人还专为他们写了《风格颂》。的确，他们中的大多数人不仅以闪电迅雷般的抽杀，变幻莫测的球路变化，得手应心的落点，鲜明地体现了我国乒乓球运动员快、准、狠、多变的技术战术风格，而且以不畏艰险、力争上游的英雄气概与遇强愈勇、遇弱不懈的生龙活虎姿态，充分反映了中国乒乓球队敢打敢拼、灵活认真的战斗风格，充分施展了自己的球艺，正常地发挥了应有的水平。

乒乓球选手们异口同声地说，这是党和人民培养教育的结果。不少人提到，领导上对他们参加这次比赛所提出的口号——“打出风格，打出水平”，给了他们很大的鼓舞教育。

为什么这个口号会有巨大的鼓舞作用呢?

首先是因为这个口号既包含了力争胜利的积极意义，又贯穿了实事求是的科学精神。

我们知道，在争夺激烈的运动竞赛中，要打出自己的风格与水平，并非一件轻而易举的事。需要竭尽最大努力，克服种种困难。譬如，要在瞬息剧变的战局中，正确地组织自己的技术战术，充分运用自己之长来攻彼之短，克制对方的长处，制造对方的错误；或者要在比分领先的时候不松劲、落后的时候不气馁、相持的时候不紧张等等，都需要运动员对比赛有正确的认识，有力争上游、力争胜利的信心和决心，有顽强战斗的毅力和机动灵活的战略战术。

由于比赛的胜负取决于双方技术、思想等多种因素的较量，“打出风格，打出水平”的口号，从思想、技术等方面，要求运动员鼓足干劲，最充分地发挥主观能动性，使他们在日常训练中所形成的一套好的思想作风和技术素养在临场比赛中发挥到顶点。因此，实现了这个口号，就有最大的可能实现胜利的愿望，就在最大限度上保障了胜利的取得。事实上，在比赛中我们也看到，胜利常常是属于斗志高、技术充分发挥的一方。他们不仅能从势均力敌的对手中夺得胜利，有时甚至能够战胜球艺比自己高明的对手。打出风格，打出水平的口号是直接为争取比赛的胜利服务的，是积极的。曾有人看到这个口号没有提出具体的求胜指标，就怀疑是否有消极保守的成分。这显然是一种误解。

这个口号同时又是实事求是的，它对那些尽了主观努力，而由于客观条件限制仍未能取胜的人们，留有余地，不单纯以成败论英雄，使他们不致因失败而背上包袱，从而有利于分清是非，辨明比赛中哪些是积极的、应当肯定的因素，哪些是消极的、应当否定的因素，找出失败的真正原因，制订切实的改进措施，为失败转化为胜利，奠定科学的基础。实际上，我们有时的确可以看到这样的情况：有的运动员表现了优良的风格，也发挥了自己的技术，但由于比赛双方实力过分悬殊，仍然未能取得胜利。这是无可非议的。因为，人不能做超越客观实际可能的事。即或有时在实力相当的对手面前，打出了风格，打出了水平，而在比分很接近的情况下失败了，这也是允许的。因为势均力敌的比赛常常会出现许多错综复杂的情况，出现人们难以全部驾驭的某些变化。而由于一球一分的失利，失去了胜利的机会，导致败局，是完全可能发生的。

尽管每个运动员都希望自己是比赛的胜利者，而且在任何时候、任何情况下都应当力争胜利，力求避免失败。但失败毕竟是不能完全避免的，世界上并不存在只有战功而无败绩的运动员。因此，每个运动员都经常面临着胜利和失败的现实，只有经得起胜败的考验，善于从中学习，吸取经验教训，才能在不断反复的胜和败中锻炼成长，逐步提高。每个运动员都必须有赢得起也输得起的气量和风度，正确地认识胜利与失败的辩证关系，懂得它们是矛盾的两个方面，互相依存并在一定条件下互相转化，才能不致产生胜骄败馁和因过分计较胜负而临场紧张失常。才能坚持不懈地促使胜利走向更大的胜利，失败转化为胜利。

既然任何运动员不可能在任何情况下都绝对避免失败而确保胜利，我们也就不能向每个运动员提出只许胜利的绝对要求。但我们却完全可以要求每个运动员在每次比赛中都打出风格，打出水平，因为这是主观努力可以做到的。因此，打出风格，打出水平的口号就能够充分调动群众的积极性，动员群众最大限度地发挥主观能动性，而防止一些消极因素的产生，如由于过分计较胜负所形成的压力和临场紧张失常的情绪等。使运动员高瞻远瞩，胸襟开阔，轻装上阵，斗志昂扬，该怎么打就怎么打，不畏首畏尾，患得患失，具有赢得起、输得起的气量和风度，不因一球的失利而动摇取胜信心和决心，也不因一时的领先而松懈麻痹，始终朝气勃勃、兢兢业业地对待比赛，力争上游，力争胜利。那么，胜利的取得也就具有更大的可能性。

其次，这个口号不仅有助于消除运动员临场紧张失常的情绪，更重要的是符合开展体育运动的根本目的，能够鼓舞人们积极向上。

我们知道，每一次比赛的直接目的固然是要分出胜负，但从整个体育运动来说，比赛是推动体育普及和提高的一种手段。通过比赛，不仅较量双方运动技术的优劣长短，而且较量双方风格的高低。打出风格，打出水平，表现了优良的思想作风和精湛技艺，就可以使广大观众不只是享受到高尚的文化生活，并从中获得有益的精神鼓舞。从而吸引人们更广泛地参加到体育运动中来，激励人们更好地劳动和生活。

有人认为，打出风格，打出水平的口号，只适用于新手弱队，或实力相当的比赛，主要作用在于帮助运动员解除求胜压力过大的包袱，克服紧张失常的现象，对于势在必胜的强手强队则不适用或不必要。这种看法是片面的。我们允许运动员在力所不及的情况下失败，却不允许任何运动员在比赛中表现风格低下，不努力打出自己的水平。这就是我们常说的，"输球不能输人，赢球还要赢人"，"输技术不能输志气"。我们可以拿打出风格，打出水平的口号要求每个运动员，无论他是老将还是新手，也可以要求每一次比赛，无论是旗鼓相当还是实力悬殊的角逐。新手弱队打出了风格和水平，不紧张失常，胜利就更有希望。强队老将打出了风格和水平，胜利就更有把握。可见，这个口号在我国体育运动中，不是针对个别运动员、个别比赛而提出的权宜之计，它可以广泛运用于一般运动员和比赛。它不仅是为了消除某些人的临场紧张失常情绪，同时是推动运动竞赛更好地服务于体育运动开展的一个积极措施，是鼓舞运动员不断努力提高思想修养和技术水平的一种力量。

再其次，打出风格，打出水平这两句话，是一个相辅相成、辩证统一的口号，包含了对运动员政治、技术两方面的要求。

它既要求运动员在比赛中表现高尚的风格，又要求充分发挥技术水平。就是说，要政治、技术双丰收。一般地说，风格是指人的思想作风的表现形态。我国乒乓球队敢打敢拼、灵活认真的战斗风格，是新中国运动员大无畏的革命英雄主义与乐观主义精神的反映，是敢于胜利、善于斗争的优良思想作风的一种表现形态。技术、战术风格，是指技术战术运用的表现形态。我国乒乓球队快、狠、准、多变的技术、战术风格，是我国乒乓球运动技术、战术运用上的一种最具代表性的鲜明形态，是敢打敢拼、灵活认真的战斗风格与技术、战术的结合。二者是一致的。打出了我们所要求的风格，就能更好地发挥技术；打出了技术水平，也就能更完满地体现优良的风格。这两方面是相辅相成，互为影响的。不敢打，不敢拼，思想不解放，欲打又罢，犹犹豫豫，当然根本不可能打出水平。不善于针锋相对，不根据比赛情况发展灵活变化，不认真，乱打，也不可能充分打出水平。庄则栋、邱钟惠、徐寅生等在第26届世界乒乓球锦标赛中，充分发挥了技术水平，也完满地体现了我国乒乓球队的风格。

有人认为，打出风格与打出水平似乎是二者不能得兼，有时顾了打风格，就打不出技术水平了。这也是一种误解。风格离开了技术是空的。不掌握技术或不能较好地掌握技术，敢打就会成了乱打，打不准球；敢拼就会成了冒险，造成自杀球；灵活也会成为白费脑汁，不能得手应心。不按照技术具体发展的要求去打，只是一心想表现自己勇敢或灵活，瞎冲一气，大玩花招，把可以不丢的球也丢了。这样，固然打不出水平，也不可能有优良的风格可言。我们反对形式主义，反对这种把打出风格与打出水平割裂开来的做法。

打出风格，打出水平的口号，是在我国运动竞赛的实践中逐渐总结、逐步提炼出来的，是在过去提出的“输球不能输人，赢球还要赢人”等口号的基础上形成的。它体现了革命热情与科学求实精神的统一，值得我们大大提倡，广泛运用。根据工作发展的要求，经常提出一些内容切实、简洁有力的鲜明口号，对调动运动员的积极性，鼓舞他们的战斗热情，明确努力方向，是大有好处的。我们相信，打出风格，打出水平的口号，不仅对乒乓球队参加第26届世界乒乓球锦标赛有着巨大的鼓舞力量，对乒乓球队今后，对其他一些项目的运动队和运动竞赛，也会产生良好的作用。

原载于1961年7月6日《体育报》

比赛和训练相结合

木 子

《新体育》编者按：

本刊编辑部经常收到一些读者来信，对于比赛、训练，以及它们之间的关系等，提出了不少问题。这里，我们发表了木子（李梦华笔名）同志写的《比赛和训练相结合》一文，对以上这些问题作了较深刻明确的探讨和答复，我们想，这会引起运动员、教练员和关心训练工作的同志们的注意的。

不论运动比赛，还是运动训练工作，都是为了发展体育运动，增强人民体质，为社会主义建设服务的。在这个根本的前提下，就一个时期（或阶段）来说，运动比赛和运动训练是互相作用、互为目的的。运动训练最直接的目的，就是要在预定的比赛（比如全年的主要比赛）中表现出良好的技术水平，创造出最好的成绩，争取比赛的胜利。训练的一切成果通过这些预定的比赛集中地表现出来。

各种不同性质、不同规模、不同级别的比赛活动，具体目的和作用尽管有所不同，却都具有推动群众性体育活动的作用。比赛也是生动有力的宣传活动，能够吸引更多的人民群众（特别是青少年）参加到体育活动中来。通过比赛可以活跃人民群众的文化生活。通过比赛争取胜利，为国家、为集体争取荣誉，鼓舞青年努力上进，推动青年更好地工作、生产和学习。大家都了解，体育运动是向劳动人民进行共产主义教育的重要手段之一。运动比赛对培养青年勇敢、坚毅、机智、果断、不怕困难、服从组织、遵守纪律、集体主义思想品质就有着一定的作用，它不仅对参加者是一个实际锻炼，对广大爱好者、观摩者也有着无形的陶冶和感染作用。不管什么样的运动比赛，交流经验，提高技术，创造优异成绩，是最中心的目的。运动比赛是先进的运动技术和落后的运动技术的较量斗争的一种表现形式，是克服运动技术上先进和落后之间矛盾的一种方法。我们的运动比赛，是要通过比赛，比胜负、比高低，鼓舞先进带动落后，广泛地传播先进经验，使先进的更加先进，使落后的迅速赶上来，达到共同提高的目的。每次比赛活动在这方面效果愈大，也就是说技术水平发挥得好，风格表现得好，运动成绩好，比赛活动的质量就高，比赛的其他方面的作用就能更加充分地发挥。比赛质量的高低，成绩的好坏，是以日常训练为基础的。训练的直接目的，是使运动员获得高度发展的身体素质，及先进的技术、战术方法，良好的意志品质，在比赛中创造出优异成绩，争取胜利。

为了在比赛中创造优异成绩，争取胜利，不同级别的运动队就要按着不同的主要的比赛任务（比如国家队主要的任务是参加国际比赛，省市运动队是参加各种联赛、锦标赛等），划分训练周期，制定训练计划。日常训练要切合实际，要在接近比赛情况下进行。比赛是检查和推动训练的重要方法，可以锻炼运动员意志品质，检验运动员在身体素质上、技术战术上、训练方法上已经达到的水平，及时发现存在的缺点和问题。在训练计划中，除了参加主要的比赛任务外，应利用其他比赛活动，或者是自觉地安排一定数量的各种不同性质的比赛，来达到训练的目的。从这些意义和作用来讲，比赛活动又是为训练服务的。

把日常训练和运动比赛正确地结合起来，加以妥善的安排，是训练的基本原则之一，安排不好，就会产生矛盾，产生不利的影响。这方面我们走过弯路，发生过这样和那样的缺点，积累了正面、反面的经验，我们要研究总结这些经验，找出各个项目贯彻比赛和训练相结合原则的具体办法来。

正确地贯彻比赛和训练相结合的原则，必须妥善地安排比赛次数和时间。从原则上来讲，运动员应当多参加比赛。比赛太少，训练中的问题就不能及时发现及时改进，影响训练的质量。经常得不到比赛的实际锻炼和考验，就会使运动员在全年主要比赛中出现良好的竞技状态受到影响，对提高运动员成绩是很不利的。比赛太多，就会使训练的系统性遭到破坏，整天忙于准备和应付比赛，不能有计划有步骤地提高身体素质，学习新技术、新战术，解决身体素质、技术、战术中的重大缺陷，削弱运动员基础性质的训练，长期下去也势必妨碍技术水平的提高。全年比赛次数多少才适宜呢？不可能也不应当有一个统一的答案，不同项目、不同水平的运动员，要有所区别。比如，篮球、排球、足球、游泳、田径等项目所要求的比赛，就比体操、举重等项目多些；再比如，水平较高，担负着主要任务的运动员，比赛就要多些，少年运动员或正在进行初步的基本技术训练的运动员，比赛就要少些。总的看来，目前我国运动员参加比赛的次数不是太多，而是太少。满足训练对比赛的需要，不能只依靠全国统一的竞赛计划。全国性比赛，常常不能满足所有运动队的训练要求，怎么办呢？最好的办法，就是各地自行组织一些双边（相互邀请）或多边的小型比赛，多到一些适当的单位进行表演、测验等。比赛日期要合理安排，每个训练周期中，根据比赛任务和其他因素，划分休整期、训练期、比赛期。休整期的主要目的是，消除完成比赛任务后的身体疲劳，制订下一阶段训练计划，准备进入下一个周期的训练，休整期中一般不应当安排比赛。训练期中，进行有系统的身体、技术、战术训练，随着训练内容的变化，逐步增加比赛。进入比赛期后，要安排一些比较正规的比赛，使运动员在主要比赛时竞技状态达到高峰。两次比赛的间隔十分要紧。间隔太近，会使体力得不到恢复，不利于完成主要比赛任务；间隔太远，又会使运动员竞技状态出现太晚。比赛间隔太近太远，都会影响在主要比赛任务中出现良好成绩。这是一个很费心思的事情，建议教练员要认真地研究它，解决它。

根据每一个训练时期的内容和目的，对不同性质的比赛提出不同要求（或者是按着训练的要求确定比赛性质），不论什么性质的比赛都应当要求运动员表现出良好的技术水平、良好的风格，争取创造优异的运动成绩。运动员要养成严肃认真地对待一切比赛的态度。那种只是对待大比赛、公开比赛才严肃、认真，而对于小比赛、内部比赛、检查性质的比赛就草率马虎的态度是错误的，必须反对。另一方面，我们也不要单纯从名次，从输赢出发提出要求，比如有的比赛就是为了检验某种新的技术和战术的掌握程度，并通过比赛进一步巩固这种技术、战术。如果只从名次、从输赢出发，领导上和临场指挥上就不敢让运动员大胆地运用在训练中初步掌握了但还不熟练的新技术、战术，只让运动员去用过去已经熟练了的技术、战术。从这场比赛来看，也许成绩会好些，但是运动员的新技术、新战术永远得不到实际运用，得不到比赛的考验，从长远来看，技术水平就会停留在原来的水平，得不到迅速提高。再如训练中试验了一个新的阵容，在比赛中就要大胆地去运用这个新阵容，哪怕这个阵容还配合得不十分熟练。再如，有些比赛为了培养后备力量，在比赛中不管局势如何变化，就要坚决使用新的力量。总之，对一个运动员或运动队的要求，不要只斤斤计较于一场比赛的胜负得失，要把目前要求和长远的发展统一起来。

保证比赛质量，使一切比赛达到既定要求，达到改进训练工作的目的，裁判工作是一个重要方面。必须加强对裁判工作的领导，不断提高裁判员的政治和业务水平。不论什么性质的比赛，裁判员都必须十分准确地掌握规则精神，不能小比赛就松，大比赛就严。在比赛中要教育运动员服从裁判。裁判工作和训练工作要配合起来，教练员应经常为裁判员介绍本项运动技术发展的新情况和目前训练上的要求以及每个运动员的技术特点等。裁判员执行裁判时，在正确地掌握规则的基础上，既有利于发现训练中的问题，又有利于使运动员熟练和巩固新技术与战术，运动员、教练员、裁判员应互相配合，互相促进，一致努力推动我国体育事业的发展。

通过比赛达到交流训练经验，传播新的技术、战术的目的。各单位的训练和比赛经验，通过教练员座谈会或教练员、运动员之间的随时的个别交谈，要毫无保留地介绍出来。比赛前，要进行调查研究，根据双方情况，特别是自己的特长，决定对策，力争制胜对方，这是必须的。但是，比赛之后，应将自己的全部对策告诉对方，以便帮助对方更正确地进行总结。每次比赛后，要联系到前一阶段的训练内容，根据比赛的具体要求认真地进行总结，发扬民主，发动群众讨论，使总结作得切实深入，使大家心悦诚服地接受教育。通过总结鼓舞干劲，胜了要再接再厉，败了不灰心丧气，继续努力争取胜利。不要胜了什么都好，败了什么都不好，要实事求是，肯定成绩，明确缺点。尤其对成绩不好的运动员，首先要稳定情绪，指出优点，再帮助他们分析失败的原因，分清思想原因和技术原因，以便接受经验教训。既要总结自己成功和失败的经验教训，也要从别人的优缺点中得到借鉴，明确今后训练的方向。

关于比赛中的临场思想政治工作、临场指挥、训练中的各项原则和基本措施等，都是与正确贯彻比赛和训练相结合的这一原则有联系的。这里不能对这些问题都加以论述。本文所说到的对比赛和训练相结合的一些意见是很粗浅的不成熟的，目的在于引起大家讨论和重视。

原载于 1962 年 9-10 期《新体育》

要正确系统地贯彻全面训练方针

今天只就如何正确地和系统地贯彻全面训练方针的问题谈几点意见。

一、运动训练的历史发展过程

1951 年我国开始有了专业运动队，而当时专业足球队只有 8 个，数量很少，最初建立了国家队，随后各大行政区也有了自己的代表队。接着各个产业系统也成立了自己的运动队。那时大部分足球运动员的技术是解放前学到和掌握的，应当承认他们不仅当时是我国足球技术水平的代表力量，而且对以后足球运动的发展也是有着相当重要的作用。但是，我们也应该看到，当时的技术、战术都是比较简单的，很不系统的，也就更讲不上风格了。总之技术基础十分薄弱。

1954 年以后，专业运动队有了发展，有些省市也成立了足球队。这一时期国际体育活动也增多了，我们有更多机会去接触世界上先进的体育技术和经验。匈牙利足球队访问我国，以及我国青年足球队赴匈访问学习，给迅速提高我国足球运动技术水平打下了基础。当时匈牙利足球队正处在黄金时代，讲究技术，配合好。同时苏联的一些足球队也相继来我国访问，苏联队员身体素质好，勇猛顽强，打得快，我们又看到了大刀阔斧的作风。这就同时使我国足球队接触到两种不同类型的风格。当时，虽然在技术上我国仍处在较低的水平，对国外球队比赛的成绩是输多胜少，有时输的比分也很大。但另一方面，这个阶段我们大量地接受和搬用了外国的东西，请了很多专家，出国若见到新的东西就学回来。见什么都学也就存在一定的缺点，在运用中有时犯了教条主义，甚至迷信外国。但总的说，这一阶段广泛地吸取了外国的经验，所起的好的作用是主要的，这为逐渐形成自己的技术和经验打下了基础。

1951 年到 1955 年，我们照搬苏联经验，强调全面身体训练。1955 年到 1957 年匈牙利的足球给我们一些启发，开始重视技术。1958 年到 1959 年又为了适应广大人民群众和运动员迫切提高运动成绩的愿望，提出了大运动量训练的问题。大运动量训练原则的提出，打破了墨守成规保守思想，创造了许多好的训练方法。这两年，特别是1959年，运动成绩不断上升，出现了不少世界纪录，各类球队也多次战胜外国强队，这是多少年来训练工作的结果，也是在大运动量训练推动下的结果。但由于缺乏经验，大运动量训练也出现一些问题，然而成绩是主要的。就是有些缺点也推动我们去细致地考虑更多的训练问题，如大中小运动量相结合、要不要过渡期，以及训练节奏等问题。

1959年，比较突出地强调身体训练，这对我们体力的增强起了很大作用，但同时也出现了忽视技术训练的偏向，促使我们去考虑技术和身体训练如何结合，专门身体训练和一般身体训练如何结合的问题。

1960年十分强调和重视基本技术训练，明确了基本技术训练和战术训练和身体训练的关系。从此，这两年足球运动技术也有了显著的变化。

1961年提出了“积极休整”的任务。伤病队员得到了治疗，在运动员的培养过程中，认清眼前利益必须和长远利益结合起来。但也出现了训练不够严格、运动量该加时不敢加、对身体训练抓得较松等问题。

讲了以上这些训练工作的发展过程，其目的是为了说明，我国体育运动从开始就是沿着正确的道路发展的，不同时期，我们抓住了主要矛盾、主要问题加以解决，因此，我们的技术水平也是逐年提高的。今天，我们已有为数不少的运动项目赶上了世界水平。

另一方面，尽管不同时期出现过不同缺点，但归纳起来，绝大多数问题都是围绕着对全面训练方针的认识不足和具体工作安排不当中产生出来的。因而目前我们应该更系统地、科学地、正确地贯彻全面训练的方针。在今后贯彻全面训练方针中，不同时期、不同阶段还应有不同的重点，但应力求避免在工作中产生一般化和片面性的缺点，希望教练员和具体负责训练工作的同志们经常考虑、研究这个问题。

二、政治思想工作

1958年以前，一般地讲，我们运动队伍的思想工作是很弱的，1960年我们确立在专业队伍中在政治挂帅的前提下应把主要的精力和时间放在技术训练和业务学习中。两年来，总的来说，我们是这样做了，并有很大的收获。可是我们不能不注意，目前在运动队伍中又开始产生削弱思想工作的苗头，表现在领导思想工作抓得不紧了，对错误思想也不是那么理直气壮地去进行批判了，而是采取吞吞吐吐、掩掩盖盖、含含糊糊的态度去对待错误思想，思想工作软弱无力。现在有许多人拒绝批评，以“我心情不舒畅”为借口来抑制别人的批评，也有的人一遇批评就是“你不民主”，用“你不民主”来抵制别人对他的批评。这种情况是不能继续存在的，一定要坚持必要的思想斗争，不能把思想工作做得不痛不痒的。

过去在运动队中进行过无产阶级世界观问题的教育。那时不论大小会议都有人讲这个问题，而现在是很少有人讲了。好像我们运动员的世界观没问题了。另外，有些人在国家困难时期不是发奋图强，埋头工作，顽强训练，而是思想恍惚，追求迷恋资产阶级的生活，如有的个别运动员专门爱看香港电影，其目的不是通过电影对黑暗社会的控诉去启发教育自己，而是单纯拾取香港社会庸俗生活的细节。我们是社会主义国家的体育运动队伍，我们的运动员必须向又红又专的方向发展，因此，进行思想改造仍然是主要的问题。我们的政治思想工作必须进一步加强。

三、技术训练问题

技术训练是训练工作的中心。就是在冬训中，身体训练比重比其他时期大些，技术训练仍然是一个重点。

技术训练中，基本技术训练又是主要的，从今年联赛来看，比赛战术变化多了，有四二四，也有四三三以及四一二三等战术阵型，这是好现象。的确，有些球队由于战术综合了技术特点调动了本队积极性，还取得了一些好成绩。相反也有些球队成绩没打好是由于应付新的战术缺乏办法所致。因此可能在联赛之后，大家会把主要精力放在研究战术上。如果我们当真这样做，那就错了。我们应该看到，各队战术的提高主要是近两年来狠抓技术训练之后基本技术提高的结果。这次联赛当中我们采用的战术阵型，过去我们也用过，但从来没有运用得像今天这样灵活，这就足以说明技术是战术的基础，当我们的技术更加熟练了，我们的战术也会更加丰富。因此，为了进一步提高技术水平，今后，还是应该主要地抓基本技术。

其次，要我们的运动员能够在快速运动中和比较困难、比较复杂的情况下，正确地合理地完成技术动作。这些要求主要是针对甲级队讲的，对我们的青少年队员仍然应以抓基本技术训练为前提。

训练指导思想、战斗作风、技战术风格、技术能力等，这些问题之间既有区别，又有联系，如混淆不清，势必影响工作。

指导思想以及技战术风格等，是训练中灵魂的东西。它保证和促进技术的合理发挥。但目前的情况是空洞地讲风格过多了，好像风格就能完全代替技术，没有把讲风格同时又讲技战术协调地结合起来。技术能力越高，风格也就越鲜明。要提高球队的水平，打出好的风格，其基本环节是技术，而有了好的风格，才能更正常发挥技术。

我们有些同志把风格甚至理解歪了，认为有了风格的要求就不用考虑技术的发挥了。这是不对的。任何比赛都要求一个队去力争胜利。怎样去争取胜利？我们说，必须是依靠正确地发挥技战术水平去争取胜利。我们不能用其他手段去争取胜利，更反对用不正确的手段去争取胜利。我们要提倡勇猛顽强，但一定要和运动竞赛的特点结合起来。我们要积极提倡勇敢，也要积极提倡技巧。在勇敢的下面，强调施展我们的技巧。不管讲什么样的风格，离开运动员的技术能力都是空洞的，反过来，在研究和训练技术上我们又要考虑风格对技术的要求。但要注意，对于青少年运动员来说，技术训练是主要的，不要过早地用风格的框子把他们套住，这样做对他们的成长是不利的。

四、战术训练问题

在战术中的主要问题是缺乏机动灵活。机动灵活是战术运用最基本的原则。战术运用得好坏就在于运动员的积极性是否充分地调动起来了，业已掌握的技术是否正常地发挥了。

关于战术训练，当前应该解决下面三个问题：

（一）提高全队的配合能力和充分发挥队员个人的机断专行。这两方面要配合好，不但认识好，实际运用也要好。在比赛中，不要因队员一两个球没处理好就任意给以批评，而要辨明情节，只要他们机断专行有利于集体就要鼓励和引导。不仅告诉他哪些做得是错的，而且应该指出该如何做。

（二）下决心，想各种办法培养场上的技术组织者，这是今后各队进行战术训练的主要课题之一。要挑选技术全面、头脑冷静、不大容易动感情的队员，有目的地去培养他们，成为比赛场上的核心人物。教练员可以要求这些队员按照全队的战术部署去指挥比赛，参加一些教练会议，甚至吸收他们讨论上下场人员等工作。

（三）提高教练员临场指挥艺术和指挥水平

战术阵型，具体的战术配合都是很重要的，这和抓上面的三个问题是不矛盾的。

五、身体训练问题

要重视身体训练问题。足球运动技术水平越高，强度也就越大，也就要求运动员具有更好的身体素质。但要注意，我们不要把身体训练和技术训练对立起来。足球运动员身体的一般素质和专项素质的发展主要是从足球技术训练中并辅以其他身体训练手段去获得的。这样说绝不是忽视足球运动员的一般身体训练，专门的身体训练也是必不可少的。这一点对青少年运动员也应该如此。无论对什么水平的运动员来说，身体训练都应该坚持在全年去进行，只不过根据不同训练期、不同对象可选择的训练内容、方式和比重不同而已。

六、总结经验问题

十几年来，我们在实际训练和竞赛工作中，已经积累了很多可贵的正面的和反面的经验，问题是过去我们没有及时总结。希望各队回去要抓好经验总结工作，这样对系统地、完整地了解足球专业知识是有帮助的，有助于提高教练员水平。明年要有计划地去总结经验，写出书面材料，达到自己能用作足球教材的水准，这对推动足球训练工作、提高训练质量有很好的作用。

七、多年训练问题

希望每个队都有自己的多年计划。1958 年以后，每个队都热衷于订计划提指标，当然，有些计划和指标是不切合实际的，可是，现在哪个队也不订多年计划和提指标了，这也不好。每个队对自己的提高要有个想法和指标，这样大家才有奋斗的目标，才能激发运动员的积极性。只有有了计划和标准，才能有根据地去检查训练，衡量进步。过去我们曾提出要在 10 年内各主要运动项目赶上世界水平，这是总的目标，不同水平的运动队应该提出不同的指标和要求，这一点大家可以回去研究。

八、组织建设问题（略）

摘自于 1962 年 10 月在全国足球训练工作教练员座谈会上的讲话

学习日本女排　认真贯彻“三从一大”

同志们：

运动训练工作现场会开始了，各省市体委主要领导同志和教练人员都来了，这样大规模会议还是第一次。现将会议精神、贺老总指示和会议开法讲一讲。

一、决定召开会议的过程

现场会是看日本女排训练和比赛，通过向日本女排学习，进一步改进训练，贯彻革命化。日本女排进步在世界震动很大。1957 年日本访华时，我 3∶0 胜(15∶4、15∶1、15∶4)，1960 年日本获世界亚军，1962 年获世界冠军，1964 年获奥运会冠军，而且优势很大。今年我访日，比分相差大，平均每局 4.5 分。现日本访华，我也是每局 3～5 分。日本的进步使我们也很震动。贺老总指示，要我们认真研究日本女排为什么进步这样快，要我们从中找出改进训练的措施。1962 年日本获冠军时，对我们是个谜，不知为什么这样快。去年日本二队访华，今年又互访，使我们得到启发，但我们认真研究日本女排不够，没有认真了解日本，从中吸取经验教训，与领导要求有差距。这次来访，也只是一般地说好好学习，组织了排球教研小组学，没有采取更多有效的措施。日本女排来了两天以后，看了两次训练，有人写了文章。贺老总看了 23 日晚报后，马上打电话问我看过这篇文章没有，日本女排来你们认真学没有，采取了哪些措施，说要很好向日本女排学习，各项目都要学，立即通知北京各队看，要看训练，召集各项教练员讲一次。在贺老总督促下，我们 25 日召开在北京的全体教练会议。传达了贺老总指示，要求各队讨论，写报告。25 日下午总理看了训练，前一天看了比赛。从 5 时到 7 时看训练，7 时到 8 时又看了比赛，总理问日本勾手飘球的性能。他工作那么忙，能关心这些，我们自己感到惭愧。

总理看训练后，回去还给许多领导讲，各方面要学日本女排的精神。

27 日贺老总决定，到上海开现场会，各省来 10 人，推迟了体工会。讲召开会议的过程，目的在于说明，我们思想落后形势，落后于领导的要求，我自己值得很好检查这个问题。我们现在就是要把会开好，跟上形势，跟上领导要求。

从 1957 年以来我们和日本女排换了个，应引起我们深思。日本 3 年能上去，我们为什么上不去。足球新运会大失败。登山能上去，乒乓 26 届大胜，别的项目为什么不行？现足球、女子乒乓、游泳、举重有进步，但与世界的差距大了。我们对这种状况处于麻痹状态，满足一星半点的进步，不是很严格要求自己。我们的工作不是有无进步问题，而是以什么速度进步。我们要利用日本女排访问的有利时机，推动我们的工作。

二、领导指示和对这次会议的要求

根据贺老总指示，会议应集中这三个方面：运动队中必须克服右倾保守思想、教条主义、骄娇二气。看日本训练后对我们的启发最大的，也就是这三方面的问题。主要表现是什么，大家要联系思想认真讨论。

我提几点：比如保守思想，长期以来抓阶级教育不明确，资产阶级思想泛滥。

政治思想工作无声势，无力量，斗争性不强。对一些错误言论、思想，缺乏斗争，强调自觉，怕伤感情，不发动群众，只靠个别谈话。

工作缺乏高标准，革命化精神不够，是走着看，看着走，得过且过，这不仅是革命化不够的问题。我们还不如大松，大松为了实现自己愿望，全力以赴，严格要求自己。据说得了亚军，把奖状撕了，为了工作晚上睡得很晚，老婆要离婚，不知自己孩子在什么地方上学。我们畏难情绪大。有的同志回答说，自己项目进步慢有三条：1. 领导不重视；2. 条件不好；3. 运动员不听话。我们还不如大松。

忽视人的因素，过分强调条件，没有把人的最大能动性发挥出来。没有贯彻自力更生、奋发图强的精神，我们条件很好，很多国家不如。我们工作搞不好，不是条件，主要是主观努力差。运动员训练不适应，不是从训练上加强，而是说吃不好，休息不好，讲设备，讲气候条件。北方冷，不是从实际出发想办法训练，而是冬到南方。

我们提倡为事业忘我劳动，勇于牺牲的精神很不够，所以运动量上不去，技术上不去，怕伤，宁慢勿快，宁肯让事业发展慢些，也不要伤，片面强调对运动员个人负责，没有把对运动员个人负责和对事业负责统一起来。我们敢不敢前进，克服对伤病的右倾情绪是关键。我们和日本女排比，许多伤病号不是伤病号。日本7号手指脱臼，马上拉拉又训练，如果是我们起码休息一月。2号宫本在1962年世界比赛时手指麻痹，医生说要休息一月，她照样打。当然这并不是说不要关心运动员。过去我们搞大运动量，后来1962年搞休整，留下了消极情绪，当然这是我们的问题。我们应尽量避免伤病号，但不是怕伤病而不敢训练。

医务监督也是从消极、限制方面出发，不是积极促进。有些问题我们自己未搞通就照搬，以苏联运动员过度疲劳标准来测量我们的运动员。这方面条条框框很多。好多医务人员说，陈镜开不能当运动员了，可他还创世界纪录。我们不能以一般人的标准来衡量运动员，运动员医务监督是为了训练，提高技术。

教条主义也很多，脱离实际清规戒律多，不敢创新破旧。大松胆子大，有革命精神，他搞排球，不是一开始就有这一套办法，也是逐步实验的，也有失败，他创造了一套技术、训练办法，规律摸得清。他说，不能跟苏联走，要创造自己的。我们学了苏联的不敢跨越一步。学了苏联，有好的，但苏联不会把全部东西教我，而且他也有不好的，我照搬，老死不变。我扣球法是适合欧洲人的，日本创造了适合于他们自己的。贺老总过去一再指示，技术训练结合自己的特点，创造自己的办法。我们贯彻很差，运动量说要搞8小时（念贺老总关于训练的有关指示）。机械划分周期和搞身训，把身训和专项截然分开。说运动员不能过早出成绩，上半年不能出成绩，这是受了苏联专家的影响。当然运动员要全面训练，也只有逐步提高，才能到达高峰。

把训练节奏搞得很碎，过去强调，一周也要有节奏，星期一少，为什么，说是星期日休息了，要循序渐进。过分强调循序渐进，作为保守的掩护。这样一来对机体有效刺激消失了，作用不大。大松说，你们运动员今天训了，明天不能休息，否则效果没了。

大运动量训练运动员疲劳后，有一种论调，认为这样破坏了技术定型。这样不是高标准要求，在疲劳下也要动作好。突破这一点就会飞跃，这是质变。

有的项目，冬天不练技术，不练全程，这是受匈影响。

贺老总一再指示，球类项目要贯彻百花齐放。但我们是千篇一律，学日本，要解放一下。

还有许多不练。运动员睡觉做了一个梦，也不练。

对老、优运动员不敢严格要求。照顾情绪、兴趣，练情绪球，凭兴趣办事。

满足于形式上完成计划。如为了照顾运动员的情绪，给他合口胃的球，100个救起球100个，这有什么意思。还不如给难球救10个。我们平时怕运动员哭鼻子，比赛时哭大鼻子。日本队员平时哭，比赛获胜。我们训练像做游戏。和一般教学一样，讲的多，实干、苦练少。

为什么存在教条、保守，原因：对好经验未很好接受，接受了一些消极的东西，搞了一些条条框框。教条主义是资产阶级形而上学思想方法的反映。

贺老总在每一个工作发展阶段都及时指示，体委党组也经常研究，但我在执行时常常出现这样那样的偏差。今年8月党组讨论时，给我提了意见，我在运动系干部会上作了自我批评。我这几年工作得不好，对上级指示、贺老总指示，尽最大努力跟不够，传达贯彻不够。我的水平有限，认识跟不上，但是应尽最大努力去跟。近几年革命朝气、干劲下降了，苦干实干不够。抓得少，不了解情况，缺乏艰苦劳动，有时组织纪律不强，蹲点不够，情况了解少，有时说了一些不好的话，出了错主意，滋长了重业务轻政治的思想。我今天不是向你们作全面检讨，主要讲些情况，供大家对国家体委主管训练工作的我和部门提出意见，帮助改进工作。

要进一步贯彻“三从一大”，搞技术革新运动。按什么路子贯彻，从日本女排得到启发。要学郭兴福教学法，我们没有学到手，大松都做到了，这是一个讽刺。

要树立三不怕、五过硬的作风，不怕累、不怕苦、不怕伤。思想、身体、技术、训练、比赛过硬。贺老总说，学日本可能有抵抗，教练、领导、运动员、家庭都可能有抵抗，要顶住。这是这次会要解决的一个指导思想。

会议希望大家，联系自己找差距，动脑子、出主意、想办法。要结合贺老总指示、三从一大等原则学，结合自己好的东西学。

要想争取胜利，就要承担达到胜利的风险。不敢担风险，就不可能胜利。

摘自于1964年12月在全国训练准备会上的讲话

写在书前的几句话

近些年来，即使在体育界以外的各行各业的同志们间，也常有不少人喜欢谈论乒乓球选手们的事，喜欢看他们写的文章，喜欢阅读有关他们的活动的报道。

这种兴趣和关心是很自然的。乒乓球选手们在攀登世界乒乓球运动技术高峰上，作出了出色的成绩。他们在参加世界乒乓球锦标赛中，一个胜利接一个胜利，多次获得世界冠军的称号；他们在世界乒乓球运动的行列中，是走在最前面的人。然而在他们面前，还有一个接一个的新高峰等待他们去攀登。

这些青年选手所以这样受人注目，不仅因为他们是世界冠军，或是因为他们承担着光荣而艰巨的任务，最主要的是在他们身上，在他们走向世界冠军的道路上，闪耀着毛泽东时代那种天不怕、地不怕、生龙活虎一样勇往直前的革命精神。

他们有革命的志气和革命的风格。他们用毛泽东思想武装了自己的头脑，敢于革命，善于胜利。落后吗？不怕！吃败仗吗？不怕！有人讥讽吗？不怕！困难重重吗？不怕！要革命，就是要革落后的命，革困难的命，革主观世界和客观世界的命……乒乓球选手们拿起球拍的时候，就把打球和革命联系在一起。用他们的话说，就叫做“身在球场，心怀祖国，放眼世界”。他们扫除自己思想上的资产阶级个人主义，扫除妄自菲薄的宿命论，昂首阔步地去迎接困难，战胜困难，一心一意去攀登世界高峰，为祖国争取荣誉。他们既有敢打敢拼、敢闯敢搏的革命胆略，又有扎扎实实勤学苦练的过硬本领，他们是又红又专、胆艺双全的革命“小老虎”。在运动场上表现了无高不可攀、无坚不可摧的英雄气概，表现了站起来了的中国人民的伟大的革命风格。

他们有革命的方法，就是按照毛主席的教导，运用一分为二的革命辩证法去观察问题，分析问题，处理问题。他们在学习和实践中，逐步学会了正确处理个人与集体、胜利与失败、藐视困难与重视困难、攻与守、特长与特短、百花齐放与以我为主，以及学习与独创之间的关系等等，认真分析它们之间的矛盾和联系，提出解决的办法，再在实践中检验、丰富、发展和提高。无论取得多大的成功和胜利，他们决不骄傲自满，而是“从零开始”、“而今迈步从头越”，不断革命，永远革命。这样，用辩证法去分析掌握技术的内在矛盾和联系，就产生了不可估量的威力，技术到了他们的手里就变成了活的东西。他们谈的是打乒乓球，讲的是一球一分的得失，却给人以学习运用辩证法的启示。

这本由一位运动员、一位教练员和两位参加过乒乓球队工作的同志合写的小书，讲的是乒乓球选手们参加第28届世界乒乓球锦标赛，夺取五项世界冠军的故事。如果把它看做文学作品，那么，无论从结构到文字，专家和读者们大概都会提出许多意见；但是，我相信这本书会帮助读者进一步了解乒乓球队的成长，并且可以从中得到一些有益的启示。

原载于1966年《乒乓运动的春天》一书

贺老总无限关怀运动队的成长

少年时，每逢听到流传的关于毛泽东和朱德、贺龙等老一辈无产阶级革命家的故事，总是引起我无限仰慕之情。我直接接触贺龙同志，是在全国解放初期，我在西南做团的工作和体育工作的时候。特别是1954年调国家体委后，在贺龙同志具体领导下工作，更得到他许多宝贵的教诲。

贺龙同志无限热爱伟大领袖毛泽东同志和敬爱的周恩来同志，对党赤胆忠心。他常满怀激情地说，我能为革命做一点事，完全是由于党的教育、毛主席的正确领导和周总理的具体帮助。

林彪、“四人帮”疯狂打击迫害贺龙同志。敌人的无耻诽谤，只能使贺老总的革命形象在人民心中更加高大。他对广大体育工作者和运动员的亲切教诲，至今对我们仍然是巨大的鼓舞力量。

按照毛泽东同志的建军思想建设运动队

新中国成立不久，就开始创建工人阶级自己的体育队伍。贺龙同志十分强调首先从政治思想上着手，用毛泽东同志的建军思想来建队。我刚到国家体委不久，就听到贺龙同志特地请余秋里同志来体委介绍如何用毛泽东思想带兵打仗，用我党建军整军的经验来建设和整顿运动队伍。贺龙同志指出，如果缺乏革命精神，思想意志不统一，个人患得患失，战士就不能打仗，运动员也不能打球。他要求运动员加强毛泽东同志的著作的学习，灭资兴无，树立为人民服务的革命人生观。那时，有不少运动员有单纯打球的思想，贺龙同志明确指出：“你们是新中国的第一代运动员，要为革命而打球，不能把打球与革命分开，打球就是革命，每打一个球都要对革命负责。打球不是为了好玩，为了求一技之长，争个人名利，而是为了党和人民，为了祖国荣誉。”他还强调要加强经常的思想教育工作，运动队集训期间要有计划、有组织地辅导工农兵体育，接受再教育。他鼓励运动员学习刘胡兰、黄继光、邱少云、罗光燮等英雄人物，做雷锋式的无产阶级战士。这些指示，充分体现了贺龙同志善于运用毛泽东思想指导运动队伍的建设，把打球提到无产阶级革命的高度。精辟地阐明了打球的革命意义，使广大运动员开阔了眼界，明确了方向，对清除旧的体育观点，促进运动队的思想革命化，走与工农相结合的道路，起了很大的作用。

贺龙同志对于我们领导干部也经常进行解放军的优良传统作风教育。他说："部队要能打仗，必须了解战士，干部与士兵同甘共苦，冲锋在前，退却在后。过去战争时期，连长、指导员能叫出全连一百多人的姓名，谁是贫农、中农、学生，都说得清清楚楚。我们带运动员也要这样。"他指示体委党组的一些成员分工到运动队蹲点，经常提醒我们不要像浮萍一样浮在上面，要克服主观主义、官僚主义、文牍主义的作风，树立艰苦朴素、联系群众、深入下层、积极负责的领导作风。贺龙同志以身作则，进行传帮带，经常深入训练、比赛第一线，亲自调查研究，培养典型，总结推广先进经验。他始终保持党的实事求是、群众路线等优良传统和作风，模范地执行党的路线和政策，满腔热情地关怀、爱护年轻一代，对运动员学习、训练、入党入团、饮食起居、环境卫生、恋爱婚姻等等，无不操心到。他曾多次批评我们说："我国有许多优秀运动员没有入党，说明体委领导未做好运动队的政治工作，有保守思想。"语重心长地指出，这不仅关系到当前提高运动队的战斗力，而且关系到党的事业的发展，培养革命接班人。徐寅生、李富荣、林慧卿、郑敏之、邱钟惠、傅其芳、郑凤荣、陈镜开、陈文彬等一批优秀运动员，在毛泽东思想抚育下迅速成长，先后加入了中国共产党，在乒乓球、田径、举重、篮球等项目上为国争了光。其中，贺老总倾注了多少心血呵！贺龙同志非常关怀劳动人民出身的运动员。曾关切地询问一位当过码头工人的国家篮球选手在重大的国际比赛中上场了没有？打得怎么样？当得到肯定的回答时就高兴地说，好哇！共产党员在比赛场上就是要像在战场上那样冲锋陷阵。他对那些从旧社会过来的老运动员，也同样关心爱护。例如为我国乒乓球事业作出重大贡献的傅其芳同志，那时有些人认为他是从香港回来的，说什么历史复杂，求全责备。贺龙同志在一次座谈会上尖锐地指出："多次立功就是入不了党，说他历史复杂。入党要看成分，但主要看个人表现。要看他的进步，不能把人看死。"甚至表示："你们不介绍，我来当入党介绍人！"贺老总这样正确地理解和掌握毛泽东同志的建党思想，用唯物辩证观点分析一个同志的历史和现实表现，以高度的革命情谊赤忱关怀同志的政治生命，给了我们莫大的教育。从而纠正了当时在运动队建党工作上那种“金要足赤，人要完人”的形而上学观点，促使党组织不断发展壮大。

我们跟贺老总一块工作的同志，都感到他既严格，又亲切，爱憎分明。他一向认为治队同治军一样要严，强调要全面学习解放军的经验，建立适合运动队特点的规章制度，建设成硬骨头六连式的过硬队伍。还曾指示体委党组总结推广广东羽毛球队从一支归侨参加的队伍，锻炼改造成思想红、技术过硬的世界一流队的经验。对于批判资产阶级，他的态度一贯是非常明确、坚决的，采取了许多有力的措施，抑制资产阶级思想作风对运动队的侵蚀。对一些不良倾向，他总是非常敏锐地抓住苗头，毫不含糊地予以纠正。例如，当他了解到一位运动员在创造了世界水平的成绩后自高自大，便亲切教育她正确对待荣誉，还联系到一些运动员出成绩后进步不快甚至跌跤子的事例，批评我们领导有娇气，运动员一出成绩就娇惯他们。明确指出，爱护运动员的正确态度是，从政治上、业务上严格要求，文化上要培养提高，生活上要关心照顾，教育他们为国争光，为人民做更多的工作。他说，军队打仗，骄兵必败，领导干部、教练员、运动员都要遵循毛泽东同志关于“虚心使人进步，骄傲使人落后”的教导，不断地扫除骄娇二气，才能更快更多地出人才、出成绩。他亲自抓《体育报》，开辟专栏讨论，连续发表九扫骄娇二气的评论。并支持鼓励运动员写心得体会文章，发动群众自己教育自己。

贺龙同志对他亲自培养的典型——国家乒乓球队要求更严，抓得更紧。我队在第 26 届世界锦标赛上，获得男子团体和男、女单打 3 项世界冠军。比赛结束当夜，在北京体育馆比赛厅休息室，65 岁高龄的贺龙同志又不辞辛苦地召集体委和乒乓球队的领导干部开会，部署新的战斗了！他指出，第 26 届结束了，但继续战斗的思想不能结束，我们要永葆革命者的高贵品质，戒骄戒躁，乘胜前进。指示我们应清醒地看到我队已成为国际乒乓球界“众矢之的”。上了马决不能下马，要立即认真总结经验，制订继续跃进的规划、措施，去夺取新的胜利。他高瞻远瞩，雄心勃勃，开阔了我们的思想境界，他烈火一般旺盛的壮志，驱散了夜半春寒和我们身上的疲乏，鼓舞着我们精神抖擞地踏上新的征程。当他发现队里某些尖子队员因胜利而滋长一些资产阶级思想作风时，又及时进行了严格的批评和耐心的教育。并教育我们对运动员、干部要一分为二，实事求是地评价他们的功过。他说，对偶尔犯了错误的人，要肯定他过去的好，不能一棍子打死，也不要因为一个人做了好事，就把他捧上了天，要适当地表扬，这样才能培养接班人。

善于发现人才，扶持新生事物

贺老总曾批评我强调运动员要少而精的想法有片面性。他说："我们培养运动员要多里求精。中国人多潜力大，一定有许多人才，要发动群众，注意发现人才。"他指出我们的工作还很不深入，不要说下马看花，连走马看花也没有做到。1964 年 10 月我向贺老总汇报工作时，谈到徐寅生同志在女队的讲话大家反映很好，但我那时错误地认为，美中不足的是讲话中没有引用毛泽东同志的话。贺老总立即把讲话记录调去，一口气读完，当时态度十分明确。指出徐寅生同志的讲话是学习毛泽东思想的成果，并作了重要批示。批示中指出："这篇讲话，方向是对头的，是政治挂帅的"，"他的讲话中有几个问题我认为提得很好。首先是为谁打球的问题，要把祖国的荣誉放在第一位；其次，是怎样从战略上藐视敌人，从战术上重视敌人，灭敌人的志气，长自己的威风；第三，运动员也要像解放军那样，思想上经常有杆枪，时时事事联系到怎样打好球，临场更要抛开个人的得失。总之，要胸怀雄心壮志，平时刻苦练球，比赛敢打敢拼。我看这些都是正确的。徐寅生同志还用自己的亲身体会，自我检讨来说明问题，就更有说服力。"批示中还强调指出，徐寅生提到平时练球要和比赛的实际情况相结合，不要搞形式主义、教条主义，正是要害所在。贺龙同志指示把徐寅生这篇讲话赶快印给各运动队学习，要结合队里的问题进行整风。在贺龙同志呈报毛泽东同志后，毛泽东同志指出："讲话全文充满了辩证唯物论，处处反对唯心主义和任何一种形而上学。多年以来，没有看到过这样好的作品。他讲的是打球。我们要从他那里学习的是理论、政治、经济、文化、军事。"贺龙同志连夜召开体委党委会进行学习，亲自到乒乓球队宣讲毛泽东同志的批示和周恩来同志的指示："这是千军万马的力量"，并用自己的学习体会生动具体地教育运动员，号召体育战线认真学习毛泽东同志的重要批示，掀起学习毛泽东思想的新高潮。他对当时正在参加全国体育工作会议的各地体委领导同志指出，毛泽东同志对徐寅生同志的讲话提得很高，体委要跟上去，不要看不起运动员，对小将要重视、培养、教育，接班人就是他们。他满怀壮志地说，徐寅生是毛泽东同志亲自批准的体育战线的第一个标兵，还要培养第二、第三、第四个标兵，大家都要学习、赶超徐寅生，做到“胸怀祖国，放眼世界”，体育事业就搞得更好了。

还有一件事给我的启发教育也是很深的。体育界的同志都知道，运动员参加比赛有一个响亮的口号，就是“打出风格，打出水平”。最初这是一位乒乓球选手对自己参加第26届世界锦标赛提出的要求，当时有人认为这样没有求胜的具体指标，似乎有些消极保守，顶多适用于新手、弱队。贺龙同志亲自到乒乓球队作动员报告时，热情地支持和表扬了这个提法，并把它作为全队参加比赛的要求，人人都要表现出优良的风格，充分发挥技术水平，获得政治、技术双丰收。这个口号在贺老总大力提倡下，很快成为各运动队的行动口号。它既鼓舞运动员发扬鼓足干劲、力争胜利的革命精神，反对输赢无所谓的消极思想，又贯穿了实事求是的科学态度，不单纯以胜败论英雄，反对不问实力硬要求胜的主观主义和不讲体育道德、“冠军就是一切”的锦标主义，对形成我国运动队“赢球还要赢人，输球不能输人”的好风气，起了积极的作用。周总理很赞成“打出风格，打出水平”的口号，多次指出，把风格摆在首位，就是政治挂帅，思想领先。这件事反映出贺老总正确执行从群众中来、到群众中去的领导方法，非常尊重群众的首创精神，爱护扶持新生事物，他的思想和实践都是忠于党、忠于毛泽东同志和周恩来同志指示的。

用辩证唯物主义指导队伍攀高峰

贺龙同志坚持用辩证唯物主义正确处理运动队的政治与技术、训练与比赛、学习与独创等一系列关系。他在这方面作过许多精辟的论述，有不少独到之处，至今对运动队的建设有着重要的指导意义。早在50年代，他就豪迈地指出：“解放了的中国人民，要有争取胜利、破世界纪录的雄心和气魄，更快地赶上和超过世界水平。”为我国最先夺得国际比赛第一名的游泳选手吴传玉，曾激动地谈起贺老总亲切鼓励他为祖国争光，使他这位归国华侨感到党的莫大信任，鼓起了在比赛中同世界强手争雄的信心和勇气。贺龙同志常对运动员说：“球拍是一杆枪，毛泽东思想是更重要的一杆枪，要用毛泽东思想统帅打球。”“政治是统帅，是灵魂，这是毛主席根据我国几十年革命的实践总结出来的真理。和其他事业一样，我们体育事业也必须政治挂帅，思想领先。”同时，他十分重视政治与业务一起抓，历来反对搞空头政治。曾明确指出：“要把政治与技术结合起来，人人都要又红又专。政治学习要结合业务，泛泛地学没有什么用。不能空讲学得好，运动员比赛就是不出成绩。”他多次到北京射击场检查工作，指示要学好毛泽东同志的著作指导训练，不能光说思想好，枪打不准。对打破世界纪录的优秀射击运动员，曾给予表彰鼓励。他针对运动队中存在政治不挂帅、训练怕艰苦、比赛不过硬的现象，指示我们：“要把政治落实到训练中去，一个项目一个项目地解决实际问题，保证训练、比赛任务的完成。”重温这些教诲，真好像贺老总并没有离开我们，还在同我们一起战斗，一起批判林彪、“四人帮”把政治与业务割裂开来的种种反动谬论。

在运动比赛中，有些运动员往往紧张失常，不能充分发挥技术水平。贺龙同志用毛泽东同志关于解放思想，不要怕鬼的教导武装运动员，指示运动队认真学习毛泽东同志的军事辩证法和《不怕鬼的故事》，克服资产阶级个人主义、唯心主义思想，做到胸怀祖国，放眼世界，敢于胜利，善于胜利。同时，他强调比赛的胜利靠平日勤学苦练，打下扎实的基础。要求运动队严格按照“三从一大”的方针进行训练（即从难从严从实战出发，进行大运动量训练）。多流汗，反复练，动脑子，找窍门，重视基本功，不搞打虎将李忠那种花架子，要学武松真功夫，粗中有细，精益求精，做到“三不怕，五过硬”（即：不怕苦，不怕难，不怕伤，思想、身体、技术、训练、比赛都过硬）。在他的具体指导下，还制定、实施了运动员、教练员、裁判员技术等级制度，有力地鼓舞了广大体育战士勇攀世界体育高峰。

我国登山队就是这样一支用毛泽东思想武装起来的勇攀高峰的过硬队伍。贺老总曾多次亲切接见登山运动员，指示他们努力做到又红又专，把红旗插遍祖国高峰，把登山与科学考察密切结合起来，给祖国的每一座高山作出结论，为无产阶级政治、国防建设和经济建设服务。1960 年，贺老总成功地组织指挥我队完成了人类第一次从北坡登上珠穆朗玛峰的壮举，就是一个生动的范例。那时，苏修猖狂反华，背信弃义，妄图趁我国国民经济暂时困难之机，卡我们的脖子。在体育方面，他们也竭力破坏，撕毁中苏两国联合攀登珠穆朗玛峰的协议，单方面撤销高山装备供应等，妄图看我们的笑话。贺龙同志毅然表示：“他们不干，我们干，要为中国人民争气!”谆谆嘱咐登山队一定要按照毛泽东同志的教导，战略上藐视困难，战术上重视困难，充分估计每前进一步可能遇到的困难，制订周密的对策。在党中央、周总理亲切关怀和全国人民热情支持下，贺老总进行了巨大的组织工作，调动各方面力量，解决了登山中诸如8000米以上的饮水、供氧等实际困难。正是这样把“誓叫红旗顶峰飘”的雄心壮志，与“一步一个脚印”的踏实功夫很好地结合起来，保证了只有5年登山经验的年轻队伍胜利踏上地球之巅。这次登峰成功，给了苏修一记响亮的耳光，大长了我国人民的志气。贺龙同志亲自出席首都8万人参加的庆祝大会，作了热情洋溢的讲话，代表党中央、国务院表彰登山英雄的功绩，号召各条战线努力攀登本行业的“珠穆朗玛峰”。为祖国作出更多的贡献!

我国人民对篮、排、足三大球水平比较落后非常关心，周总理指出：我国小球行，大球不行，并对如何搞好三大球作了一系列的指示。贺老总怀着“看不到三大球翻身，我死不瞑目”的强烈责任感，亲自深入现场，调查研究，采取措施落实周总理的指示。他运用乒乓球、羽毛球的成功经验，精心指导部署抓三大球的工作，特别对如何学习外国经验和走自己的道路，作了明确详尽的指示。他说，我们要学习外国的好东西，但决不能跟在别人屁股后面跑，要以我为主，还要从武术等民族固有的体育中汲取有用的东西。足球应根据自己的特点和身体条件进行训练，形成独特的风格和打法，要着重解决体力、射门、防守三大薄弱环节，练好30米内的硬功夫，全面发展，左右脚并用。篮球不要照搬欧洲高中锋的打法，大力提倡小个打大个，发挥中国人灵巧、速度快、弹跳好的特点，狠抓投篮命中率，保持和发扬篮球“砸眼”等传统绝招。在排球项目上，为了把世界冠军队的经验学到手，经周总理批准，特地邀请了日本女子排球队的教练大松，在上海召开三百多人的现场会，集中国内强队观摩学习。贺龙同志指出，大松的训练法有许多是科学的，合乎辩证法的，值得我们借鉴。但他打人骂人的作风我们不能学，也决不能丢掉我国排球“快板”等优良传统打法。

由于错误路线的干扰破坏和我们在实际工作中的缺点，贺老总生前未能看到三大球“翻身”。每念及此，深感内疚，也更加痛恨林彪、“四人帮”这伙十恶不赦的刽子手，使贺老总这样一位深受我国人民敬仰的杰出的无产阶级革命家过早地离开了我们。如今，在华国锋同志为首的党中央领导下，我国体坛龙腾虎跃，捷报频传，三大球的水平也有了长足的进步，特别是女子排球已进入世界先进水平的行列。这些都是与贺老总生前呕心沥血分不开的。

贺老总一生跟着毛泽东同志南征北战，是新中国开国元勋和我军创始人之一，他的巨大功绩是永垂青史的。我仅从体育运动的一个侧面追思他几件事，以寄托体育战士对他的深切怀念之情。华国锋同志在五届人大提出了我国社会主义革命和社会主义建设新时期的总任务，还明确指示我们："积极开展群众性的体育活动，增强人民体质。加强体育运动队伍的建设，努力攀登世界体育高峰。"这也是毛泽东同志、周恩来同志以及贺龙同志等革命前辈的遗愿。我们体育战线的广大革命同志，决心在新的长征中，把宏伟蓝图变成光辉的现实。喜看今日之祖国，玉宇澄清万里埃，九亿神州争飞跃。敬爱的贺老总若英灵有知，当含笑九泉！

原载于 1979 年 3 月湖南人民出版社《怀念贺龙同志》一书

作出无愧于伟大时代的新贡献

——在国家体委表彰大会上的讲话

国家体委今天举行隆重的大会，对在1981年创造世界纪录、获得世界冠军、攀登世界体育高峰作出突出贡献的91名运动员、教练员进行奖励和表彰，我们还将对其他所有创造优异成绩的运动员、教练员进行奖励和表彰。这次表彰大会也是向国家女子排球队、国家乒乓球队，向一切创造了优异成绩为国争了光的运动员、教练员们学习的动员大会，这是具有十分重要意义的。我代表国家体委向受到奖励和表彰的同志们表示最热烈的祝贺。

你们的事迹，受到了全世界人士的瞩目。全国人民为你们的胜利欢呼，广大的体育工作者赞扬你们，钦佩你们。你们的每一个胜利都深深拨动着亿万人民的心弦，激起了人们巨大的爱国主义热潮。

你们把祖国的荣誉、人民的利益放在第一位，立志夺取世界冠军，创造世界纪录，表现了为国争光的崇高爱国主义思想，勇攀世界高峰的雄心壮志和为体育事业的献身精神，表现了训练不怕苦、不怕难，刻苦掌握过硬的本领，在比赛中不畏强手，勇敢顽强，胜不骄，败不馁，沉着坚定，意气风发，坚韧不拔，勇于拼搏的战斗精神；表现了上下齐心，团结一致，互相帮助，困难面前争挑重担，荣誉面前互相谦让的集体主义精神。在中华民族需要克服重重困难、团结兴邦的历史关头，正是这种革命精神、共产主义的思想情操和高尚的品德，激励着人们为振兴中华，建设四化奋发前进。

1981年体育战线的形势正像五届人大四次会议的政府工作报告中指出的那样，“体育战线今年以来捷报频传，最近女子排球队又第一次夺得了世界冠军，这对正在进行现代化建设的全国各族人民是一个鼓舞。”今年以来10人11次打破和超过 8 项世界纪录，2 人 1 队平 3 项世界纪录；在 3 个以上国家参加的比赛中获得 280 枚金牌；在乒乓球、女排、跳水、体操、羽毛球、技巧、射击、航海模型、围棋 9 个项目的比赛中，共获得 25 个世界冠军。这是我国体育史上取得世界冠军最多的一年。在世界乒乓球赛 55 年的历史中，第一次由我国乒乓球队夺得全部 7 项冠军和所有单项亚军。中国女排七战七捷，为我国夺得了第一个三大球的世界冠军，率先实现周总理、贺老总“三大球要翻身”的遗愿。这些都说明中国人民、中国青年的聪明才智，是完全能够实现他们追求的理想，达到他们所要达到的目的。

今年的体育形势，不仅是运动技术水平取得了大面积丰收，先进项目扩大了优势，一些后进项目也有了长足进步，赶了上来，缩小了差距，而且各项体育工作都出现了新的气象。群众体育更加广泛和扎实。公布了第六套广播体操，修订了体育锻炼标准，学校体育有了显著加强，部队、厂矿企业、机关体育，出现了活跃的局面。农村体育、少数民族体育有了新的发展。科学研究、宣传教育、后勤保证等方面都为体育事业的发展作出了应有的贡献。

我们要保持清醒头脑，不仅要看到成绩，更要看到我们的不足之处。我们没有任何理由在胜利面前陶醉、骄傲起来。进入世界体育强国的行列，需要几代人坚持不懈的奋斗下去。

我国已进入了新的历史时期。体育战线面临着提高全民族健康水平、提高运动技术水平、建设社会主义精神文明三大任务。全体体育工作者，要在党中央和国务院的领导下，坚持四项基本原则，为实现三大任务而努力！1981 年就要过去了，新的一年就要到来了。1982 年面临着参加第 9 届亚运会、排球、篮球、田径、射击等重大世界锦标赛，还要准备 1983 年的全运会、1984 年的奥运会，任务十分繁重，这就迫使我们必须进行非凡的努力，把各项工作做得更好。

成绩只能说明过去，胜利之后要从零开始，前进的道路上还有许多新的困难和问题，需要去克服、去解决。我们要解放思想，实事求是，深入调查研究，了解新情况，总结新经验，提出新办法，打开新局面。发扬党的优良传统，改进领导方法和工作作风，讲究效果，提高效率。广大体育工作者、运动员、教练员们要同心同德，团结一致，振奋精神，鼓起更大的干劲，互相学习，互相勉励，掀起一个扎扎实实的学女排、学乒乓球队的竞赛活动，在广阔的天地里各显身手，为祖国为人民作出无愧于伟大时代的新贡献！

原载于 1981 年《体育报》

关于两个文明建设、优秀运动队建设及当前需要明确的问题

一、建设社会主义物质文明和建设社会主义精神文明，这是全党全军全国人民的两个奋斗目标。两个文明建设互相促进，缺一不可。抓社会主义精神文明建设和抓物质文明建设一样，要作为一个重大任务，长期地抓下去。体育部门一定要把建设社会主义精神文明作为自己的中心工作。从思想认识到具体工作安排都要贯彻中央对我们提出的这个要求。

体育是精神文明的一个组成部分，它包括体育的全部工作在内。如群众体育的广泛开展、运动技术水平的提高、培养体育人才、体育科学研究、院校工作、场地建设和现代化的设施等，都属精神文明范畴。只有全面发展体育事业，才能在精神文明建设中发挥出最大的作用。中央指出，精神文明建设的中心环节是用共产主义思想教育人民。体育战线要加强思想政治工作，加强对体育队伍的共产主义思想、马列主义和毛泽东思想的教育。当前抓社会主义精神文明的建设，要着重地突出地抓道德、作风、纪律的教育和整顿。要在体育队伍中树立一个好的风气，教育运动员、教练员、裁判员严格遵守《守则》，按照《守则》规范自己的行动。在场地管理、赛场秩序等方面都要讲精神文明，机关干部要在精神文明建设中起表率作用。也要协同教育部门对体育教育工作者在体育教学中提出精神文明方面的要求。通过体育教学，有利于培养学生树立文明习惯，这也是对青少年进行精神文明教育的一个重要环节。通过以上方面，使体育队伍在转变社会的风尚方面发挥积极的影响和作用。

有一个时期，我们在宣传体育时，只强调了增强体质的作用。随着形势发展，不断创造优异成绩，在宣传上又强调了为国争光对人民的鼓舞作用，这些都是对的，今后还要讲。但是只讲这些不够，还应该讲通过体育对人的思想、道德、作风、意志、纪律等方面的教育培养作用。新中国成立初期我们曾经讲体育

是向人民进行共产主义教育的重要手段之一，实践证明这个提法是正确的。今后在建设社会主义精神文明中，要继续运用这个论点，对人民进行体育的宣传教育。

学女排，各级领导要抓紧，它不仅推动体育队伍的精神文明建设，可以说是两个文明一起抓的具体体现。希望大家继续开动机器，创造各种方式和形式，把学女排结合学乒乓球和学其他项目的好经验，深入下去，使之随着形势的发展而内容更加充实更加丰富。

认真开展打击经济领域中的严重犯罪活动。各级体委领导同志绝对不要麻木不仁、掉以轻心。这场经济领域中的斗争，势必带动政治、文化、思想各个领域全面地反对资产阶级思想腐蚀的斗争。不认真地坚持这方面的斗争，就不可能把体育队伍建设成一支社会主义的队伍，即使已经建立起来的这支好队伍，也会烂掉、垮掉。从目前已经揭露出来的大量材料，对这一点难道还有什么可怀疑吗？

关于加强思想政治工作，毛主席这方面的许多重要论述，仍然是我们加强这一工作的指导方针。最近中央领导同志，胡耀邦同志有许多重要指示，我们都要坚决执行。1980 年国家体委开的全国思想政治工作座谈会的精神要继续贯彻。我只强调一点，即各级领导，特别第一把手要把思想政治工作拿在手上。这和着重点转移是不是矛盾呢？不矛盾。既要把业务工作抓紧，又要把思想政治工作抓紧，也就是要把两者结合起来抓，才能保证业务工作搞上去。在每次安排工作时都要一起安排思想政治工作，检查业务工作时也要检查思想政治工作。这样，思想政治工作也就有了重要位置，也就会引起大家的重视，也有利于克服业务工作和思想政治工作相互脱离的缺点，既保证了正确的方向，也保证了业务的发展。

二、优秀运动队建设。有三个原则：（一）队的主要任务是提高运动技术水平；（二）运动员必须是有理想、有道德、有文化、守纪律的人；（三）从体育事业的全局和长远考虑，要有利于运动队向学校化过渡。优秀运动队的一切安排必须从上述三条出发，把这三条原则统一结合起来。不要孤立地从一点考虑问题，决定问题。

向学校化过渡，这个方向一定要坚持。遇到困难不要动摇，走点弯路也不可怕，要力争少走一点，及时总结经验。形式可以多种多样，有体育学院，有运动技术学校，既可大专，也可中专，或在师院办中专性质师资班，也可采取职工教育、业余教育、电视教育形式。已经批准建立的院校一定要想各种办法、措施充实内容，克服困难，坚决试验下去。多数单位还是积极创造条件的问题，准备工作要扎扎实实，不要急于挂牌子。

要想搞好过渡，一定要坚持运动员的入队年龄15～17岁和初中文化程度的规定，个别项目如体操、游泳、跳水等可适当降低年龄。如果不坚持这个年龄规定，向学校化过渡就不大可能。

向学校化过渡还有一个问题，就是要对竞赛制度、训练制度、生活制度作些改革，把时间支配得合理些、科学些。

关于降低运动员的淘汰率，这是优秀运动队建设中的一个大问题。无论是从减少人力物力浪费、提高经济效益出发，还是从办队、办校制订规划考虑，都需要降低运动员的淘汰率。我考虑，在几年之内，应从15%左右的淘汰率降低到10%左右，其中非正常淘汰要降到最低限度。希望大家就此做点研究，调查。

退役运动员的分配问题，需要继续和有关部门商量，找出妥善的解决办法。我们尽量把退役运动员培养成各种体育人才，但不是把所有的人统统包下来。首先重点要解决那些入队时间较长、对体育事业有过贡献的运动员。对于入队时间不长、年纪较轻的运动员，也应该鼓励他们走向社会各方面，从事其他职业，如进各种服务性学校学习。有些人可研究给予一次性补偿。

体育战线是可以吸收和消化一些退役运动员的，如新建的场馆可招收一部分人。应该执行1981年国务院批转的《国家体委关于省、市、自治区体委主任会议的几个问题的报告》中提出的“建议各级党委一般不要再从其他战线调人搞体育业务。今后体委系统的业务干部，主要应从体育学院毕业生、教练员、运动员、体育教师和比较熟悉业务的人员中培养”。

关于推行责任制问题，要放手试验，及时总结，逐步完善。需要指出两点：一是不要单纯定运动成绩的指标，成绩只是训练的一个方面；二是推行责任制一定不要忽视思想政治工作，不要忽视改进领导作风和领导方法。

关于奖励制度，正在拟订贯彻执行国务院批准的《优秀运动员、教练员奖励试行办法》的实施细则。这个问题很复杂，需要认真细致地研究。搞奖励一定要加强思想政治工作，否则不但起不到积极作用，还会起消极作用。奖惩都要有，但主要是奖。各地都要按照国务院的规定执行。一律在年终一次评奖，平时可以开欢迎会、庆功会，但不要发临时奖。评荣誉奖章最好也是一年一评。

三、武术问题。武术是我国民族的传统体育，有广泛的群众基础，是中华民族灿烂文化的一个部分。希望大家重视武术，摆到重要位置上来。年底准备开专门研究武术的会，研究有关方针政策，争取比较彻底地解决一些问题。对武术，我们提挖掘、整理、继承、提高，当前主要是挖掘继承下来。我们要搞些政策调动武术工作者，特别是老武术工作者的积极性，把他们掌握的东西传下来。

各地也不要等，有条件的可先抓一两件事。如有的可先把武术协会搞起来，定三五个编制，下设研究会等，把老武术工作者团结起来。先把武术馆牌子亮出来，把武术工作者搞到一起，一周活动两次。老武术工作者中有些人生活困难，要主动关心帮助他们解决，安排当个委员，给点车马费。鼓励他们写点东西，给些报酬等。

第5届全运会上，武术仍安排为表演评奖项目，中国象棋也不增加了。

武术技击怎么办？今年搞散手表演赛，如果没有武术的特点，拳击化了，那就失去意义，也会造成不利的影响，大家好好研究一下。从长远看，武术是要发展成为竞赛项目的，希望大家动手研究制定各种类型的武术竞赛规则，如广东的南拳，河南的太极，你们可先搞出一套规则来，不要等国家体委。

四、第5届全运会。第5届全运会要出成绩、出人才，同时要抓好精神文明，使作风纪律起个变化。把队伍中的歪风邪气好好整顿一下，对违反道德、违法乱纪的问题要严肃处理。足球“希望队”在突尼斯搞罢踢的问题，说明我们工作有问题，平时教育不够，我首先要负很大责任，我应该检讨，向全国体育工作者作自我批评。大家对这方面的问题也决不能麻木不仁，要敢抓，要认真地抓。

五、几个具体问题

（一）国内有奖比赛问题。厂矿企业举办的有奖比赛，应该鼓励支持。要与各地竞赛计划相符合。我们举办的竞赛活动，提倡厂矿企业作赞助单位，但这些竞赛在哪里举办，必须经过哪里体委批准。是全国性的要经过国家体委批准。厂矿企业单独举办的比赛，运动队住宿和旅费应由举办单位负担一部分或全部。奖金、奖品要规定一个归个人的限额。优秀运动队参加这类活动要从有利于运动员出成绩考虑，参加与否由所属体委批准。

（二）对骑自行车、步行长途旅游（如游全国），不予提倡，不予宣传。对要求搞这类活动的要进行劝阻。本人坚持搞的和所属单位批准的，费用自理，责任自负。沿途体委可给予适当关照。

（三）拳击。目前暂不列为正式开展项目，有些地方群众自发地搞拳击活动时，体委要正确引导，使之健康发展。

（四）足、篮、排球可以设一些专职、半专职的裁判员，以适应需要。每个省、市、区可各设一二名，要选年轻、有水平、有培养前途的。

（五）军事体育。现在中央批准不分军体与一般体育，不搞双重领导，统称运动项目。无论田径、游泳或射击、航海模型，完全一样对待，都置于体委领导之下。各地开展哪些项目，以哪项为重点，规模搞多大，应从实际情况出发，由各地自定（国家体委准备制定一个规划）。这些项目人民有要求，还有国际比赛，要适当开展。

（六）优秀运动队每年都要用一定时间到基层为群众作表演，参加一些体力劳动。武术队更要辅导基层开展这项为广大群众所爱好的活动。

（七）有条件的省、市体委和体育院校，要有组织地开些小型理论座谈会、学术报告会，加强体育理论研究。

（八）落实知识分子政策问题。过去对国家有贡献、“文化革命”中转业的老运动员，工作太不合适的，我们要与有关单位商量，尽可能给予调整解决。

（九）国内比赛，不穿有显著外国厂商商标的运动服装。

六、把积极性、主动性、创造性最大限度地发挥出来。我们的广大干部，都要有饱满的革命热情，旺盛的革命干劲，顽强的革命意志。不管在什么情况下，是顺利还是挫折、条件好还是不好、个人如意还是不如意，为了实现我们的理想和完成党交给的本职工作，都要把自己的全部精力、全部聪明才智贡献出来。教育运动员、裁判员、教练员要一心扑在事业上，要有为事业献身精神，首先我们自己要一心扑在事业上。第一把手更要振作精神，艰苦奋斗，不怕困难，百折不挠，全心全意作出自己应有的贡献。

在工作中要提倡发挥主动性、创造性。要把握工作的主动权，我们的思想经常处在由必然王国向自由王国的转化之中，指导工作要力争由被动转化为主动。在抓好当前工作的同时，要注意掌握形势的发展，下一步可能出现的新情况、新问题，做到有预见性。要重视长远规划的制定工作，心中有个数，有个长远的设想，哪怕是粗线条的，就可能主动性大些、多些。

要坚决贯彻上级的决议、指示。不能各自为政，有兴趣的就干，没兴趣的就不干，对本地区有利就干，不利就不干。但我们同样反对那种对上级决议指示照抄照转的不负责任的态度。邓小平副主席一再讲，不当收发室。要把上面的东西和本地区的实际相结合，不断丰富、充实、完善起来，这就是我们提倡的创造性。上级没想到、没提出的问题，根据实际也可以大胆提出，大胆解决。要提出问题，提出解决的方案。主动性、创造性的关键，是经常系统地进行调查研究，不要只是走马看花，而要蹲点深入、周密地调查，要了解新情况、新问题，总结新经验。向群众学习，向国内外一切先进经验学习，把工作做得既扎扎实实，又生动活泼。

摘自于1982年6月在全国省市区体委主任汇报会上的总结发言

把学校体育和业余训练作为战略重点抓好

一、扬州会议后，学校体育工作发生了很大变化。领导进一步加强，体育活动相当活跃，学生体质得到增强，成绩比较显著。但各地发展很不平衡。有些学校，体育不被重视，体育课流于形式，体育师资缺乏，业务水平较低，场地器材不足等，严重影响了体育的发展。

二、学校体育关系到培养德、智、体全面发展人才的百年大计，学校又是涌现运动人才的基地，几乎所有的世界冠军和世界纪录创造者都来源于学生。要提高对学校体育的认识，任何时候都把它真正放在战略重点的位置上抓紧抓好。

三、学校体育必须全面贯彻教育部和国家体委颁布的高校和中小学体育工作《暂行规定》（草案）。其中规定基本任务是："指导学生锻炼身体，增强体质；使学生掌握体育的基本知识和运动技能，学会科学锻炼的方法，养成经常锻炼的习惯，逐步提高运动技术水平，向学生进行共产主义思想、品行教育，树立良好的体育道德风尚。"方针是："面向全体学生，贯彻普及与提高相结合的方针，重点抓好普及，同时，也要不断提高运动技术水平。"学校体育"以增强学生体质为主，以普及为主，以经常锻炼为主"，与《暂行规定》精神是一致的，是正确的。

无论是上体育课或推行体育锻炼标准，坚持每天 1 小时体育活动，以及开展多种形式的体育竞赛活动，都是全面落实学校体育基本任务的重要内容和方法，也是实现"三个为主"的重要手段。希望各级教育部门和体委按教学年度对上述几个方面切实进行统一安排，并付诸实施。尤其是体育课，它是学校体育的一个重要方面，各级体委要会同教育部门对体育教学经常进行调查研究，不断提高教学质量。

进行适当的、较系统的业余训练，也是学校体育工作的组成部分。这与"三个为主”并不矛盾。《暂行规定》也明确指出：“在普及体育运动的基础上，学校应建立以传统项目为主的运动队。运动队要制定训练计划，坚持业余训练。”抓提高不仅是发现和培养体育人才的需要（当然这是很重要的），而且是培养德、智、体全面发展的人才的需要。无论是提高体育课教学质量，指导学生体育活动持久深入地发展，或扩大学校的影响，也都需要不断提高学校的体育运动水平。特别是对体育积极分子、运动苗子的业余训练，应在整个学校体育工作中给予安排和布置。

各级体委要抓好普及和提高两个方面的工作，对业余训练工作有更高的要求。因此要作出全面规划，使业余训练不断加强。业余训练对象主要是青少年。离开了教育部门和学校的支持，就不可能实现。体委要和教育部门加强协作。

四、近年来，各地在加强学校体育方面有不少的创造和发展。比如，重点中学招生加试体育；把达到体育锻炼标准作为评选“三好”学生的条件之一；增加体育课的时数（如上海育才中学每周 6 节），大学高年级仍上体育课（如上海同济大学、交通大学）；留体育作业；给体育好的学生发奖学金；运动成绩突出的学生，高考录取分数线适当放宽；健康评比；评选优秀体育教师、组织中小学体育卫生工作联合检查、评比验收等。实践证明，这些办法都是行之有效的，希望各地继续推广。

五、学校体育工作的加强，必须依靠各级教育部门和学校党政领导。要健全各级教育部门体育机构和学校体育组织（体育卫生领导小组等），把学校体育工作纳入整个学校工作计划。

体育师资水平高低，对学校体育工作的好坏有着决定性作用，各级体委要配合教育部门培养新的师资，采取各种办法提高现有师资的业务水平。

开展学校体育还需有必要的物质条件，要向社会、向有关方面呼吁，随着经济水平的发展，不断改善学校体育的场地器材等物质条件，坚决制止挤占体育场地的现象。建议适当增加学校体育经费。

六、在党和政府统一领导下，密切体委和教育部门的配合，这对搞好学校体育工作十分重要，要明确职责，经常沟通情况，做到统一思想，统一步调。

教育部门对学校体育工作是重视的，并且采取了很多有效措施开展学校体育工作。对此，各级体委必须充分估价。

各级体委对学校体育工作提出的要求，一定要从整个学校教育的需要与可能出发，切忌要求过高过急。重大措施一定要商得教育部门同意。对存在的问题和缺点，要采取谅解的态度，不要消极指责埋怨，有些问题还应主动承担责任。

各地体委和教育部门有时在学生参加校外竞赛误课和体育教师参加校外活动负担过重等问题上有矛盾。各地体委应尽量把竞赛安排在假期，减少学生误课。但是，总需要举办一些省一级乃至全国的竞赛活动，学生误课是难以完全避免的。希望有关同志从全局出发，予以支持。学校应努力解决补课问题，使学生无后顾之忧。由于没有专职裁判队伍，主要靠学校体育教师当裁判（今后应尽量从各方面培养），必须尽量减轻其负担。安排执行裁判任务，不要过分集中。另外，要制订参加活动给予报酬的办法（请人代课应给钟点费）。这些都要耐心向教育部门和学校说明情况，请予谅解支持。

七、近一个时期，体育理论学术讨论空前活跃。但有一种论调说，中国体育奄奄一息，方向成问题；把竞技运动塞到学校体育中来，置90%以上学生的身体于不顾，等等。

体育的某些概念不论在国内和世界上都有争论。有些人认为只有传授基本知识、技能，进行身体锻炼，增强体质，才是体育。在这类学术问题上，应采取慎重态度，提倡自由讨论，百家争鸣，逐步形成正确的概念和科学的定义。

不论从广义或狭义解释体育概念，对三十多年来的体育工作实践作出“奄奄一息”一类的估价，都是很错误的。撇开竞技体育不讲，仅就锻炼身体、增强体质而言，新中国成立以来，这方面也做了大量工作，成绩是有目共睹的。拿学校体育来说，多年来，建立了一批体育院校系科，培养了大量体育师资，颁布实施体育教学大纲，制订和推行体育锻炼标准，努力保证中小学生每天1小时体育活动，公布和推行成年和少年儿童广播体操等等，有力地促进了青少年儿童健康成长，怎能说中国体育是奄奄一息呢？至于学校体育乃至整个群众体育工作还有不足之处，这是需要不断改进的，但决不能因此说什么奄奄一息。

八、少年儿童业余训练和学校体育是紧密联系一起的，业余训练的基础在学校，我们工作中要把这两者恰当地结合起来。

业余训练担负着以下三个方面的任务：

（一）提高运动技术水平，发现和培养优秀运动队后备人才；

（二）培养群众体育活动骨干；

（三）提高整个社会的体育水平。

以上三方面在不同的业余训练形式中侧重点可有所不同。

九、我国体育一、二、三线运动队伍，应努力做到“思想一盘棋，组织一条龙，训练一贯制”，形成三级训练体制。初级和中级形式为少年儿童业余训练，高级形式为优秀运动队。

（一）初级训练形式包括基层代表队、基层训练点、学校体育班、传统项目学校和普通业余体校等。初级业余训练形式提倡多种多样，要大量发展，把基础搞得很大。当前应大力发展传统项目学校，普通业余体校也应提倡在学校等基层单位办班。这样，有利于调动广大学校的积极性，不少问题也易解决。

（二）中级训练形式包括体育运动学校、单项运动学校（游泳等）、体育中学和重点业余体校（重点班）。这种训练形式侧重提高运动技术水平，培养和输送后备人才，有的还可担负直接培养高水平运动员的任务。这种训练形式可有所发展，但要严格控制数量，讲究质量，提高效益。重点业余体校可以逐步发展为体育中学或单项运动学校。

划分初级、中级两种训练形式，主要是鉴于二者性质、任务有所不同，便于分类指导。普通业余体校，特别是县一级业余体校，究竟算初级或中级为宜，各省、市、区可根据本地情况确定，我们再进一步调查研究，逐步做到全国规范化。

（三）无论是初级和中级业余训练，都要认真选好苗子，从小培养，打好基础，系统训练，积极提高，与高级形式的训练搞好衔接。

坚持输送人才实行奖励的办法，不断加以完善。近几年，全国每年拿出××万元奖励×百所传统项目学校或业余训练成绩突出的中小学。

摘自于1983年全国体工会上的报告

第5届全国运动会闭幕词

同志们、朋友们：

举国瞩目的中华人民共和国第5届运动会，在党和政府亲切关怀下，经过14天激烈比赛和紧张工作，在欢度34周年国庆佳节的今天，胜利闭幕了！

我代表大会主席团、国家体委和中华全国体育总会，向参加这次运动会的全体同志致以亲切的慰问，向创造优异成绩的运动员致以热烈的祝贺，向为保证大会顺利进行而付出巨大努力的上海市党政军民，致以衷心的感谢。

这届运动会开得隆重、热烈、精彩，既有29个省、市、自治区和解放军、火车头体协的体育健儿奋勇拼搏，争创优异成绩，又有光临盛会参观的老体育工作者、港澳同胞、台湾同胞和外国朋友欢聚一堂。在运动会上共3次打破世界纪录，5次平世界纪录，创造了1次世界青年纪录，12次打破亚洲纪录，142次刷新全国纪录，评选出106个精神文明运动队，有1500名运动员、裁判员获得精神文明奖；还有314名群众体育工作先进集体的代表和先进工作者受到奖励。这是一个赛出新风格、新水平的大会，是一个团结胜利的大会，获得了运动成绩和精神文明双丰收，达到了预期目的，取得了圆满成功。它不仅是对我国参加明年奥运会的一次检验，而且将对我国体育事业的全面发展产生积极的影响。

这次大会的成果，集中反映了近几年体育运动的新发展。体育战线的一切成就，都是在党和政府的正确领导和广大人民群众热情关怀、支持下所取得的。我国体育运动正在进一步走向社会，走向世界。希望各级政府加强领导，全社会都来办体育，使体育成为全民活动。在新的历史时期体育工作的总任务是，普遍增强人民体质，努力提高运动技术水平，积极建设精神文明，为社会主义服务。在本世纪的奋斗目标是，普及城乡体育运动，达到世界第一流的运动技术水平，建设现代化的体育设施，拥有一支又红又专的体育队伍，成为世界体育强国之一。希望社会各界通力合作，促其实现。希望各条战线、各人民团体都要把体育作为关心群众生活、改变社会风气、培养青少年德智体全面发展的一项重要工作抓紧抓好。

体育战线要在党的十二大的精神指引下，继续努力学习马列主义毛泽东思想，学习《邓小平文选》，提高体育队伍的素质，坚持高标准，严要求，勤学苦练基本功，勇攀新高峰。

同志们，让我们在第5届全运会胜利举行的基础上，团结奋斗，继续前进，以最佳精神创最佳成绩，振兴中华体育，造福人民，为国争光！

谢谢大家。

原载于1983年10月《体育报》

让体育深入千家万户

——在全国模范体育家庭发奖大会上的讲话

我们在充满欢乐、生气和希望的中国儿童少年活动中心，举行全国模范体育家庭发奖大会，是很有意义的。这不仅标志着群众性体育活动有了新的发展，更主要的是展示了我国家庭习俗和社会风尚正在发生深刻的变化。

体育深入家庭，以家庭为单位进行体育锻炼，是群众体育活动中出现的新事物，也是我国经济、文化发展，城乡人民生活水平提高，体育深入社会深入群众的必然趋势。这次评选活动证明，体育家庭这种形式很受群众欢迎。虽然这种形式刚刚涌现，我们还很缺乏经验，但已经有了一个良好的开端，我们一定要关心它，支持它。家庭，是组成社会的细胞，人们的业余时间，大部分是在家庭中度过的。根据各人的兴趣爱好和实际条件，开展各种各样的体育活动，既增进健康，又可丰富家庭生活的内容，使家庭富有高尚的情趣和充满活力。开展家庭体育比赛，还可以联络邻里感情，有益于团结互助、和睦相处，促进社会主义精神文明的建设。随着我国经济、文化的发展，城乡人民生活水平的提高，我相信会有更多的家庭参加到体育锻炼的热潮中来。

体育是全民的活动。必须依靠全社会办体育，这是我国的社会制度和体育形式所决定的。党和政府历来把体育作为关心群众生活，培育青少年德智体全面发展的一项重要工作。本世纪末我国要实现四化，要成为世界体育强国，就一定要大力普及城市体育运动，提高中华民族的健康水平。我们要用各种形式来不断扩大体育人口。家庭体育的兴起，必将使群众体育活动向新的广度和深度发展，我们希望各社会团体、各部门、各单位，都来重视体育，创造更多更好的开展体育活动的新形式。

一年之计在于春。祝愿体育运动伴着和暖的春风走向社会各个领域，各个角落，深入到城乡千家万户，为更多的家庭带来健康与幸福，增添欢乐与生气。

原载于1984年2月《体育报》

奋发前进，努力发展游泳运动

游泳是一项很有价值的体育活动，它对增进人体健康，促进青少年身体均衡发育，培养勇敢顽强的意志品质，有不同于其他体育项目的重要作用。

游泳是我国人民，特别是广大青少年喜爱的一项活动。党、政府、各社会团体历来十分重视。毛泽东同志生前一贯大力倡导并身体力行，73 岁高龄还畅游长江，这对广大人民参加游泳产生了巨大的吸引力和鼓舞作用。近年来，全国各地出现了不少游泳之乡和先进游泳池、馆。冬泳活动也有发展，游泳在我国已形成了广泛的群众活动。

从实现四个现代化的要求出发，为了培养德智体全面发展的人才，丰富群众业余文化生活，树立良好的社会习俗等，我们还需要大力普及游泳，把更多的人吸引到体育活动中来。

我国现有游泳池、馆两千多个，远不能满足群众活动的需要。要发动和依靠社会力量结合城镇发展规划，修建一些简易的游泳池、馆，并充分利用江河湖海等天然条件开辟人工浴场。在夏季节假日组织群众活动，如“6·10”、“7·16”横渡江河、“八一”武装竞渡、水上夏令营等等。希望大家创造更多的生动活泼的方式，把群众游泳活动推向一个新的广度。

经过广大体育工作者、教练员和一代一代运动员的艰苦奋斗，使我们从旧中国那样落后的状态，达到今天这样的游泳水平，提高的速度是快的。1953 年，已故华侨运动员吴传玉在第一届国际青年友谊运动会游泳比赛中，获得男子 100 米仰泳冠军，第一次升起五星红旗，他是第一个为新中国争得了金牌的人。戚烈云、穆祥雄、莫国雄 3 人在 1957 年至 1960 年间，先后 5 次打破男子 100 米蛙泳世界纪录；1980 年 8 月在美国夏威夷举行的国际游泳比赛上，年轻女选手梁伟芬战胜世界名手获得冠军；1982 年在印度新德里第 9 届亚运会上，我游泳队获得 8 项金牌。所有这些都说明 30 多年来我国游泳运动的成绩是显著的。

世界游泳水平提高得十分迅速，我们的游泳同世界先进水平相比差距是很大的。游泳技术水平落后的原因很多，有客观原因和主观原因。要着重从主观上找原因，我们是否把现有条件充分运用起来了；在条件允许的范围内，主观能动性是否充分发挥了；主观能动作用是不是符合事物的客观规律。要以辩证唯物主义和历史唯物主义的思想观点不断认真地总结经验、教训。

从事游泳运动的同志们，一定要有坚定的信心，振作精神，深刻认识自己的光荣职责，把全部心思扑在事业上，为事业勇于献身。要努力提高文化、科学知识水平，研究掌握世界游泳发展的最新趋势，探索提高游泳水平的规律性，把最新科学技术成果运用到游泳实践中来。紧紧抓住选材和训练这两个环节。花大力气，下苦工夫，积极进行改革。克服盲目性，提高自觉性，一步步从必然王国进入自由王国，攀登高峰的目的就一定会达到。

我国游泳发展的事实，证明中国教练员、运动员是有才能的。可以预期，有党的领导、政府的重视、全社会的关怀，我国游泳“冲出亚洲、走向世界”的日子不会太远。

游泳运动员们要顽强拼搏，奋勇进取，刻苦训练，创造优异成绩，去迎接23届奥运会，迎接建国35周年。

原载于1984年4月《体育报》

精心培育体育的希望之花

人们常用“辛勤的园丁”、“人类灵魂工程师”、“手握金钥匙的人”来赞誉人民教师，这是非常贴切的。全国两亿多在校青少年的身心健康，关系到祖国的前途，民族的兴衰。班主任肩负重任，为学生的德智体全面发展操劳，促使一代社会主义新人茁壮成长。

要把我国建设成为世界体育强国，关键之一是要有大批优秀体育人才，人才从哪里来呢？要从广泛的群众体育运动中不断发现加以科学培训，造就成才。学校体育和业余训练是体育工作的战略重点，学校是培养人才的基地。发现和培养体育人才、苗子的重任落在老师肩上，特别落在班主任肩上。

新中国35年来的实践证明，大批体育人才来自学校，许多世界冠军、世界纪录创造者和优秀体育工作者，最初是在校园得到栽培的。每当体育健儿创造一项新纪录、夺得一个冠军、捧回一座金杯的时刻，人们都没有忘记造就他们的教练员、体育教师、班主任，向他们致意。

这次评选出来受到嘉奖的2913名优秀班主任，是全国千百万名辛苦备尝的班主任们的杰出代表，相信你们一定会珍惜荣誉，与学校的广大教职员工团结一致，开拓前进，精心培育祖国体育的希望之花，更多更快地造就振兴中华的栋梁之才。

原载于1984年4月《体育报》

要认真读书

国家体委宣传司和体育报社最近举办了“为祖国拼搏”读书、征文活动。我希望广大体育工作者和运动员积极响应，踊跃参加。

大力倡导读书，是一件具有重要意义的事情。

书，是人类知识和智慧的结晶。认真读书，可以从中吸取营养，增长知识，掌握信息，开阔视野，活跃思想，有助于认识事物，认识世界，加深对祖国的热爱，培养高尚的革命情操，增强振兴中华、造福人类的豪情和责任感。

读书，还可以调剂生活，陶冶性情，使我们的余暇活动丰富多彩，给我们的生活增添情趣。

今天，我国社会主义现代化建设，正面临着一场新的技术革命的挑战。有不少新的领域需要我们去探索，不少新的知识需要我们去学习。体育是一门新兴的学科，涉及自然科学和社会科学的许多方面，并逐步形成独立的科学门类和丰富的知识体系。广大的体育工作者和运动员必须勤奋读书，努力提高科学文化素养，用现代科学指导体育实践。这是形势发展的需要，是适应我国全面登上世界体育舞台，走在时代前列的需要。而目前，科学文化知识不足，是我们体育战线不少同志的一个弱点，这与我们面临着的形势和任务不相适应。因此，发愤读书，对我们来说，有更大的必要性和紧迫性。

世界上的书很多，可以说是“汗牛充栋”。一个人精力有限，不可能博览无遗。书，有好书，一般的书，还有坏书。因此，读什么样的书，一定要有选择。要读那些有益于增长知识、加强修养、激发人向上的书。希望大家自觉养成良好的读书习惯，坚持不懈，学有成效。还希望各级体委的有关部门加强对读书活动的组织领导，为大家创造良好的读书条件。通过这次“为祖国拼搏”读书、征文活动，在体育战线逐步形成一个好学上进的风气。

原载于1984年5月《体育报》

发扬奥林匹克精神　为伟大祖国争光

——写在奥运会临近的日子里

举世瞩目的第23届奥运会即将在美国洛杉矶举行，我国已决定派出350多人的体育代表团前往参加。这是新中国成立后全面参加这样世界最高水平的体育盛会，全国人民十分关心，国际上引人注目，国际体育界也对我们寄予希望。

洛杉矶奥运会将有140多个国家和地区报名参加，是历史上规模最大的一次奥林匹克盛会。我们希望本届奥运会开成一个高水平的体育盛会，一个各国运动员既相互竞争，又相互促进的友谊盛会，一个发扬奥林匹克精神，共同为世界体育运动的发展作贡献的和平盛会。

现代奥林匹克运动是世界上一项伟大的群众性的运动。近百年来，它以团结、友谊、和平为宗旨，以“更快、更高、更强”为口号，从一个侧面展示着世界文明的发展和人类的进取精神，构成了人类追求进步的社会实践的一部分。尤其现在，随着现代经济和科学文化的迅速发展，国际交往的不断扩大，人们不仅把体育视为促进文明发展的力量，也视为文明发展水平的窗口，它不仅可以强心健体，也可以振奋民族精神，增强民族自信力，这就给现代奥林匹克运动带来了新的活力与朝气。世界上千千万万的人，特别是青少年正在投入奥林匹克运动的洪流中去。

参加奥运会，为祖国争光，为世界奥林匹克运动作贡献，是我国广大运动健儿和体育工作者的强烈愿望和美好追求。在旧社会，我国虽也参加过几届奥运会，但由于成绩很差，备受外国人歧视与嘲笑。1952年，刚刚站立起来的中国人民便派出了自己的体育代表团参加了第15届奥运会，在赫尔辛基升起了庄严的五星红旗。其后，由于种种原因，我们未能继续参加奥运会。但是，在党和政府的亲切关怀和支持下，我国运动健儿和一切有志之士一直奋发不懈，顽强进取，以振兴中华为己任，大力发展体育运动，提高运动技术水平。特别是我国在国际奥委会的合法席位恢复之后，迈开了冲出亚洲、走向世界的步伐。现在，我们已有一批运动项目接近或达到了世界水平，到1983年，曾经打破和超过世界纪录268次，夺得了122个世界冠军，并且增进了与各国运动员和人民之间的友谊。中国体育正在世界崛起。这既是我们为国争光的丰硕成果，又是我们为世界奥林匹克运动作贡献的成绩。这次我们参加洛杉矶奥运会，要在更大的规模、更高的水平上与世界强手进行竞赛，我们面临着为国争光、为世界奥林匹克运动作贡献的新的机会，也面临着新的挑战。我们既要适时地抓住这个机会，又要勇敢地迎接这个挑战。

我们相信，旧社会我国运动员参加奥运会的屈辱史一去不复返了。现在我们进军奥运会的运动健儿是在中华崛起的时代培育起来的一代新人，有着在世界体坛精英聚会的奥运会上为国争光的强烈愿望。肩负祖国人民的重托，一定要有坚定的信心和拼搏的精神，全力以赴，团结奋战，尽量发挥出我们的水平，争取好成绩。十分重要的是，我们要把中国人民向四化进军中的那种朝气蓬勃、发愤进取、坚韧不拔的精神风貌带到奥运会上去，进一步塑造中国运动员走向世界的良好形象。我们的祖国正在改革中奋进，我国的体育运动也要创立新局面，为振奋民族精神作出更多的贡献。

我们也清醒地看到，我们的运动技术水平比一些体育强国还有明显的差距，我们还有相当多的运动项目处于后进地位。我们急需要锻炼、学习和提高，而奥运会则给我们提供了一个锻炼、学习的大好时机。我们到洛杉矶去，既是为了争取优胜，也是为了去学习，去锻炼。竞争中获胜是收获，能学到他人之长，找出自己所短也是收获；能争得好名次是成果，能积累经验、总结教训，不也是可贵的成果吗？如果我们在奥运会上既赛出风格和水平，又学到技术和经验，还增进了与各国运动员的友谊和团结，那么，我们在为国争光、为世界奥林匹克运动作贡献的道路上就会迈出新的步伐。

通向奥运会之路是希望之路，也是荆棘之路。希望我国运动员、教练员和各有关方面的同志抓紧赛前的有限时间磨炼技艺，精益求精，加强队伍思想政治工作，做好一切准备，以良好的竞技状态和精神风貌，踏上奥运会的征程。

愿奥林匹克精神之火越烧越旺，愿世界奥林匹克运动获得更大发展。

原载于1984年6月《体育报》

祖国时刻在我们的心中

——参加第二十三届奥林匹克运动会的回顾

(一)

中国体育代表团肩负着为社会主义祖国争取荣誉的历史使命，前往洛杉矶参加第23届夏季奥林匹克运动会。

半个多世纪以前的1932年，中国第一次派运动员参加奥林匹克运动会，地点也在洛杉矶。那个时候，中国只有两名运动员和教练员参加。我国选手在预赛中被淘汰，美国的报纸上讽刺说："随着中国运动员的失败，整个中国都失败了!"那是中国人民受屈辱的年代。半个多世纪以来，还没有一个中国人成为奥林匹克金牌获得者。尽管"东亚病夫"的帽子在新中国成立后就抛掉了，但是，它的影响并未全部消除。

52年以后，中国又派遣体育代表团去洛杉矶参加奥运会。祖国人民希望体育健儿突破"零"的纪录，海外同胞希望一睹祖国体育健儿的风采；各国人民，特别是美国人民也希望从奥运会上了解新中国的风貌。

353人的中国体育代表团，在洛杉矶受到美国人民、旅美同胞的热情欢迎，也受到国际体育界和舆论界的注目。

国际奥委会主席萨马兰奇多次表示："中国以一个体育强国的雄姿出现在奥运会上，是全世界的期待。""中国派这样一个大的体育代表团参加洛杉矶奥运会，感到由衷的高兴。"

国际体育记者协会主席泰勒，在参加了有400多人出席的中国体育代表团记者招待会后说："中国给奥林匹克运动带来了新鲜空气。"

美国人民十分欢迎中国体育代表团参加洛杉矶奥运会。许多美国人见到挂有中国奥委会标志的运动员，就说："伟大的国家，友好的人民。"有五星红旗的中国参加奥运会的纪念章，成为这届奥运会最受欢迎的纪念品之一。

广大的华人和侨胞，更同亲人般地欢迎中国体育代表团，并且给了各方面的帮助和支持。两千多名华侨，在"中国城"集会欢迎来自祖国的体育健儿。因为交通问题，我们被耽误了3个多小时才到达欢迎会场，同胞们一直在那里等候。当他们见到早已闻名的祖国体育健儿时，许多人热泪盈眶，高呼"中国万岁！"一张华文报纸发表了《愿海峡两岸奥运会选手为华人争光》的社论。社论中说："中国人在美国是少数民族的少数人，我们在这个社会中是否能据有头角峥嵘的地位，全看自己的表现和成就。我们希望今年参加奥运会的中华儿女们都能在竞技场上大放异彩，让全球华人都能分享此一光荣，也让旅美华人在美国社会中更添增一份足以昂首阔步的理由。"

中华儿女在这届奥运会上极受瞩目。在开幕式中，当五星红旗出现在巨大的运动场上，中国体育代表团的队伍步伐整齐，雄赳赳地进入会场的时候，10万观众发出了巨大的掌声和欢呼声，是受到最热烈欢迎的代表团之一。据报道，在场的中国人都噙着泪水，感到中国人的骄傲，被称为"中国人最光荣的一刻"。海峡两岸的中华体育健儿一起参加奥林匹克运动会，互相学习，互相勉励，顺应海内外炎黄子孙盼望祖国统一的强大历史潮流。

（二）

参加洛杉矶奥运会的我国体育健儿，没有辜负祖国人民和海外同胞的殷切期望。在举世瞩目的这届奥运会上，以力争上游和顽强拼搏的精神，赛出了风格，赛出了水平，也以优良的体育道德作风赢得了人心，获得了运动成绩和精神文明的双丰收。

这届奥运会有140个国家和地区的7900多名运动员参加比赛，是奥运会历史上规模最大的一次。虽然由于种种原因，有些国家没有参加这届奥运会，仍不失为世界最高水平的体育竞赛。

比赛开始的第一天，就传出了喜讯：我国射击选手许海峰夺得本届奥运会比赛的第一块金牌，也是我国历史上获得的第一块奥运会金牌。这一喜讯所引起的巨大震动是人们始料不及的。在洛杉矶，引起了一股“中国热”，华人奔走相告，各国体育界的朋友争向中国体育代表团祝贺，代表团不断接到来自美国各地、来自祖国、来自五大洲的祝贺电。

国际奥委会主席萨马兰奇是这块金牌的授奖者，他十分激动地说：“这是中国体育史上伟大的一天”，“中国人民伟大的一天”，“你们很高兴，我也很高兴，我为能亲自把这块金牌授给你们而感到荣幸。”这是一个历史性的突破，从此在奥运会金牌获得者的名单中有了中国人的名字。它再一次有力地证明了中国人民是伟大人民，有自立于世界民族之林的能力。

在“零”的突破之后，我国运动员再接再厉，在许多项目上取得了优胜，在洛杉矶奥运会竞技场上，几乎每天都升起了五星红旗，高奏中华人民共和国的国歌。经过十几天激烈紧张的比赛，我国运动员夺得 15 枚金牌、8 枚银牌和 9 枚铜牌，还获得了 13 个第四名、7 个第五名、7 个第六名、4 个第七名、8 个第八名。就是没有获得名次的大多数运动员也都提高了自己原来的成绩。我国运动员获得的金牌数仅次于美国、罗马尼亚、联邦德国而占第四位。

成绩的取得是来之不易的，在强手如林的激烈竞赛中，我国体育健儿经受了体力上、意志上巨大的考验。我国体操队是世界上公认的最优秀的体操队之一。他们在这次比赛中经受的考验，是十分严峻的。他们表演得很出色，但失去了团体和个人全能的优胜，没有为祖国赢得金牌。平时被称为“铁汉子”的教练和运动员，都暗自流下了眼泪。但是，他们并没有气馁，教练员和运动员互相鼓励，在单项比赛中，李宁以无懈可击的表演夺得 3 项冠军。李宁是本届奥运会夺得奖牌最多的运动员，一人共得 6 枚（金牌 3 枚、银牌 2 枚、铜牌 1 枚），楼云、马燕红也各得 1 项冠军。他们的胜利，获得了无论是外国人还是中国人的高度的称赞。他们成了华人和侨胞们心目中的英雄。美国报纸赞誉李宁是世界上最富创造性的选手，“中国的‘小巨人’倾倒美国”。

女排的胜利，举国欢腾，四海同庆。美国女排是一支实力很强的队伍，由于我女排求胜心切，过分紧张而在初战中失利。她们在教练袁伟民、邓若曾的率领下，及时总结经验，认真作出部署，团结一心，先后以两个直落 3 局，击败世界上最强的两个对手日本队和美国队，从而实现了“三连冠”的宏愿。全中国和全美国千千万万的人观看了中美两国女排这场比赛的实况转播。美国报纸称道中国女排“有智有勇”，华文报纸的头号标题是：“中国女排封后，打遍天下无敌手。”“在一万二千名美国观众的USA狂呼声中，中国女排镇定自若，气度恢宏，力挫美国队”。一份由台湾出资在洛杉矶出版的报纸，形容我女排“攻击如点火药，拦网密不透风，强龙压地蛇，直落三局定乾坤”。日本队的总教练评论说：“中国女排实在太了不起了，向世界证实她们是最好的。”

在中国女排夺魁的这一天，中国女篮也经历了一场艰苦奋战，击败了世界强队加拿大队而保持世界第三名。组成不久的女子手球队，也夺得了这届奥运会女子手球的铜牌，这一天被称为我国女子三大球的“三喜临门”。

击剑运动员栾菊杰是我国一代优秀运动员的代表。她曾经为捍卫祖国的荣誉，在比赛场上负伤坚持战斗夺取优胜。在这次比赛中，她忍受了全身累累的剑伤，极度的疲劳，连续作战，成为亚洲第一个女子击剑的世界冠军，被赞誉为“天下第一剑”。

我国举重选手沉着比赛，夺得4枚金牌，这是我国举重史上所没有的，在国际举重界引起强烈反响。跳水、射击、射箭小将，虽名不见经传，也以初生牛犊不怕虎的勇气，与世界强手较量，夺取金牌、银牌。

我国体育健儿，不仅以优异的成绩为社会主义祖国争了光，而且也以优良的体育道德、高尚的精神风貌赢得了人心。在竞赛场上，中国运动员无论胜利和失败，都十分尊重对手，尊重裁判，尊重观众；在奥运村里，中国运动员以有礼貌、遵守纪律、待人和气而闻名。奥运村村长伊斯顿说：“中国运动员是我见到的最有风度的运动员。”

我国运动员的优胜，为第三世界的朋友所称道。亚奥理事会主席认为，中国运动员取得好成绩，也为亚洲争了光。一位第三世界国家的驻华大使在给我外长的一封信中说：“友好的中国运动员不仅为其祖国，而且为第三世界国家争得了荣誉。他们不愧是第三世界国家的代表，我们同你们的人民共享欢乐和自豪。”

对于久住在海外的华人和侨胞，祖国体育健儿取得的好成绩和表现的精神风貌，是一股无比巨大的凝聚力，激发了无比的民族自豪感。一位旅居美国的侨民，在给中国体育代表团的信上说：“祖国此次选派你们参加洛城奥运会，连获奖牌，成绩辉煌，振我中华雄风，使我旅此全体侨胞看在眼里，喜在心头。祖国积弱百余年，侨胞寄居异邦，多受压抑，今得见诸位在世界体坛出人头地，莫不感扬眉吐气，一舒积郁。体育活动最能展示一个国家之潜力与希望。祖国近五年来政治安定，农经繁荣，所以你们此次才能有良好之表现。我们衷心祈祷祖国日益强盛，也祝你们日后缔造更佳的成绩。”

一位署名为“一个有血性的中国人”在信中说：“自小生长在台湾的我，一直没有机会一睹中国运动员的风采，这次洛城奥运，真是令我大饱眼福，我每天坐在电视机前，为你们加油（可惜你们听不到），而你们所表现的成绩更使海内外中国人感到骄傲。”一位老华侨，在庆祝中国健儿奥运胜利的宴会上，当场疾书：“谢谢您——民族的英雄!由于您，使我感到：身为中国人的光荣。”

“中国人的光荣!”这已经成为奥运会期间全美华人和侨胞的共同语言。在洛杉矶的华人和侨胞，有相当一部分是从台湾迁移去的，过去对我们有隔阂，有疑虑，在这次奥运会中，特别是我健儿连夺金牌以后，起着变化。都认为无论是来自大陆的运动员，还是来自台湾的运动员，获得优胜，都是中国人的优胜，都是中国人的光荣。被称为“小台北”的居民区，居民多数是从台湾迁去的，在比赛的日子里，据说家家都看有中国健儿比赛的电视转播，人人都为中国健儿“加油”。在一些大学生的宿舍里，从大陆去的和从台湾去的中国留学生，一起看体操比赛和排球比赛的实况转播，一起为祖国的体育健儿使劲，人人都有一颗“中国心”。我国台北体育界的有识之士，他们充分认识和理解这一点，赞扬台湾海峡两岸选手同时参赛，强调大家都是中国人共同争取荣誉。台湾的舆论机构，也改变了不播放不报道大陆选手取得优胜的做法，这是明智之举。当举重选手陈伟强和来自台北的选手蔡温义分别获得金牌和铜牌，同台领奖，紧握双手的时候，许多相机拍下了这一动人的情景。骨肉之情是什么力量也分不开的。我运动员获奖牌时，许多过去和我们没有接触的台湾同胞，中国台北代表团的一些成员，也前来祝贺。他们说，这是中国人民的共同胜利。有一位台湾同胞的来信说：“你们的每一个胜利对居住在美国的华侨来讲，更有特殊的意义，你们使我们看到祖国新发生的变化和无比的生命力，我发觉，有些人警觉到自己日渐失去的民族意识，有更多的人都为自己是中国血统而骄傲。我相信一股‘祖国热’正随着你们取得的金牌、奖牌的增加而高涨起来。我还想告诉你们，许多台湾同胞一样兴奋和激动，你们的胜利对沟通两岸人民的来往将起着巨大的促进作用，在某种意义上讲也是零的突破。”

(三)

中国体育代表团胜利归来了。我们取得的每一个成绩，都是党和国家对我们关怀的结果。30多年来，我国体育界受到过老一辈无产阶级革命家巨大的关注，使社会主义体育事业有了巩固的基础。今天，党和国家的领导同志又给了我们各方面的关怀和勉励。全国人民的鼓励，各条战线同志们的支持，给了我国体育健儿以巨大的力量。我国一代又一代的体育工作者、运动员、教练员胸怀祖国，放眼世界，艰苦努力，开出了今天胜利之花。

对于第23届奥运会的主人——美国人民，我们也深怀美好的回忆。美国人民是具有巨大创造力的人民，是热情好客的人民。他们卓有成效地组织了规模巨大的这届奥运会，为运动员安排了良好的生活和比赛条件，开、闭幕式精彩动人，有别具匠心、独出心裁的创造。他们为奥运会的成功作出了令人难忘的贡献。

通过这届奥运会，中国体育工作者和运动员同各国各界人士、各国体育界和运动员作了广泛的接触，增进了中国与美国以及各国人民和运动员之间的相互了解和友谊。这种友谊有利于维护世界和平。

对于中国体育代表团全体同志来说，在我们回到祖国以后所受到的欢迎，我们获得的荣誉，已经超过了我们对祖国和人民所作出的贡献。我们认识到，在胜利面前，在荣誉面前，一定要保持清醒的头脑。不论是得到奖牌的项目，还是没有得到奖牌的项目都有一些经验教训值得认真的总结。我们运动员的思想状态、心理状态、技术、战术、身体素质都有一些弱点，还不能很好地适应紧张激烈的比赛，以致影响技术的正常发挥。虽然我们取得了历史性的突破，但是我们在许多项目上和世界水平还有很大差距。

在我们面前，任务不是轻松了，而是愈来愈繁重，愈来愈艰巨了。全体体育工作者要团结一致、发扬科学和拼搏的革命精神，解放思想，锐意改革，进一步开创体育工作的新局面，建设具有中国特色的社会主义体育，力争在本世纪末把我国建设成世界体育强国之一。前进道路上不论有什么困难，我们一定要不屈不挠，勇往直前，不达目的誓不罢休。胜利属于人民，属于青年一代。

原载于1984年8月22日《体育报》

希望在你们新一代的身上

——致北京八中体育节的贺信

北京市第八中学全体同志们、同学们：

获悉你们于本月10日至20日举行全校体育节活动，利用业余时间开展丰富多彩的体育竞赛。这是一件很有意义的事情，我代表国家体委特致祝贺。

学校是培养人才的基地，学校体育是整个体育的战略重点。体育的希望寄托在你们新一代身上，未来的体育冠军就出在今日广大青少年当中。

希望你们认真贯彻德、智、体全面发展的方针和面向现代化、面向世界、面向未来的指导思想，勤奋学习，刻苦锻炼，立志使自己成为有理想、有道德、有知识、有体力的人。同时也热切期望从你们当中涌现出大量体育人才，为社会主义现代化建设，为使我国成为世界体育强国作出贡献！

预祝你们体育节各项活动成功！

祝全校教职员工同志们和同学们身体健康。

李梦华

1984年10月9日

原载于1984年10月《体育报》

关于奥运会战略与加强和搞活群众体育

关于奥运会战略问题

各级体委都应立足本地区，面向全世界，为奥运会作贡献。国内外比赛安排一定要有利于奥运会创成绩。从全国范围来讲，要以奥运会项目为重点。这次会议修订的全国重点项目布局，希望各地认真贯彻执行，经过实践再加以调整。要突出田径、游泳，各级领导要充分认识加强田径、游泳的战略意义。到90年代这两个项目还不起显著变化，本世纪就建不成体育强国。应通过技术革新，不断改进田径、游泳的训练，并采取有力措施从各方面突出田径、游泳。比如，要改变学校体育教学质量不高的状况，很重要一条是提高田径的教育质量，学校开运动会也应以田径为主。少年比赛首先保证田径、游泳，可试办少年儿童游泳学校，业余体校、传统项目学校都应加大田径、游泳的比例。今后省一级优秀运动队逐步着重搞个人项目，也应增加田径、游泳人数。场地建设、情报资料、科学研究、体育宣传、经费使用，都要优先保证这两个重点。

在大力加强田径、游泳的同时，还要努力发展现有优势项目，同时把那些易于发扬我们的优势（轻级别、灵巧性项目等）、短期内能赶上世界先进水平的项目抓上去。否则，就不利于在近几年的世界比赛上创造优异成绩。

加强和搞活群众体育

这次会议没有专门讨论群众体育和业余训练，这绝不能作为可以削弱或忽视的借口。一定要继续加强这方面的工作，通过改革，把群众体育和业余训练搞活，使之生动活泼地向前发展。要通过今年的职工运动会、青少年运动会和明年的少数民族运动会，把职工、青少年、少数民族的体育活动更广泛地开展起来。

学校体育（特别是中小学）这个战略重点，什么时候都不要放松。要配合教育部门采取多种形式积极培养体育师资，提高他们的业务水平和能力，这是学校体育工作能否提高质量的关键性措施。

农村体育要提到重要位置上来。省、自治区体委应逐步做到城乡并重，地、县体委主要力量抓农村。农村经济形势很好（当然发展是不平衡的），如果再不采取措施去抓农村体育，把农村体育的步子迈大一点，就会落后于经济形势，落后于农民的要求。一定要有计划、有步骤，首先把较为富裕的乡镇抓起来。经济还很不发达、人民生活还相当贫困的地区，可以先放一放，但也不要一点不管。

农村体育工作要适应农民物质生活的改善和活跃文化体育生活、增进健康的要求，同时要看到，农村拥有运动人才的雄厚资源，是发展各项体育事业的广阔天地。

国家体委 1984 年 12 月发出的《关于加强县体育工作的意见》，请各地参照执行。开展农村体育的关键是健全县体委的机构。在机构改革中撤销、合并了的，应予恢复（特别是经济发达的县）。县体委要有行政编制，也要有相应的事业单位，比如，一个县要有一所业余体校，一定数量的场馆，传统体育项目的技术辅导站。体育活动的组织形式要多样化，文化站、青年之家要有体育的内容。乡也可以成立体育领导小组或体协，组织体育俱乐部、代表队等。乡镇要有专职或兼职人员负责体育工作。县不可能有多的专职人员，这就特别要求发动社会各部门、各团体、集体、个人办体育，农村体育社会化将是大有作为的。

县体委也有提高的任务，因为普及与提高是不能截然分开的。但主要任务是通过节假日和生产间隙，开展多种多样的体育活动，丰富农民的文化生活，移风易俗，增进健康，进行精神文明建设。

在农村要提倡近代体育项目，同时要提倡民族传统、民间形式、具有一定锻炼价值的游戏性体育活动（或富有体育特点的游戏），经过整理，提高其科学性，使之逐步形成普遍开展的项目，近代体育项目和民族传统体育项目比翼齐飞，不仅为群众体育广泛性所需要，而且会对近代体育项目起补充作用，使体育运动越来越丰富多彩、富有活力。

评选体育先进县的活动，要实事求是，不追求数量，不追求形式，有一个评一个，不搞行政命令。

目前已有不少行业系统恢复了体协，各级体委要积极支持，尽可能给予协助，解决一些具体问题。行业体协主要任务是，开展本系统职工体育活动，丰富文化生活，增进职工健康，提高工作、生产效率；同时也要积极为提高运动技术水平作出贡献。

摘自于1985年全国体委主任会议上的总结发言

振兴体育必须加强科技工作

1978 年全国科学大会以来，体育科技工作有了新的发展，取得了较大的成绩。不少省、自治区、直辖市体委设立了科技管理部门，全国体育科技人员的队伍进一步发展壮大，并取得一批科研成果。国内体育学术活动的活跃程度是新中国成立以来未有过的。在对外交流方面，先后与亚、欧、美、大洋洲 15 个国家进行了学术交往。1984 年，我国首次派出体育科技代表团，在奥林匹克科学大会上报告了 11 篇论文，得到较好的评价。培养了一批体育科技人才，有的已成为学科的骨干力量。体育科技经费逐年增加。更重要的是，体育科学技术的重要性随着形势的发展，被越来越多的人所承认和认识。

但应看到，体育科技在我国是一项新的事业，它的基础还相当薄弱，发展规模和水平还远远不能适应体育形势和发展的要求。如不把体育科技搞上去，整个体育工作就不可能得到迅速发展。过去我们对体育科技的认识较差，重视不够，这是业务指导工作中的一个很大的失误。现在谁再不认识科学技术的重要性和迫切性，那么，这个地区和部门的体育工作就肯定上得慢或上不去，就必然落后。

国务院领导同志对经济建设和科学技术的关系作了十分精辟的概括："经济振兴要依靠科学技术进步，科学技术要面向经济建设。"这是我国实现四化的十分重要的战略方针。我们也应当按这个方针来考虑体育和体育科技工作的关系。振兴体育必须依靠科学技术进步，体育科学技术必须面向整个体育运动的发展，为增强人民体质、提高运动技术水平和社会主义精神文明建设服务。建设体育强国，体育科技水平的高低是一个重要标志。

当前，体育科技工作的重点应放在提高运动技术水平上。要提高运动技术，如不懂运动医学、运动生物力学、运动心理学，以及信息论、控制论、系统论等科学知识，不运用先进的仪器设备，就不能很快地达到世界先进水平。但如果仅仅认为提高运动技术水平需要依靠科学技术，而群众体育及其他方面就不需要，这种观点是片面和错误的。普及群众性体育活动固然需要做大量的宣传、组织工作，但若缺乏科学技术的配合和指导，也不可能提高群众体育活动的质量。这方面需要进行很多的研究。在体育场馆建筑、体育器材研制和生产、体育院校提高教学质量，以及改进领导、提高科学管理水平等方面，都十分需要科学技术。人们对科学技术的认识随着形势的发展逐步提高。但如何使体育战线的同志们都认识到体育事业的发展必须依靠科学技术进步，还需做大量的宣传教育工作。有的同志说："不管科学不科学，我训练的运动员一样拿金牌。"这种说法是错误的。凡能取得优异成绩的，总是自觉或不自觉地进行了一些符合客观规律的、科学的探索，采取了一些科学的方法和措施，只是有些还没有被总结和上升到理论高度来认识罢了。现在再不重视科学技术工作，就不可能做一个好的领导者。

鉴于体育科学技术研究的领域宽阔，涉及的学科众多，仅仅依靠体育系统的科技力量是难以完成研究任务的。要使体育科学技术得到迅速发展，还必须充分发挥社会上各方面专家、学者的力量，必须走社会化的道路。体育科技工作社会化是一个根本性措施，要认真研究制订政策，把有志于进行体育科技工作的社会力量团结起来，把他们吸引到体育科学技术研究中来。在这方面要特别重视加强体育科学学会工作，发挥学会在团结社会力量中的作用，发挥它在体育科技发展中的作用。

尊重知识、尊重人才，是当务之急，是体育事业发展的希望。我们要在政治上、思想上、生活上关心科研人员，提高他们的社会政治地位。重视解决知识分子入党问题。今后，对作出重大贡献的科技工作者要像对运动员、教练员那样给予奖励。要不断改善科研人员的工作条件，增加科研经费。要重视并逐步增加先进的仪器设备。

发展体育科学技术工作的关键，是各级体委领导对这项工作要有一个明确认识。体育科技工作是整个体育工作的重要组成部分。要把科学技术工作放到各级体委的重要议事日程上来。在指导思想上继续肃清"左"的影响，破除因循守旧的思想，做到真正按体育科研和脑力劳动的特点去领导科技工作。对科技工作的领导，主要是在方针、政策、规划上的领导，在具体选题和研究方法上不要用行政手段去干预。在科学探索中提出不同看法和观点，领导上不要轻易当成错误加以批判。科研人员在探索未知领域的过程中，难免走弯路甚至会失败。领导者要鼓励他们总结经验，鼓励、支持他们继续把研究工作进行下去。要帮助科研人员努力提高政治思想水平，但不要提出脱离实际的要求。对各种各样有一技之长的人都要团结。对他们的生活习惯、工作方式也不要强求一律，不要把他们这样那样的生活习惯，拉到思想作风问题上去挑剔。要选择懂得科研工作、有领导能力的人管理科研，不要再搞外行领导内行了。

科技工作者也要以科学的态度对待自己，严格要求自己。对待科学研究要有严格的求实态度，要造就一个团结协作、学术民主的良好风气。要解放思想，不断更新自己的知识。切忌思想和知识僵化。要有为了探索新事物，不怕困难、挫折和失败，勇于献身的精神。

我们必须按照振兴体育依靠科学技术，体育科学技术要面向体育运动发展的方针，尊重体育科技发展规律，从实际出发，对体育科技体制进行坚决的有效的改革。体育科研机构整顿与体制改革是相互关联的，要以改革精神建立和整顿科研机构。体育科研具体怎么改革，如实行所长负责制，建立体育科研基金，对科技开发重大项目实行承包责任制，促进人才合理流动，扩大科研单位经济自主权等等，有条件的单位可以进行试验。体育科研是一项新的事业，我们要放手改革，不断总结经验，逐步形成一套较完整、较全面的体育科技体制。

原载于 1985 年 2 月《体育报》

大力推进体育社会化

在人类历史上，体育作为一种积极的人类行为和社会现象，始终伴随着社会的文明和进步，随着社会的发展而发展。人们从广泛的实践中，日益深刻地认识到一条重要规律：现代社会的发展越来越需要体育，而体育的发展也越来越需要社会化。这是体育的本质、功能所决定的，是体育社会性的反映，也是我国体育运动发展到现阶段的必然要求与趋势。

体育作为社会文化教育的组成部分，受一定社会的政治和经济的制约，也会对政治、经济产生一定的影响。党的十一届三中全会以来，我国社会发展的条件出现了深刻的变化，政治局面安定，经济建设稳步前进，这些都有力地推动着体育的发展。特别是在改革、开放的新形势下，社会上有利于体育发展的积极因素更充足了，人民群众对开展体育运动的愿望更强烈了，把体育运动更快搞上去的主客观条件趋于成熟。我们在工作中，适时地提出了体育社会化的原则。它是推动改革的突破口，是坚持从实际出发，因势利导，以辩证唯物主义来指导发展全民族的体育运动，建设体育强国的重大措施。当前，一个体育社会化的热潮，正在全国城乡蓬勃兴起。

体育社会化，它标志着：1. 体育逐步深入社会各个领域，从学校、厂矿、企业到农村，并深入到社会的细胞——家庭中去；2. 体育人口不断扩大，社会各色人等越来越多地参加到体育活动中来，活跃在体育队伍中的，不仅有广大青少年，而且有许多老弱妇孺和残疾人；3. 在以国家办体育为主体的同时，全社会包括各部门、各行业以及集体、个人都将兴办体育事业；4. 社会体育水平（或群众体育水平）日益提高。

要全面贯彻体育社会化的原则。各项体育事业，无论群众体育、业余训练、办高水平运动队、竞赛活动、科学研究、场地设施、发现人才、技术指导或咨询服务等等，都应面向社会，积极依靠社会力量。

理论是行动的向导。进一步探讨体育社会化的意义，提高认识，对于统一思想，凝聚力量，是十分重要的。

一、体育对于改善一个民族的体质有着十分积极的作用，它是关系到民族、国家、社会的兴衰和发展的重要因素。在我们社会主义国家，体育事业是属于全民所共有的财富，是为全社会服务的。它的基本特征和首要任务，是增强人民体质，提高全民族的健康水平。它不是仅由少数人参加的活动，而是最大限度地动员吸引每个人参加的活动，具有最大的广泛性，是全社会、全民的事业。

二、体育运动具有多种功能，是满足人类生存、发展、享受的一种“黄金手段”。随着经济、社会的发展和物质、精神生活的改善，可以更清楚地看到，体育越来越成为充实人们余暇生活、提高精神文明水准的一项重要内容，能促进人的全面发展，身心健美，有助于建立文明的、健康的、科学的生活方式。正如胡耀邦同志在党的十二大报告中所指出的“健康、愉快、生动活泼、丰富多彩的群众性娱乐活动，使人民在紧张劳动后的休息中，得到有高尚趣味的精神上的享受”。但是，人们并不是都能自觉认识到体育的重要性，从而投身于体育活动的行列。因此，既要宣传“生命在于运动”的道理和体育对于促进四化的意义，动员人们踊跃参加，又必须考虑到各地各行业特点和体育基础、传统的不同，从人们的爱好和兴趣出发，做到因地因人制宜，从实际出发，满足他们对体育的不同要求，才能把社会上各色人等吸引到体育活动中来。

三、体育是极其丰富多彩，富有活力的一种社会文化形态。社会的进步与发展，赋予体育的发展以强大的生命力，给体育不断注入新的血液。我国有正式比赛项目 50 多个，加上民族、民间形式的体育项目上百个，它们都是随着社会几千年的演变、发展而逐渐形成和创造出来的。这些近代体育和民族传统体育互相补充、促进，相得益彰，竞放异彩。一些民族、民间形式体育经过整理研究，提高其科学性，使之逐步发展成普遍开展的运动项目，不断补充和丰富着近代项目，这也是适应群众体育活动广泛开展的需要。社会上一些生产和生活工具，也在一定条件下逐步演变、发展成为新的体育项目。譬如澳大利亚的伐木运动，把原始的伐木动作加以整理，订出统一规则，成为一个比赛项目，既保持原有劳动形式的特点，又具有锻炼体质、活跃生活的社会意义，饶有风趣，深受群众喜爱。在我国，最近已把古老的龙舟、毽球列为正式竞赛项目。不论电子技术的应用会给人们的生产劳动、生活方式带来多么大的变化，但终究代替不了体育；恰恰相反，由于科学技术的发展，人们物质文化生活水平的提高，工作时间缩短，余暇时间增多，体育的社会价值和地位将变得更为重要，内容与形式将更加发展。特别是，体育竞技活动具有很强的社会渗透力，不同信仰、不同民族、不同意识形态的人都可接受、参加或观赏，可以满足不同阶层、不同职业多方面的需要。因而可以说，体育社会化的前景无限广阔，体育是扎根社会、万古长青的事业。

四、随着改革、开放、搞活方针的贯彻执行，社会各方面对体育的重视程度提高了，要求也提高了。越来越多的团体、部门感受到体育是促进四化、振兴中华的一个巨大精神力量，是我们国家、民族的一个重要窗口，从而把体育作为激发群众的集体荣誉感、提高工作效率、增强竞争活力、扩大对外交往的一种手段。当前，不少厂矿企业组建高水平运动队，其中一个重要动机，就是通过参加比赛创造成绩，以加强职工对本单位的向心力，并扩大社会影响。我国在第23届奥运会上取得的优异成绩，以及在海峡两岸和许多国家的侨胞中引起强烈反响，形成“体育热”、“中国热”，增进中华儿女民族凝聚力，就是一个生动的证明。

五、要把我国建成体育强国，需要普及城乡体育运动，运动技术达到世界第一流水平，其他各项体育事业也要有较大的发展和突破。提高体育水平是其中不容忽视的一个重要环节。我国体育实践正反两个方面的经验证明，一个运动项目攀登世界技术高峰，与该项目社会水平的高低往往密切相关。乒乓球队在四分之一世纪的时期内长盛不衰，得力于这项运动在国内普及的程度和社会水平较高。反之，有些项目技术水平长期处于落后状态，重要原因之一，也就是社会水平不高。因此，努力提高社会体育水平，对建成世界体育强国具有不可低估的战略意义。

六、体育社会化是改革我国现行体育体制的重要内容。新中国成立以来，我国体育运动在党和政府领导下，集中力量，发扬优势，在增强人民体质和赶超世界水平方面，取得了历史性的突破，体现了社会主义制度的优越性。但也要看到，我们过去没有放手发动全社会来办体育，这大大影响了发展速度。

实践证明，不依靠社会力量办体育，就不能把体育运动有力地推向新的广度和深度。当前农村体育、家庭体育和各行各业办体育的兴起，就是我国体育全面走向社会的一种标志和必然趋势。

总之，体育社会化关系到能否实现体育强国宏伟目标，走出一条具有中国特色的、充满生机和活力的体育发展道路，它与体育科学化同属实行体育改革的重大措施。各级体育运动委员会应大力加强体育社会化的宣传、组织工作，进一步推动各行业、各方面把发展体育作为自己分内应尽之责，作为关系国家民族振兴、关系群众生活、关系青少年健康成长的一件大事抓起来。

让我们深入实际，调查研究，认真解决体育社会化进程中的一些政策和理论问题，通过切实的努力，细致的工作，去收获更丰硕的成果。

原载于1985年7月《体育报》

发展战略研究　为在本世纪末把我国建设成为世界体育强国而努力

国家体委召开这样规模盛大的体育发展战略讨论会，还是第一次。会后还将成立全国体育发展战略研究会。这个会议的召开和研究会的成立，一定会对我国体育事业的发展产生积极的、深远的影响。

1983 年经国务院批准的《关于进一步开创体育新局面的请示》中，提出了本世纪末要把我国建设成为世界体育强国的战略目标。

发展战略研究，主要解决可以预见得到的未来发展战略问题。当前战略研究的主要任务是通过对国际和国内、客观和主观条件综合分析，预测本世纪末建成体育强国的具体发展前景，探索实现这一战略目标的各种可供选择的方案，寻求最佳的途径、步骤，进行必要的可行性论证，提出有科学依据的对策、建议。各省、市、自治区体委应有专人分管这项研究工作，组织专门的研究班子。同时，希望体育院校系科和其他行业、社会团体能有更多的人投身到体育发展战略研究中来。因为研究中国体育发展战略决不仅仅是体委系统的事情，而是关系到各行各业，关系到全社会。希望有志于这项工作的同志努力作出贡献。

随着经济的发展，科学的进步，人们物质文化生活将不断提高。当社会进入高度自动化、电子化、信息化以后，人们的体力劳动减少，工作时间缩短，余暇时间增多，体育会越来越成为提高生活质量、满足人的肌体需要的精神享受的一个重要手段，成为人们文明、科学、健康的生活方式不可缺少的组成部分，甚至可能上升为人们业余生活的第一需要。人的生活质量和人的素质同体育的关系非常密切。就拿人的素质来说，它包括身体、文化素质和道德素质，三者中身体素质是基础。在一定意义上讲，没有不断完善的身体素质，就不可能有高度发展的生产力。生产技术和科学越发达，人们神经系统承受的负荷越强，对身体素质的要求就越高。社会越发展就越需要通过体育运动充分调动人体的潜力，增强体质，使人的生命力更加旺盛，劳动能力更加持久，不管社会、经济、科学技术如何发展，体育这个领域会越来越广阔，内容会越来越丰富，项目会越来越多样，在人民生活中变得越来越重要。所以体育是一项生机勃勃、万古长青的事业。

当前，各体育强国包括一些第三世界国家，都在加紧把先进的科学技术应用于体育领域，特别是运动训练中去。实践的发展已向原来一些传统的训练理论和方法，提出了严重的挑战。有人说，我们现在正处在一个运动技术、训练方法发生巨大变化的前夜，我看是有道理的。我们的体育工作者、理论工作者、战略研究工作者，要去洞察运动技术发展的新趋势，认真研究对策。如果对这个问题缺乏紧迫感，大家不努力去探索它、解决它，我们与世界先进运动技术水平的差距就不仅不会缩小而且会拉大，迎头赶上世界先进水平，建成体育强国，都将是一句空话。

学校体育是体育工作的战略重点，是建成世界体育强国的重要环节。如果体育的基本结构可以用学校体育、社会体育、竞技体育表述的话，那么，学校体育应该是社会体育和竞技体育的基础。学校培养的人才总要走向社会，学校体育的加强有利于社会各行各业体育的开展。竞技体育需要的大量体育人才和优秀运动人才，也必然通过学校体育来发现和培养。最近，李鹏同志为《学校体育》杂志题词："为使德智体得到全面的发展，学校必须重视体育教育，学校也应为国家培养出大批优秀体育人才。"我们应当很好地贯彻落实，加强学校体育和业余训练。

希望同志们根据体育实践的新发展，不断探讨，研究体育结构各个部分的关系，使之协调、健康地获得发展。比如娱乐在体育发展中占越来越重要的位置，一些运动项目和娱乐项目互相渗透，结合的趋势越来越明显。这是否会对体育的结构带来新的变化，也值得很好研究。

建设具有中国特色的社会主义体育，从根本上讲，就是把马克思主义的普遍原理和我国体育实践紧密结合起来，形成具有中国特色的体育发展道路。《当代中国体育》一书中指出，这条道路的主要特点是："在中国共产党和人民政府领导下，以马克思列宁主义、毛泽东思想为指导，从中国国情出发，调动全社会的积极性，按照体育规律和特点，有计划、按比例地发展体育事业，普遍增强人民体质，努力提高运动技术水平，积极建设精神文明，为社会主义服务。"书中还概括了中国体育事业的基本经验，主要包括："坚持社会主义方向，正确处理体育与经济的关系，为两个文明服务，发挥竞赛的杠杆作用。坚持普及与提高相结合，近代项目与传统项目相结合。学习外国与大胆独创相结合，国家举办与社会举办相结合。”希望大家继续在这方面进行深入研究和探讨。

这里我只强调一点，同时开展近代项目和传统项目，是具有中国特色的体育发展道路一个相当重要的问题。我们既要大力发展近代体育，又要积极挖掘整理民族传统体育，要用现代体育的科学原理去整理发展民族传统体育，要把中华民族在体育上的丰富遗产继承下来发扬光大。用民族传统体育的精华丰富我国的体育，使我国成为世界上体育项目最丰富多彩的国家。我国是一个有十亿人口的大国，有着五千年悠久的历史，除汉族外，还有 50 多个少数民族，每个民族都有其独特的文化传统。如果我们忽视民族传统体育，就不可能真正形成全民的体育，就谈不上建设具有中国特色的社会主义体育事业。

怎样实现在本世纪末把我国建设成为世界体育强国的战略目标呢？我们认为，体育社会化、科学化，是实现这一目标的两条根本措施。

体育正在逐步深入社会各个领域，深入到社会的细胞——家庭中去，体育人口不断扩大，社会上各色人等越来越多地参加到体育活动中来。我们必须大力推进体育社会化，提倡国家办、社会团体办、集体办、个人办体育，把路子拓宽、政策搞括，普及体育知识，积极提高社会体育水平，不断把体育运动推向新的广度和深度，为建设世界体育强国打下雄厚的基础。

体育是一门科学，必须按科学的原则和规律进行指导。我们在提高运动技术水平或开展群众体育活动中，都要十分重视运用先进的科学理论与方法，把国内外先进科学技术应用于体育的所有领域。譬如说，不仅要研究运动员的心理学，群众参加体育的心理学也完全可以作为一门专门学问加以研究。

摘自于 1985 年 8 月在全国体育发展战略讨论会上的讲话

在建设体育强国的征程上开拓前进

——新年献辞

新的一年开始了。在欢庆的日子里，我们向广大运动员、体育工作者、体育爱好者，向社会各界关心、帮助体育事业发展的同志们、朋友们，致以节日的问候和良好的祝愿。

过去的一年，是建设体育强国征程上奋发进取，获得新的进步、新的成就的一年。在重大国际比赛中，我国健儿夺得了 46 个世界冠军，是历年来最多的，同时创造了一批世界纪录和世界最好成绩。体育社会化也迈出了可喜的步伐，各行各业爱体育、办体育、参加锻炼活动的人越来越多。体育对于建设社会主义精神文明和物质文明的重要作用，正在进一步被人们所认识，体育运动逐步成为现代文明生活不可缺少的组成部分。这反映了，随着我国城乡改革的深入，经济建设的稳步发展，科学文化的日益繁荣，人民生活水平的不断提高，体育的领域大大拓展，体育的活力大大增强。

把我国建成体育强国，是一项艰巨的社会性工程。当前，我国还有三分之二的运动项目处于世界中下游水平；群众体育普及程度和体育发达国家比较还有一定差距；体育人才基础不厚、后备力量薄弱的状况尚未根本改变；体育社会化的深度和广度也远远不够；体育科学化的步子还迈得不快。为人民服务是体育工作的灵魂，而社会化科学化则是它的两个翅膀。有了灵魂，又振起双翼，我们才能实现体育腾飞。

在新的一年里，面对艰巨的任务，我们应该迈出更为坚实的步伐，紧紧抓住改革这个中心环节，促进各项体育事业全面发展和提高，以进一步开创体育运动的新局面。发展体育的最深厚的力量存在于广大人民群众之中，要采取有效措施，调动社会各方面办体育的积极性。要坚持以学校体育为战略重点，大力加强民族体育和农村体育及各项群体活动，不断扩大体育人口。要积极而又稳妥地推动以训练和竞赛改革为重点的各项体育改革。当代国际体坛人才辈出，水平愈来愈高，新陈代谢也有加快的趋势。我们要圆满完成新的重大国际比赛任务，必须切实加强后备力量，特别是高水平后备人才的培养，这不仅是具有战略意义的工作，而且是当务之急。要围绕“七五”期间的各项重大体育比赛活动，深入发现和科学选拔运动人才，建立起多形式、多层次、多渠道的人才梯队，加强运动队的管理和训练，尽快使训练走上科学化。这个工作做好了，我国体育运动才能持续发展提高。

在新的一年里，我们还要大力加强思想政治工作和体育队伍作风建设，全面提高队伍的素质，使之成为有理想、有道德、有文化、有纪律的新型队伍。重点要抓赛场风气的根本好转，使体育场馆成为社会主义精神文明的阵地，传播文明新风的场所。

广大体育工作者、教练员、运动员一定要发扬女排和乒乓球队那种团结拼搏、开拓创造的精神。体育部门各级领导要认真改进领导作风，深入实际，少说空话，多干实事，以坚强的毅力克服前进中的困难，为体育更好地服务于四化作出新的贡献。

原载于1986年1月1日《体育报》

关于体育改革和改进领导问题

关于体育改革

这几年体育改革的形势是好的。通过两三年的改革实践，大家深感不改革就不能把广大群众和社会各方面办体育的积极性充分调动起来，就不能使体育充满活力、加速发展，也就不能完成体育三大任务和建成体育强国。改革当然要防止形式主义，坚持实事求是。当前主要是对改革不够坚决，步子不大，对原来一套东西不敢有所突破。改革要力求稳妥，避免对当前工作造成不良的影响，但必须看到正确的改革不仅不会影响工作，而会促进工作的发展，即使出现一点问题，也不必过多顾虑，甚至动摇改革的坚定性和积极性。因为改革从根本上和长远来看，终将对事业起更大的推动作用。

这次会上讨论的《关于体育体制改革的决定》稿，是我们总结前几年改革的经验，分析当前体育工作中的问题提出来的，可以作为体育体制全面改革的一个基本设想，希望大家在实践中修正充实。

我再强调以下几点：

（一）体育领导体制要遵循中央 20 号文件提出的“各级体委都应立足本地区，面向全世界”和“切实发挥体委对体育事业的领导、协调、监督作用”的原则，积极酝酿研究，提出改革措施。

在体委统一领导下发挥协会的作用问题，也望大家进一步探讨。我们曾提出协会要发挥 6 个方面的作用：1. 对各自运动项目的发展积极提出建议；2. 负责评议各自项目教练员职称和裁判员技术等级称号，进行业务考核和科学文化知识测验、考试；3. 初步评选各自项目代表队运动员，推荐教练员；4. 指导运动训练，审议训练大纲，组织技术经验交流，开展学术讨论；5. 搜集整理有关业务资料，出版专业性刊物；6. 审议各自项目规则和裁判法，审议运动员等级标准和新器材标准。请大家继续调查研究，提出具体方案。

（二）运动队伍体制

目前在不降低省、区、市原有运动水平的前提下，积极为城市、厂矿企业、大专院校设立高水平（专业或半专业）运动队创造条件和给予大力支持。

省优秀运动队要以个人项目（田径、游泳等）为主。采取措施使集体项目逐步向城市、厂矿企业和大专院校过渡，使原来省队的形式有所突破。对城市、厂矿企业、大专院校，也要鼓励办个人项目的运动队。

（三）实施主（总）教练负责制

实施这一制度，有利于形成一个以训练为中心把各方面工作有机地结合起来的统一体，更好地推动训练工作的发展。有条件的可以实施，没有条件的要积极创造条件。所谓条件，主要是看有没有较高业务水平、政治水平和组织管理水平的教练，有这样的教练就可以实施。主教练对队的工作全面负责，可设协理员协助主教练管理思想政治工作、行政工作。

（四）教练员队伍建设

1983 年《国家体委关于体育系统专职教练员文化理论进修暂行办法》规定：“力争经过‘六五’和‘七五’计划，使现有 40 岁以下的专职教练员三分之二以上达到大专毕业水平。”这次《关于加速培养高水平运动后备人才的指示》稿又规定：今后从事初级训练的专职教练员必须具备中等体育专业水平，从事高、中级训练的教练员必须具备大专体育专业水平。在职教练员尚不符合上述要求，要在 5 年内通过进修或函授学习等办法，达到上述规定的水平。这两个规定大体上是一致的，要坚决执行，力争实现。

建立教练员（包括优秀运动队和业余体校的教练）每 5 年轮训一次的制度。今后退役优秀运动员，除特殊批准者外，必须经过体育学院或其他高等院校学习，并从事青少年儿童训练工作 1 至 2 年，才能担任优秀运动队教练。教练员要定期考核，有上有下。任命教练员除组织调配外，继续实行推荐、考核，试行招聘制等。试验业余体校教练随被输送运动员一起入优秀运动队的办法。提倡优秀运动队的教练员带着任务长期或短期下基层，直接从业余训练中发现人才。不利于执行这些规定的规章制度要修改。

（五）体育场地要由行政管理型向经营管理型过渡，逐步实现企业化、半企业化。

现在体育场馆是事业单位，实际和机关差不多。这种一切靠国家的状况一定要逐步改变。各地可考虑创造条件成立场馆经营总公司（包括承包比赛），逐步对场馆实行企业经营办法。北京、上海、天津可根据自己的情况，先在少数大型场馆进行试验。所有场馆都要优先保证体育需要，实行多种经营，广开财路。

（六）竞赛改革

体育要进行全面的改革，但重点是竞赛、训练的改革。竞赛改革的中心思想是更好地发挥竞赛的杠杆作用，调动各方面的积极性，促进体育事业的全面发展。

1. 全国综合性运动会制度化。全国运动会、青少年运动会、少数民族运动会，每4年举行1次。拟增加每4年1次的城市运动会（需报国务院批准）。

2. 全运会、青运会计分办法，要相应改革，鼓励创造新技术、新成绩、出新人才。

3. 全运会、青运会除以省、区、市和解放军为参加单位外，对行业系统开门，允许有条件行业系统报名参加。

4. 关于行业系统参加各项全国比赛问题，各行业系统可以参照每一个年度的全国比赛计划，提出自己参加哪几项比赛，报告国家体委批准后统一列入各项比赛计划。

5. 为了调动城市的积极性，鼓励他们对我国体育事业作出更大贡献，拟从1988年起举行城市运动会，4年1次。具体办法另作规定。

6. 各项目全国性的正式比赛（如联赛、锦标赛），每年举办一次。为适应训练的需要，可继续提倡邀请赛、调赛和赞助性、补助性比赛，作为全国正式比赛的补充。

7. 集体项目的市比赛要以大的厂矿企业、大专院校等基层为参加单位，省比赛以各市冠军队为参加单位。全国比赛也要逐步实行省冠军队参加的办法，今年先在篮球试行。

8. 省、区、市比赛可考虑一年条条参加、一年块块参加。目前可做点试验。全国比赛是否这样做，过几年再看。

9. 7个单列城市参加全国比赛的规定：（1）单列城市可参加城市运动会。（2）每年举办一两个项目的单列城市比赛，纳入全国计划。（3）可允许单列城市参加全国个人项目的比赛。这个问题，希望单列城市同省体委研究向省政府请示，然后报告我们再定。如果参加比赛，目前已集中在省队的运动员原则上不回去。

10. 12 岁以下的少年儿童比赛，按少年儿童的特点进行改革，要有利于培养后备力量，有利于发现人才。全国少年比赛扩大到 17 个重点项目。

11. 竞赛地点和经费继续实行计划分配和招标相结合的办法。

12. 各种比赛的组织工作，要逐步做到由大中型体育场馆承担。

13. 裁判员队伍实行专业和业余相结合。要有一定数量的专职裁判员。

关于改进领导问题

我们要完成体育工作的各项任务，必须不断改进领导。我讲几点看法：

（一）进一步拓宽路子

把体育的路子拓宽，这也就是几年来我们讲的体育社会化。体育是全民的事业，群众性广，涉及面宽，各级体委工作的指导思想一定要适应这一特点。只要有利于增进健康，有利于提高运动技术水平，有利于精神文明建设，群众中出现这种形式或那种形式的体育活动，不论是体委办的还是其他部门办的，也不论是属于谁管理的事业、设施等等，都是体育事业的发展，各级体委都要加以爱护、关心和支持。在充分发挥社会各方面力量办体育的同时，要加强体委对整个体育事业的领导、协调、监督作用。

（二）实行分类指导

体育的领域十分广阔，包括各个行业、各个地区，情况各有不同。分类指导是我们领导体育工作的一个重要原则。不区别对待，笼统地用一个政策、一种模式去指导工作，在体育事业蓬勃发展的今天肯定是行不通的。

城市和农村情况不同。城市经济文化比较发达，体育普及程度的要求就可高些，工作步骤比农村就可快些。农村要注意适应经济的发展，对已经解决了温饱问题的地区，体育活动的开展可以提出相应的要求；对那些经济落后，吃、穿问题还没有解决的地区，体育的开展则可以只抓一些点，为今后面上的发展积累经验。

对待民族传统体育项目和近代体育项目的政策也不尽相同。民族传统体育项目有一个挖掘、整理的问题，近代体育项目则主要是积极提倡推广。

对待学校体育、竞技体育、社会体育的要求也有区别。学校体育，主要是通过体育课、业余训练，让学生掌握体育的基本知识和技能，养成锻炼身体的习惯，促进身体全面发展；从项目上讲，要着重开展近代体育项目，并从中发现体育人才。竞技体育，主要解决科学选材、科学训练问题，积极提高技术水平，创造优异成绩。社会体育主要是抓好普及，在普及的基础上不断提高，要因地制宜。总的讲，强调多样化，不管什么样的锻炼形式，只要能促进身体健康，就要扶植、倡导。

对老人、幼儿、伤残人体育都要有不同的要求，用不同方法指导工作。

（三）充分运用宣传、吸引、评比、竞赛的办法，推动体育工作的发展

体育的特点决定了必须广泛发动群众。要通过宣传，吸引人们对体育产生兴趣，把参加体育活动变成自身的一种需要。体育既有增进人民健康的作用，又属于群众业余文化生活重要内容。体育靠行政命令、靠硬性规定不行。要充分注意群众的不同爱好和兴趣，用宣传、吸引、评比、竞赛的办法。

制订国家体育法，搞地方体育法规，都是需要的，但是即使有了体育法，宣传、吸引、评比、竞赛的方法也还是很重要的。

（四）加强各级体委的机关建设，改进工作作风和工作方法，把机关建设成运转灵活、高效率的办事机构

要学会团结运用各方面的力量进行工作。各省、区、市体委除处理日常工作外，一定要抽一部分人以较多的时间进行系统的调查研究。

摘自于 1986 年 3 月在全国省区市体委主任会议上的发言

在全国体委主任会议上的讲话

全国体委主任会议开了11天，今天就要结束了。会议开始时，何振梁、袁伟民、张彩珍同志分别就1987年的体育工作、精神文明建设、体育体制改革发了言。前天徐寅生、徐才同志发了言。与会同志在会上交流经验，展开讨论，提出了许多宝贵意见。

今天我讲一些意见，讲十点。

一、体育形势

在党中央和国务院的领导、关怀下，体育工作一年比一年有进步。1986年各项体育工作协调地向前发展，以训练和竞赛为重点的体育改革，特别是体育社会化不断深入，体育活动开展得比较活跃，比较扎实。体育事业执行“七五”计划获得了一个良好的开端。

总的来说，我国体育发展是快的，成绩是显著的。1986年是进入80年代以来获得世界前三名和破全国纪录最多的一年。科研、教育、宣传、国际活动、计划财务、后勤保证等各个方面都有新发展。

我们要建成体育强国，存在着明显的差距。主要表现在：

（一）群众体育活动的规模和水平有不小差距。如经常参加体育锻炼的人，一些体育发达国家达到人口的60%左右，据粗略估算，我国只有近1/3。由于各国对怎么算经常参加锻炼并无统一标准（我们要求每周两三次，每次二三十分钟），难以准确比较。但从中可以大体看出存在的差距。

（二）运动技术水平落后于世界体育强国。我们这几年运动技术水平确实提高很快，一批项目已达到或接近世界水平，但多数项目仍处于世界中下游水平。我国一些优势项目的优势也在减弱，决不能高枕无忧。

（三）科学化进程太慢。体育的发展越来越依靠科学，许多国家为提高运动技术水平，广泛运用先进的科学技术，采用科学的训练方法、手段。研制出许多先进的科学仪器。而我们科学训练观念不强，以及人才和物质条件的限制，科学化大大落后了。

除了上面这些明显差距外，还有一些基础性的工作存在不少问题，很值得注意。例如后备力量和高水平人才的培养、体育场地和训练基地的建设等，都很不适应建设世界体育强国的要求。

从我们领导工作的角度来看，当前存在的主要问题是：（一）思想政治工作薄弱；（二）在促进体育科学化方面措施不够有力；（三）领导和管理水平落后。

二、1987 年的工作

1987 年体育工作的安排，不同地区可有不同的重点，从全国来讲，必须明确重点是积极推进体育改革（特别是社会化和科学化），开好第 6 届全运会，组织好参加 1988 年奥运会的队伍（省区市要抓好城市运动会和第 2 届全国青少年运动会的队伍），大力培养后备力量，加强学校体育和农村体育，争取赛风根本好转。

我们一定要以饱满的革命热情，创造性地、扎扎实实地做好 1987 年的各项工作。

三、深化改革

体育战线的改革，以去年全国体委主任会议后下发的《国家体委关于体育体制改革的决定（草案）》为标志，正在不断深入发展。体育工作的许多方面都在改革，而且取得了不小的成绩。但总的讲，目前改革仍处在开始阶段，改革的任务还相当艰巨，至少要经过三五年的艰苦努力，体育体制改革才可望初步完成。实践使我们进一步认识到，不改革，体育前进的步伐就不可能加快，体育事业就不可能充满生机和活力。一句话，只有通过改革，加速体育的发展，才能实现建成体育强国的宏图。

当前，重点仍然是竞赛、训练体制的改革。

（一）竞赛体制改革

1. 继续在全国篮球比赛中试验以省区市的冠军队为参加单位的办法，目的是逐步突破现行以省区市代表队为主的体制。这是一项新的试验和改革，要坚决进行。要及时总结，加强指导，为其他集体项目实施这一改革创造经验。

2. 竞赛改革要注意发挥地方、系统两个方面的积极性，当前要强调为调动各系统办体育的积极性创造条件。各项竞赛要向城市、行业、厂矿企业、大专院校高水平运动队开门。

3. 竞赛地点和经费继续实行计划分配和招标相结合的办法。

4. 调整、健全大型体育场馆的组织结构，提高场馆工作人员的素质和水平，使比赛活动的组织工作和行政工作逐步过渡到全部由场馆承担。

（二）优秀运动队体制改革

1. 以省区市队为主体的优秀运动队体制，应逐步有所发展、有所突破。从长远看，经过若干年的努力，优秀运动队应过渡到大部分寓于城市、行业、企业、院校之中。但立即过急过多地削弱省级优秀运动队也不切合实际，不利于提高技术水平。

2. 各运动项目的基层队坚决实行主（总）教练负责制，这样可以使运动队的政治思想教育和训练工作有机地结合起来，保证以训练为中心，有利于加强思想政治工作，提高训练质量和工作效率，实施统一而灵活的指挥。实行主（总）教练负责制的关键，是提高教练员的思想政治素质、业务水平和组织管理能力。这项改革既要坚决大胆，又要稳步前进。目前不具备条件的队可继续实行班主任（领队）负责制，班主任（领队）尽可能从教练员中选任，以便积极创造条件向主（总）教练负责制过渡。

实行主（总）教练负责制，要继续加强党的工作。要建立必要的组织形式和制度，使主（总）教练能够密切联系群众，集思广益，发扬民主，做好工作。

（三）训练手段的改革

运动训练作为一门科学，在世界上发展非常快。科学技术新成果被大量地用到训练领域中来，训练器材、手段不断更新。根据形势的发展和各个项目的具体情况，不断进行技术革新，分别制订技术政策。不抓紧这方面的探索，我国运动技术水平不可能持续提高。训练工作的某些观念与指导思想，也要不断发展，有所创新、突破。

体育社会化是我国体育的一项重大改革。我们提出了“以革命化为灵魂，体育社会化和科学化为两翼，促进体育腾飞”的指导思想。体育社会化是由体育的本质、功能决定的，也是我国体育运动发展到现阶段的必然要求和趋势。各项体育事业，包括群众体育、业余训练、办高水平运动队、竞赛、科研、场地建设等，都要全面贯彻社会化的原则。在当前体育体制改革中，最重要的是调动各部门、各行业办体育的积极性，要按照中央20号文件中全党全社会都要重视加强体育工作的精神，切实做好。要按照党的方针政策，坚持把体育社会化的路子拓宽、搞活，保证健康发展。无论如何不能把社会化只理解为要各部门各系统多出钱，有的甚至搞摊派，那是不对的。要加强研究和制订实施社会化的配套政策措施，促进体育事业的发展。

四、加强农村体育

首先要提高对农村体育的认识。近几年农村形势发展很快，我国的改革首先是从农村开始的，农村的经济生活确实发生了较大的变化，社会办体育的许多新事物也出现在农村。当然农村经济发展很不平衡，不能提出千篇一律地要求。但目前大部分农村确实具备了开展体育活动的条件，我们应当跟上形势，把农村体育工作摆到应有的重要位置上，有计划有步骤地加以指导。

农村体育工作一定要从实际出发，继续贯彻区别对待、分类指导的方针。要坚持多种多样、简单易行的原则。农村既要大力发展传统体育，又要根据各自条件，适当发展近代体育项目。在经济条件较好的乡镇，要提出一些要求。要建立适合农村特点的竞赛制度、办法。农村体育也要首先抓好学校体育。开展农村体育首要的是搞好普及，丰富农村业余文化生活，提高农民健康水平。只要农村群众体育活动真正开展起来，优秀运动人才就会不断涌现。

当前农村体育工作的主要问题，一是缺少场地设施；二是技术辅导力量不足。应在经济条件允许下，因地制宜，依靠社会各方面包括集体、个人的积极性，修建体育运动场所。省区市体委、县体委要组织短期培训班，提高农村体育积极分子的水平，培养开展农村体育的骨干队伍。

各级体委在加强农村体育工作的同时，要继续抓好作为战略重点的学校体育，职工体育和民族传统体育也不能放松和忽视。要进一步挖掘、整理武术遗产，并采取积极措施，把武术推向世界。对少数民族和边远地区的体育工作，要注意扶持。

五、抓紧培养后备力量

造就高水平后备人才的首要环节是发现人才，苗子选好了等于成功的一半。各地可设立人才发现奖，鼓励发现优秀人才。进一步提高从事青少年业余训练教练员的政治待遇、物质奖励和社会地位。国家体委准备为业余体校的教练员设高级专业技术职务；继续授予在培养输送人才上作出突出贡献的业余教练员“体育运动荣誉奖章”，各省区市也可根据这一精神，颁发相应的奖章，并根据各地情况征得当地政府同意提高输送奖额。派团出国考察、观摩重要比赛以及援外，也要安排从事青少年训练的教练员。在各项运动协会的教练委员会中，从事业余训练的教练员应占一定的比例。为基层教练员制订合理的工作评估标准，比如，输送人才占三分之一，运动成绩占三分之一，下基层开展辅导占三分之一，等等。

六、优秀运动队建设

去年 11 月修改后试行的优秀运动队伍工作条例规定：“优秀运动队必须坚持党的四项基本原则，贯彻以训练为中心，思想教育、文化教育、行政管理相结合的方针。”各地各单位应从实际出发，创造性地贯彻执行。

优秀运动队的形式将长期存在下去，运动员专业化在世界体育中也是一种发展趋势。必须加强优秀运动队的建设，坚持“三从一大”的科学训练原则，当前特别要加强思想政治建设。应该看到，去年全国运动队伍思想政治工作会议精神贯彻以来，思想政治工作有了加强，但还未能从根本上改变思想政治工作薄弱状况。主要表现在：某些领导软弱无力，不敢理直气壮地坚持四项基本原则，不敢对错误的思想倾向和言行进行有力的批评和抵制，并由于对社会主义民主缺乏全面、正确的理解，对运动队不敢严格管理，以至有些队伍思想涣散，纪律松弛。运动技术水平长期上不去。这种状况必须改变。

从组织建设讲，优秀运动员的进出是一个大问题，我们还没有理顺进出的关系和渠道。

七、体育道德和赛风

中央领导同志要求各部门研究制定职业道德。这次会前，国家体委听取了各方面的意见，把体育道德概括为“公正竞赛，团结拼搏”。竞赛是体育最主要的特征，弄虚作假，投机取巧，使体育竞赛失去应有的意义，这是当前运动竞赛中比较突出的不正之风。因此，我们强调“公正竞赛”，有现实的针对性。这次会上，大部分同志同意这种提法，一时也没有更好的概括，就这样先定下了。随着时代的发展，体育道德的内容还会有新的发展，新的组合。各级领导、教练员、运动员、裁判员都要自觉遵守体育道德规范。

八、体育发展战略研究和体育理论建设

自 1983 年整党以后，体育战线开始发展战略的宏观研究，做了一些有益的工作。体育理论建设也开始引起一些领导同志的注意。

大家知道，战略研究是有关全局性、规律性、关键性的谋划。抓住了战略问题，就使各项政策在全局中互相联系，互为补充，形成政策合力；而正确的体育发展战略，则可进一步加强各项政策的系统性和体育发展的稳定性，加快体育发展的速度。工作中决不能走一步看一步，而应该走一步，看两步，看三步，把中近期工作计划同长远的发展战略结合起来。这样，工作才有方向，才能事半功倍。

社会上有些人认为体育没有理论，这是严重的误解。体育属于人体科学，是一门综合科学、交叉科学，有许多理论问题需要研究。当前面临改革、开放的形势，对体育工作提出了许多新问题，需要从理论上加以解决和回答（如商品经济与体育、体育的竞争精神、竞争体制、体育或竞技体育对经济有没有“超前性”、体育的多种功能等）。体育工作中不少新的经验，需要系统地总结，上升到理论。体育理论建设必须有一个大的发展，才能进一步开创体育的新局面，把我国建设成为世界体育强国。从领导工作的角度说，要克服工作的盲目性，也非抓理论建设不可。

（一）领导干部要加强学习，同时在领导周围组织一个研究、参谋班子。

（二）组织力量自下而上和自上而下相结合，制定“七五”期间体育理论研究规划。对重点研究课题要集体攻关。

（三）创办理论刊物《体育论坛》。

（四）有计划地开一些体育理论讨论会和体育发展战略讨论会。今年或明年，召开体育领导干部理论报告会。

九、关于建设世界体育强国

世界体育强国的各项指标是有联系、有层次的，最主要的是普及群众体育和提高运动技术水平，尤其运动技术水平是最鲜明的标志，这不仅为世界舆论所承认，而且被事实所证明，我们决不能低估金牌的政治意义和社会意义。

十、改善领导

（一）各级体委干部革命化、年轻化、知识化、专业化的程度有很大提高，当前要进一步按照“四化”的要求，把各级领导班子建设成一个思想敏锐、敢于创新、集体领导和分工负责相结合的高效率的精干班子。对不称职的干部予以调整。

（二）各级体委要善于争取领导支持，善于运用社会各方面力量，发挥各类协会的作用，依靠各部门、各行业系统开展工作，更好地发挥体委的领导、协调、监督作用。注意团结广大体育积极分子，定期进行培训，对他们的成绩给予表彰。

（三）各级体委要不断改进领导方法，既要突出重点，又要统筹兼顾、全面安排，把重点与全面结合好，提高驾驭全局的本领。要多运用评比、表彰先进的办法推动工作。

（四）提倡大公无私、廉洁奉公的思想和为事业作出牺牲的献身精神。反对个人至上、金钱第一、损公肥私以至贪污腐化的行为。目前发展体育事业的条件一天比一天好，但应看到人力、财力、物力等方面的困难仍然不少，这些困难绝非短时期内能够根本解决。我们应当继续发扬艰苦奋斗、勤俭节约的美德，少花钱多办事，反对铺张浪费、大手大脚的不良风气，努力克服前进中的困难，把工作越做越好。

《中共中央关于进一步发展体育运动的通知》指出："现在，国家政治局面安定，经济状况好转，人民群众对发展体育运动有着强烈的要求，具备了把体育运动更快地搞上去的条件。"体育战线的同志们一定要在党中央英明领导下，继续执行十一届三中全会以来的路线、方针、政策，依靠全党全社会的支持，与全国各族人民同心协力，发扬革命传统，团结拼搏，锐意革新，以只争朝夕的精神，为完成建设体育强国的历史使命，为建设社会主义物质文明和精神文明作出积极贡献。

摘自于 1987 年 1 月在全国省区市体委主任会议上的总结讲话

要善于总结

前不久闭幕的第6届全运会取得了运动成绩与精神文明双丰收。很多地区、行业系统的体育代表团都在认真总结，以便从如此丰富、深刻的体育实践中汲取经验和教益，这是十分必要的。但也有的同志对此并不那么重视，或者不善于总结，好像热闹一番就算完了，这就不好。

大家都说，六运会是一次“大检阅”。那么，检阅了什么呢？各级体委，特别是我们国家体委，应当实事求是地对各个运动项目，尤其是二十几个奥运会项目的现状进行科学分析，并探索其发展趋势。要立足本地区、本单位、本项目，面向全国、全世界，通过全运会这个战役，从宏观到微观剖析我们的战略战术是否得当。

总结，是对社会实践的再认识，也是对我们以往体育工作成败利钝的再认识。大家知道，当代体育运动水平的提高，是多种因素相互作用的结果。一个运动项目有无进步，技术水平提高快慢，有其主观的、客观的，历史的、现实的，自然的、社会的诸方面的原因。比如，领导与管理水平，训练与指挥水平，运动员、教练员的技术、业务素质，科学文化素质和精神素质等，都会在比赛中直接或间接地反映出来。

总结工作，要抓本质的东西、规律性的东西，不能是一般现象的简单罗列。有的项目，新的尖子不多，这是个现象。我们要透过现象看本质，是群众体育基础薄弱、后备人才匮乏，还是训练上缺乏科学性及创新精神造成的？今后怎样使群众体育活动既有声有色又扎扎实实地开展？怎样加速训练系统化、科学化、现代化，使更多的苗子更快地成才，使更多的尖子具有向世界挑战的能力？创新是体育运动的生命，如果没有自己的特色、拿手的东西，要想走在世界前列是不可能的。在六运会上排球没有出现多少新技术，这就会影响我们在国际赛场上争雄夺魁的能力。体育运动的对抗性很强，不进则退，不速进也会落后。我们强调要抓本质的、规律性的东西，也就是抓住主要矛盾，找出解决主要矛盾的最佳途径和办法，既可带动其他矛盾迎刃而解，也才能比别人前进得更快。清醒地看到本地区、本单位的优势和劣势，正确认识自己在全国、在世界体坛的地位，才能加强我们的危机感与紧迫感，激发我们奋发图强、艰苦奋斗的意志和信心。

认真地总结，理性地思维，有助于冲破人们头脑中过时的观念。例如，六运会上，举重轻级别成绩好，重级别的提高也很明显。这就提醒我们思索：中国人能否在保持轻级别优势的同时，大力推进几个重级别进入高水平？中国人大块头不多，重级别举重不行，这似乎成了一个固定的看法。其实，中国人并不缺大块头，蒙古族、藏族、维吾尔族、汉族等，都有重级别的人才，怎能断定出不了尖子？对这类问题，我们应当进一步解放思想，开动脑筋，勇于探索。思想活跃起来，就能冲破一些陈旧观念，产生新思维、新思路，激发起主观能动性，从而在工作上不断打开新局面。

体育界很多同志工作是勤勤恳恳、埋头苦干的，但善于总结的不多。这是领导艺术、工作水平提高不快的一个重要原因。既埋头苦干又善于动脑，既勇于实践又善于总结，走一步总结一步，吃一堑长一智，这样我们才能不断开拓新视野，发展新观念，进入新境界。

原载于1987年12月《体育报》

努力提高体育队伍的素质

六运会以改革开放的时代精神、健美青春的风采活力，以及优异的运动成绩、良好的赛风，载入了中国的体育史册。海外的华侨华人把六运会的录音录像当做《祖国颂》的教材带回去，向后裔进行教育，国际体育界人士也给予六运会极高的评价，认为一个省能这样成功地承办全运会，表明中国有能力承办未来的奥运会。以广东精神为代表的六运会精神，必将在我国建设世界体育强国的征程中发扬光大。

我们不应当满足于已经取得的成就，当前除了改革体育领导体制、下放权力、充分调动社会各方面办体育的积极性，增强发展体育事业的活力外，一个关键的问题是要努力提高体育队伍的素质。

本届运动会，是历届全运会成绩最好的一届，通过激烈的竞争，涌现了一批优秀运动员，也发现了一批教练人才。从某种意义上可以说，运动员的成绩固然凝聚着教练员的事业心，更反映了他们的业务水平和知识结构。如 4 枚游泳金牌获得者阎明的教练、游泳 7 枚金牌获得者沈坚强的教练、女子跳高冠军叶佩素的教练、体操 4 枚金牌获得者楼云的教练等，都具有大专以上文化水平。

我们应该看到，我国现有优秀运动队的教练具备大专以上文化水平的仅接近半数，据 9 个省市 9 个项目教练的调查，具有科研能力的只占总数的 8.5%。这种状况与我们要攀登世界体育高峰的重任极不相称。我们要在世界上争雄，仅仅靠运动员的天赋条件和苦练是远远不够的。提高教练员的素质是当务之急。

为此我们已经采取了一些措施，在京、津、沪等体院举办了教练员专修班和函授专修科；同时规定教练员要 4 年轮训一次；今后还准备颁布教练员合格证书，不合格的要淘汰。

从体育干部队伍看，当前存在着两种危险：一是埋头业务，一是忙于事务。必须切实提高他们的理论水平，帮助他们从狭隘的事务主义圈子中跳出来。恩格斯讲过，“一个民族要想站在科学的最高峰，就一刻也不能没有理论思维。”具有中国特色的体育实践是十分丰富的，而理论则相对落后。我们也正在采取措施，进行县以上体委主任的轮训，有的省已经轮训了一遍；明年还要举行体委领导干部论文报告会，要求各级体委领导，像抓全运会那样，抓好全运会的总结。同时，还要搞好体育发展战略，包括以青少年为重点的全民健身战略和以奥运会战略为最高层次的竞技战略等。

同时，广大教练员、运动员和体育工作者还要努力提高思想道德素养。规则允许而体育道德不允许的事，我们也不应该去做。

党的十三大报告中指出：“科技的发展，经济的振兴，乃至整个社会的进步，都取决于劳动者素质的提高和大量合格人才的培养。”中华体育的腾飞，也有赖于培养一批德才兼备、有勇有谋的体育队伍而共同努力。

原载于 1987 年 12 月《体育报》

做繁荣中华体育的号角

——为《体育报》创刊30周年而作

《体育报》创刊30周年了。人当此时，年富力强；树当此时，根深叶茂。《体育报》也是如此。经过30年的艰辛努力，它成长、壮大，趋于成熟了，它积累了比较丰富的经验，树立了自己的风格，建设了一支精干的编采、通讯和后勤工作队伍。它旗帜鲜明地宣传党的体育运动路线、方针、政策，迅速报道国内外体育运动重大消息；及时推广体育工作经验；表扬体育运动发展中的先进典型，批评消极落后现象。它在国内外的影响日趋扩大，博得越来越多的读者的喜爱。可以说，在新中国体育事业不断开拓发展中，《体育报》积极发挥了激励、鼓舞、组织、推动的作用。

体育是全民参加的事业，是关系国家盛衰、民族荣辱的大事，是社会主义建设的一个不可缺少的组成部分。以往的实践证明，用丰富多彩的信息、形象生动的典型和科学的理论知识宣传群众、引导群众，是推进体育事业的重要途径。体育需要宣传，宣传需要体育。

实践同样证明，搞好体育宣传，首先要坚持四项基本原则，保持明确的社会主义方向。增强人民体质，提高运动水平，促进社会主义精神文明建设，是我们的体育工作的三项基本任务。只有紧紧围绕这三项基本任务去开展宣传，才能促进我们的体育事业。其次，要纵观全局，把握形势，努力使体育宣传与国家整个事业的发展相适应。城乡经济改革带来的经济繁荣，促进了体育事业的繁荣，体育锻炼正在成为广大群众的自觉要求，社会办体育之风日盛一日。我们的体育工作出现了大量的新情况、新课题。体育宣传要随时抓住大趋势下体育的新形势，及时报道令人鼓舞的新人、新事、新局面，并从人们的实践中为新课题寻求答案。这样，体育宣传才富有时代感，有新意，有生气，有感召力。第三，要用辩证唯物主义指导宣传工作。正确处理精神与物质、政治与技术、普及与提高、竞争与道德、胜与负之间的关系，是体育工作者、体育教师、运动员、教练员、体育爱好者以及宣传者自身经常面临的问题，由于宣传者经常直接地联系体育战线和社会各界，并给他们以影响，这就要求宣传者首先要正确认识和解决这些问题，从而能够以正确的宣传去引导群众，促进体育事业健康发展。在上述几个方面，《体育报》在实践中已积累了宝贵的经验，取得了可喜的成绩，这是它今后取得更大成就的基础。

党的十一届三中全会后，我国各项事业取得了巨大的成就，体育也有了长足的发展。《体育报》进入了“而立”之年，更名为《中国体育报》，将每天出版。我希望它积极推进体育改革，成为我们达到体育强国战略目标的坚强有力的翅膀！

原载于 1988 年 6 月《体育报》

附：李梦华大事年表

李梦华大事年表

1922 年　11 月 10 日，出生于河北省平山县一个农民家庭。

1936 年　9 月，14 岁的李梦华小学毕业后以优异成绩考入平山县城简易师范读书。

1937 年　11 月，受进步思想影响参加了八路军三五八旅宣传队，任宣传员。

1938 年　1 月，加入中国共产党，后被区委任命为平山县河渠村党支部书记及中心区支部书记。不久，被调平山县党的区委会任组织委员、宣传委员。

1939 年　开始从事党的青年工作，历任晋察冀平山县委青年部部长兼青年抗日救国先锋队队部指导员、北岳区党委青委干事、区党委党校青年班党支部书记。

1941 年　先后担任北岳区晋东北专区地委青委副书记、专区青年抗日救国会主任、专区各界抗日救国联合会组织部部长兼青年部部长、晋东北专区抗联山代崞地区办事处主任、专区抗联副主任。

1945 年　7 月，在晋察冀边区冀晋通讯社担任记者，后接任晋察冀边区青联组织部部长。在此期间，下乡参加土改，曾任冀中定县吴庄区委副书记。

1948 年　8 月，调青年团中央团校，先后任组教科副科长、校务处主任。

1950 年　11 月，调任青年团西南工委，先后任青工部部长、军事体育部部长。中华全国体育总会西南体总分会秘书长、机关党总支书记。

1952 年　5 月 4 日，在《西南青年》杂志发表专题文章《和青年朋友们谈谈体育运动》。文中对体育的本质功能和社会功能作了较深刻的阐述。

1953 年　4 月，任青年团西南工委副书记，全国民主青联西南区办事处主任兼西南行政委员会体育运动委员会副主任委员，被选为青年团中央委员、全国民主青联中央委员。在这期间，先后组建了西南排球队、足球队和田径队，负责筹办了西南地区第一届人民体育大会，为西南地区体育事业发展作出了重要贡献。

1954年　6月22日，任中华全国体育总会代表团团长，一行4人，参加在瑞士伯尔尼举行的国际足球联合会1954年代表大会。会上，国际足球联合会在反华势力的操纵下，不顾我国代表团坚决反对，接纳蒋帮为会员。11月，奉调中央体委，被任命运动竞赛司司长，主管运动队的训练竞赛工作。

1960年　12月，国务院第106次会议通过，任命李梦华为中华人民共和国体育运动委员会副主任。

1961年　7月，在《体育报》发表《打出风格，打出水平》专题文章。

1962年　7月3—29日，率领中国围棋代表团访问日本。11月11日，中国围棋协会在安徽省合肥市宣布成立，协会推选陈毅副总理为名誉主席，李梦华当选为首任主席。

1964年　12月4—5日，根据贺老总指示，在上海主持召开了全国训练工作会议，会上观摩日本女排训练比赛，确定了贯彻“三从一大”（从难、从严、从实战出发，进行大运动量训练）的原则和“三不怕”（不怕累、不怕苦、不怕伤），“五过硬”（思想、身体、技术、训练、比赛）的训练作风。

1965年　4月15—25日，任中国乒乓球代表团副团长（团长荣高棠），参加在南斯拉夫卢布尔雅那举行的第28届世界乒乓球锦标赛。中国选手获五项冠军。赛后率领代表团部分运动员分别访问了南斯拉夫、希腊、阿联和巴基斯坦。

1966年　“文化大革命”爆发后受到冲击和迫害。先是被关押，后被送到山西屯留“五七”干校监督劳动改造，1971年恢复工作。

1972年　4月，担任出访美国的中国乒乓球代表团副团长、党支部书记。为架设中美两国人民之间的友谊之桥的“乒乓外交”发挥了积极作用。

1973年　3月26日—4月21日，担任中国乒乓球代表团团长，赴南斯拉夫参加第32届世界乒乓球锦标赛。男、女团体获亚军，男单、女单、混双获冠军。

1974年 6月，在“批林批孔”中，江青说“体委要主攻王猛、李梦华，尤其要孤立李梦华，他的势力太大了”，再次被“打倒”。

1975年 3月，给邓小平写信，要求出来工作，托贺龙之女贺捷生转交，后得到小平同志批示，恢复了工作。11月，在“反击右倾翻案风运动”中，随着邓小平下台，又一次被“揪出”接受批判。

1978年 3月5日，当选为全国人大代表，出席了在北京召开的全国第五届人民代表大会。3月，再次被中央任命为国家体育运动委员会副主任。

1979年 7月3日，发表怀念贺龙同志文章，从“按照毛泽东同志的建军思想建设运动队”、“善于发现人才、扶持新生事物”、“用辩证唯物主义指导队伍攀高峰”等方面讴歌了贺老总无限关怀运动队的成长。

1981年 9月10日，第五届全国人大常委会第二十次会议通过任免事项，任命李梦华为国家体委主任。

1980年 2月12—24日，担任中国冬季运动代表团团长，参加在美国普莱西德湖举行的第13届冬奥会，这是中国冬季项目第一次参加冬奥会。

1982年 6月，在主持召开的全国体委主任汇报会议上，就精神文明建设、优秀运动队伍建设及当时需要明确的若干问题作大会总结发言。9月1—11日，在中国共产党第十二次全国代表大会上被选为中央委员。

1983年 2月23日—3月4日，在北京主持召开全国体工会，会上讨论了未来体育奋斗目标和近期工作。在总结发言中特别强调提出“要把学校体育和业余训练作为战略重点抓好”。9月18日，第5届全运会在上海隆重召开，作为全运会组委会主任、国家体委主任主持了开幕式。10月1日，为第5届全运会胜利闭幕致闭幕词。11月1—5日，全国业余体校先进集体和个人表彰大会在北京召开，李梦华出席并颁奖。

1984年 3月30日，为加强体育发展战略研究，进一步开创我国体育事业新局面，国家体委决定成立体育发展战略研究委员会，李梦华担任主任。7 月 16—25 日，任中国体育代表团团长，率团前往美国洛杉矶参加第 23 届奥运会。中国健儿勇夺 15 枚金牌，实现了我国参加奥运会金牌“零”的突破，取得了具有历史性的重大成就。9 月 18 日，向六届全国人大常委会第七次会议汇报中国体育代表团参加第 23 届奥运会情况。

1985 年　3 月 25 日，经国务院批准，第 11 届亚运会组织委员会正式成立，李梦华任执行主席。4 月 2—11 日，主持召开全国体委主任会议。会议围绕贯彻《中共中央关于进一步发展体育运动的通知》，深入研究了体育改革问题。6 月 19 日，国际业余摔跤联合会主席米兰·埃尔采甘代表该会为李梦华授金质奖章和荣誉证书，以表彰中国摔跤运动的迅速发展。8 月 13—19 日，全国体育发展战略讨论会在青海西宁举行。李梦华出席会议并作重要讲话。会议研究了体育发展战略的指导思想，对把中国建成世界体育强国进行可行性研究，并提出了若干战略性对策建议。

1986 年　3 月 15—16 日，全国体总常委会、中国奥委会执委会在北京举行联席会议。会上一致选举李梦华为全国体总主席和中国奥委会主席。9 月 10 日，为《体育报》撰文《崇高的职业、光荣的任务》，向全国体育教师祝贺教师节。

1987 年　5 月，国际奥委会执委会第 92 届全体会议通过决议，授予李梦华奥林匹克勋章，以表彰他在发展中国体育运动方面所作出的贡献。11 月，国际奥委会主席萨马兰奇在广州第 6 届全运会期间举行授勋仪式，向李梦华颁发奥林匹克银质勋章。10 月 25 日—11 月 1 日，在中国共产党第十三届代表大会上，再次被选为中央委员。12 月 2 日，国家体委在广州召开各省、区、市体委主任座谈会，李梦华在会上就深化改革、重视科学技术与理论研究工作、体育道德与作风、竞赛制度改革、大型体育场馆管理和增强体育系统团结等问题发表讲话。

1988 年　5 月 25—27 日，率中国祝贺团参加在尼泊尔加德满都举行的中、日、尼三国联合跨越珠峰成功庆祝活动，6 月 3 日出席在北京举行的庆祝活动，并向有功人员颁奖。6 月 27 日，出席庆祝《体育报》

创刊30周年暨更名《中国体育报》茶话会，并撰写专题祝贺文章。7月14日，发表谈话，对中华台北奥委会决定派代表团参加1990年在北京举行的第11届亚运会表示欢迎，并希望大陆选手能到台湾参加比赛。8月22日接受美国体育研究院授予的“国际体育特殊贡献奖”。该院院长在授奖仪式上称“李梦华领导中国体育创造了一个新的开端”。9月17日，率领由445人组成的中国体育代表团，参加在韩国汉城举行的第24届奥运会。此届奥运会中国共获28枚奖牌，其中金牌5枚、银牌11枚、铜牌12枚。11月21—28日，率中国体育代表团参加在苏联莫斯科举行的联合国教科文组织第二届体育部长及高级官员国际会议。12月29日，根据中华人民共和国第七届全国人大常务委员会第五次会议决定，免去李梦华国家体委主任职务。

1989年　3月26日，由国际奥委会赞助的体育管理人员训练班在北京举办。在结业典礼上，中国奥委会主席李梦华等接受了国际奥委会主席萨马兰奇签发的特别证书。4月13—15日，中华全国体总第五届全国代表大会在北京召开，体总主席李梦华作工作总结报告。6月22日，第11届亚运会组委会第四次会议上，讨论审议了任命事项，李梦华被聘为在北京举办的第11届亚运会组委会顾问。

1990年　10月3日，国际武术联合会成立大会在北京举行。会议选举李梦华为国际武联首任主席。

1991年　5月25日，出席在北京人民大会堂隆重举行的体坛群英表彰仪式并接受颁发给他本人的体育工作荣誉奖章。10月12—16日，出席首届在北京举行的世界武术锦标赛。13日，又为中国武术研究院新址揭幕典礼剪彩并讲话。

1993年　3月26日，在全国政协八届一次会议第六次全体会议上，当选为全国政协常委。5月24—31日，出席在成都举行的国际武术联合会执委会会议。

1995年　8月25—29日，第三届中日韩青少年体育交流大会在河北唐山举行。李梦华出席了开幕式等活动。

1996年　1月1日，出席元旦近万人参加的北京八达岭长城登山活动。此项活动于当年4月4日被国家体委定为一项传统的全民健身活动，在以后连续10多年里几乎每届都身体力行积极参与。

1997年 1月7—11日，出席第五批全国体育先进县命名和表彰大会。1月16日，在中华全国体育总会第六次全国大会上，被选为中华全国体育总会名誉主席。

2002年 5月，在纪念中国乒乓球队及中国乒协成立50周年的大会颁奖中，时任中央政治局常委、政协主席李瑞环向李梦华、荣高棠等7位领导颁发最高荣誉奖。

2003年 7月9日，中国奥委会全会在河北香河举行，会上被聘请担任中国奥委会名誉主席。

2010年 11月9日，在北京逝世，享年88岁。